校企合作土木与建筑工程专业系列丛书

互联网+创新型“十四五”精品教材

建筑工程资料管理

（微课版）

主　编　郑光强　陶　伟　杨　益

副主编　王　湘　贾　青　邢晓飞

哈尔滨工程大学出版社

Harbin Engineering University Press

内容简介

本书依据建筑工程资料课程的教学要求，参照现行国家标准和规范，精选建筑工程典型案例编写而成，主要包括建筑工程资料管理的基本知识、工程准备阶段资料管理、监理资料管理、建筑工程施工资料管理、建筑工程安全资料管理、竣工图资料及其组成。

本书既可作为应用型本科、职业院校建筑专业的通用教材，也可作为建筑企业、工程监理单位工程技术人员资格考试的参考用书。

图书在版编目（CIP）数据

建筑工程资料管理 ：微课版 / 郑光强，陶伟，杨益主编. —哈尔滨 ：哈尔滨工程大学出版社，2023.8

ISBN 978-7-5661-4070-8

I. ①建… II. ①郑… ②陶… ③杨… III. ①建筑工程－技术档案－档案管理 IV. ①G275.3

中国国家版本馆 CIP 数据核字（2023）第 143390 号

建筑工程资料管理（微课版）

JIANZHU GONGCHENG ZILIAO GUANLI（WEIKE BAN）

责任编辑 吴振雷
封面设计 赵俊红

出版发行 哈尔滨工程大学出版社
社　　址 哈尔滨市南岗区南通大街 145 号
邮政编码 150001
发行电话 0451-82519328
传　　真 0451-82519699
经　　销 新华书店
印　　刷 唐山唐文印刷有限公司
开　　本 889 mm×1 194 mm　1/16
印　　张 17
字　　数 435 千字
版　　次 2023 年 8 月第 1 版
印　　次 2023 年 8 月第 1 次印刷
定　　价 49.80 元

http://www.hrbeupress.com

E-mail:heupress@hrbeu.edu.cn

前　言

建筑工程资料是记载建筑工程施工活动全过程的一项重要内容，是城市建设档案的重要组成部分，也是工程竣工交付使用的必备文件，还是对工程进行检查、验收、移交、使用、管理、维修、改建和扩建的原始依据。建筑资料管理工作直接反映了建筑施工企业的管理水平。

二十大报告中指出，必须坚持科技是第一生产力、人才是第一资源、创新是第一动力，深入实施科教兴国战略、人才强国战略、创新驱动发展战略，开辟发展新领域新赛道，不断塑造发展新动能新优势。身处建筑行业，要以自信自强、守正创新，踔厉奋发、勇毅前行的精神风貌，投身全面建设社会主义现代化国家的伟大事业，奋力谱写新时代建筑业发展新篇章。

本书内容翔实、实践性强，是将项目教学应用到实际课堂上的项目化教材。在编写形式上，采用了文字和表格结合的方式，理论联系工程实际，以大量的案例为载体，采用理论与实践相结合的编写思路。书中的实训任务均以实际工程项目为基础。通过本书的学习，使学生掌握工程技术资料填写收集的基本方法，以及掌握建筑工程技术资料管理的技能。对培养学生的专业岗位能力，使其迅速成长为有实际操作能力的施工技术管理人才有着重要的作用。

本书由郑光强（临泽县住房和城乡建设局）、陶伟（江西泰豪动漫职业学院）、杨益（杨凌职业技术学院建筑工程学院）担任主编，由王湘（三门峡职业技术学院）、贾青（杨凌职业技术学院）、邢晓飞（开封大学）担任副主编。本书的相关资料和售后服务可扫描封底微信二维码或登录 www.bjzzwh.com 下载获得。

编者在编写本书的过程中参考了大量资料，在此向相关人员表示感谢。由于编者水平有限，书中难免存在不足之处，恳请广大读者批评指正并提出宝贵意见。

编　者

前言

目　录

项目一

建筑工程资料管理的基本知识

学习目标

知识目标

了解建筑工程资料的相关概念及作用。

掌握建筑工程资料的分类与归存。

掌握建筑工程资料的验收、移交与备案。

能力目标

掌握建筑工程资料组卷的方法。

熟悉建筑工程电子文件的管理。

素质目标

引导学生理解每一个管理环节、阶段的具体责任，增强管理意识。

思政目标

教授学生积极主动地参与到资料管理工作当中来，增强自身的管理意识和管理观念，为企业树立一个良好的外在形象，创造更多的经济效益和社会效益，促进企业的长远健康与可持续性发展。

任务导入

在对全国各地建筑市场的检查过程中，多年来，经常会发现各地的建筑工程资料管理比较混乱，尤其是在资料的翔实性及各种表格的格式设计、内容涵盖、规格尺寸等方面，都或多或少存在这样或那样的问题。这必然在一定程度上影响城市建设档案的质量，给城市未来的改造建设，尤其对工程质量及安全事故的处理和对已建成的建筑物或构筑物在改扩建时的工程档案资料的检索、查询等工作带来诸多不便。因此，做好建筑工程资料管理工作十分必要。

任务一　建筑工程资料概述

一、建筑工程资料的相关概念

建筑工程资料的相关概念

建筑工程资料是工程建设从项目的提出、筹备、勘测、设计、施工到竣工投产等过程中形成的文件材料、图样、图表、计算材料、声像材料等各种形式的信息总和，简称工程资料。建筑工程资料主要包括工程准备阶段资料、监理资料、施工资料、竣工图和竣工验收资料等。

建筑工程资料是建设工程合法身份与合格质量的证明文件，是工程竣工交付使用的必备文件，也是对工程进行检查、验收、移交、使用、管理、维修、改建和扩建的原始依据。在我国，国家立法和验收标准都对工程资料提出了明确的要求，《中华人民共和国建筑法》《建设工程质量管理条例》等法律法规，《建筑工程施工质量验收统一标准》（GB 50300—2013）、《建设工程文件归档规范》（GB/T 50328—2014）等标准，均把工程资料放在了重要的位置。

1. 建筑工程

建筑工程是为新建、改建或扩建房屋建筑物和附属构筑物设施所进行的规划、勘察、设计、施工、竣工等各项技术工作及由此完成的工程实体。

2. 建设工程文件

建设工程文件也可简称工程文件，是指在工程建设过程中形成的各种形式的信息记录，包括工程准备阶段文件、监理文件、施工文件、竣工图和竣工验收文件。

3. 建设工程档案

建设工程档案也可简称工程档案，是指在工程建设活动中直接形成的具有归档保存价值的文字、图表、声像等各种形式的历史记录。

4. 建设工程文件档案资料

建设工程文件档案是指由建设工程文件和建设工程档案组成的资料。

5. 建设工程文件档案资料的载体

（1）纸质载体：以纸张为基础的载体形式。

（2）缩微品载体：以胶片为基础，利用缩微技术对建设工程文件档案资料进行保存的载体形式。

（3）光盘载体：以光盘为基础，利用计算机技术对建设工程文件档案资料进行存储的形式。

（4）磁性载体：以磁性记录材料（磁带、磁盘等）为基础，对建设工程文件档案资料的电子文件、声音、图像进行存储的方式。

6. 建设工程文件归档范围

（1）对与工程建设有关的重要活动、记载工程建设主要过程和现状、具有保存价值的各种载体的文件，均应收集齐全，整理立卷后归档。

（2）工程文件的具体归档范围，按照现行 2019 年修订版《建设工程文件归档规范》（GB/T 50328—2014）中附录 A 中明确提出的“建设工程文件归档范围”共分五大类执行。

二、建筑工程资料的意义与作用

收集和整理好建筑工程资料是建筑施工中的一项重要工作，是工程质量管理的组成部分。每个建筑工程竣工验收前都必须具备两个条件：一是建筑物达到验收条件；二是施工过程中的质量技术资料达到验收条件，两者缺一不可。

一个建筑物竣工后是看得见摸得着的有形物体，验收时只能在外观上加以评价，但内在的施工质量及管理实施情况，只能通过验收整个施工过程的有关质量技术资料，看其是否清楚、齐全，是否符合有关规范、规程的要求来检验。同时这些资料又是将来对该建筑物检查、维修、管理、使用、改建的最原始依据。对于一份排列有序、内容齐全、清楚明了的单位工程施工质量技术资料，必须在施工中根据工程实际，按照有关规范、规程去检测、评定，做到物体实际质量等级与资料内所记载的质量数据相符，这是工程质量的真实反映。任何一个工程的质量技术资料如不符合有关标准规定，对该工程质量将具有否决效力。所以，做好工程的质量技术资料管理工作非常重要。

三、建筑工程资料管理的作用

建筑工程资料管理是保证工程质量与安全的重要环节，是建筑工程施工管理程序化、规范化和制度化的具体体现。做好建筑工程资料管理工作，主要有以下作用。

1. 确保工程项目竣工验收顺利完成

国家立法和验收标准均对建筑工程资料提出了明确要求。《中华人民共和国建筑法》《建设工程质量管理条例》《建筑工程施工质量验收统一标准》（GB 50300—2013）等法律、法规与规范，均把建筑工程资料放在重要位置。工程项目竣工验收包括两种对象：一是指“硬件”，即建筑物本身；二是指“软件”，即能够反映建筑物自身及形成过程并按照规范要求积累完成的完整、真实、具体的建筑工程资料（包括竣工图及有关录像资料）。在工程项目进行竣工验收时，不但要控制工程实体质量，还必须对工程的质量技术资料进行验收。未经档案验收或者验收不合格的项目，不得进行项目竣工验收。

2. 保证工程项目规范化建设

工程项目的建设、维修与保养，以及日后对建筑物的改建、扩建、拆建等工作，都离不开施工图及其相关的施工技术资料，这些建筑工程资料可以为工程的检查、管理、使用、维护、改造、扩建提供可靠依据。一个质量优良或合格的建筑工程，必须具有一份内容齐全、文字记载真实可靠的原始技术资料，如果少了这些资料，不仅会给以后的工作带来极大的盲目性和经济损失，甚至会有造成事故的风险。因此，参与工程建设的勘察、设计、监理和施工等单位一定要注重建筑工程资料的管理，确保工程项目规范化建设。

3. 维护企业自身利益和社会声誉

施工技术资料反映了工程项目的形成过程，是现场施工组织生产活动的真实记录，直接或间接地记录了与工程施工效益紧密相关的使用材料的品种、数量和质量，采用的技术方案和技术措施，劳动力的安排和使用，工程量的更改和变动，质量的评定等级等情况。施工技术资料是发包方与承包方进行合同结算的重要依据，也是企业维护自身利益的依据。

而且施工技术资料作为接受业主和社会有关各方验收的“软件”，其质量就如同工程实体质量一样，反映了施工队伍的素质和技术水平，因此是企业社会信誉窗口十分重要的组成部分。

4. 开发利用企业资源

企业档案是企业的重要资源，其中施工技术资料是企业档案的一大来源，是形成企业资源的一个组成部分。开发利用档案资料的途径主要有两种：一种是直接利用档案资料，包括借阅、摘录、复制等；另一种是对档案资料进行加工利用，如进行汇编、索引、专题研究等。

建筑工程资料必须真实、可靠，同时要规范管理，以适应现代建筑活动。

知识链接

建筑工程资料的特征

1．复杂性

由于建筑工程建设周期长，建设过程中的阶段性和季节性较强，并且建筑材料种类繁多，生产工艺比较复杂，因此，影响建筑工程的因素多种多样。这就必然导致建筑工程文件和档案资料具有一定的复杂性。

2．随机性

由于建筑工程文件和档案资料产生于工程建设的整个过程之中，无论是在工程的立项审批、勘察设计，还是在开工准备、施工、监理或竣工验收等各个阶段和环节，都会产生各种文件和档案资料，尤其是在影响建筑工程的因素发生变化时，还会随机产生一些由具体事件引发的特定文件和档案资料。因此，工程文件和档案资料具有一定的随机性。

3．时效性

工程文件和档案资料有时一经生成，就必须及时传达给有关单位或部门。否则，如果有关单位或部门不予认可，将会产生严重的后果。因此，建筑工程文件和档案资料具有很强的时效性。另外，随着施工工艺水平、新材料及管理水平的不断提高，文件和档案资料的价值也会随着时间的推移而衰减，但文件和档案资料仍可以被借鉴、继承，以便人们积累经验。

4．真实性

建设工程文件和档案资料只有真实、全面地反映项目的各类信息，包括发生的事故和存在的隐患，才具有实用价值。否则，一旦引用就会起到误导作用，造成难以想象的后果。因此，建设工程文件和档案资料必须真实、全面地反映工程的实际情况，不得片面和虚假。

任务二 建筑工程资料的分类与归存

一、建筑工程资料的分类原则

（1）建筑工程资料应按照收集、整理单位及文件资料的来源、类别、形成的先后顺序不同进行分类。

（2）施工资料分类应根据类别和专业系统划分。

（3）施工过程中建筑工程资料的分类、整理和保存除执行 2019 年修订版《建设工程文件归档规范》外，还应执行相应的国家及行业现行法律、法规、规范、标准及地方有关规定。

二、建筑工程资料的分类

工程建设一般将建筑工程资料分为以下四类。

1. 基建文件

基建文件包括工程可行性研究、立项、审批、征地、拆迁、勘察、设计、招投标、开工审批、概预算及工程竣工验收等阶段的项目建设文件与资料，由建设单位整理提供。

2. 监理资料

监理资料包括监理规划、进度控制、质量控制、投资控制、监理通知、工程总结、合同，以及勘察、设计、施工等实施过程的监理资料，由监理单位整理提供。

3. 施工资料

施工资料包括工程质量验收、工程质量控制、工程安全与功能检查、观感质量检查等资料，由施工单位整理提供。

4. 竣工图

竣工图由编制单位整理提供。

施工过程中建筑工程资料的详细分类可参考表 1–1。

表 1–1　建筑工程资料分类表

类别编号	建筑工程资料名称	表格编号（或资料来源）
A 类	基建文件	
A1	决策立项文件	
A1–1	项目建议书	建设单位
A1–2	项目建议书的批复文件	建设主管部门
A1–3	可行性研究报告	工程咨询单位
A1–4	可行性研究报告的批复文件	有关主管部门
A1–5	关于立项的会议纪要、领导批示	组织单位
A1–6	专家对项目的有关建议文件	建设单位
A1–7	项目评估研究资料	建设单位
A2	建设用地、征地、拆迁文件	
A2–1	征占用地的批准文件和对使用国有土地的批准意见	政府有关部门
A2–2	规划意见书及附图	×× 市规划委
A2–3	建设用地规划许可证、附件及附图	×× 市规划委

（续表）

类别编号	建筑工程资料名称	表格编号（或资料来源）
A2-4	国有土地使用证	××市国有土地管理部门
A2-5	国有土地使用权出让交易文件	交易双方
A3	勘察、测绘、设计文件	
A3-1	工程地质勘察报告	勘察单位
A3-2	水文地质勘察报告	勘察单位
A3-3	建筑用地钉桩通知单	××市规划委
A3-4	验线合格文件	××市规划委
A3-5	审定设计方案通知书及附图	××市规划委
A3-6	审定设计方案通知书要求征求有关人防、环保、消防、交通、园林、市政、文物、通信、保密、河湖、教育等部门的审查意见和要求取得的有关协议	有关部门
A3-7	初步设计图及说明	设计单位
A3-8	施工图设计及说明	设计单位
A3-9	设计计算书	设计单位
A3-10	消防设计审核意见	××市消防局
A3-11	施工图审查通知书	审查机构
A4	工程招投标及承包合同文件	
A4-1	勘察招投标文件	建设、勘察单位
A4-2	设计招投标文件	建设、设计单位
A4-3	施工招投标文件	建设、施工单位
A4-4	监理招投标文件	建设、监理单位
A4-5	勘察合同	建设、勘察单位
A4-6	设计合同	建设、设计单位
A4-7	施工合同	建设、施工单位
A4-8	监理合同	建设、监理单位
A5	工程开工文件	
A5-1	年度施工任务批准文件	××市住建委
A5-2	修改工程施工图通知书	××市规划委
A5-3	建设工程规划许可证、附件及附图	××市规划委

（续表）

类别编号	建筑工程资料名称	表格编号（或资料来源）
A5-4	建筑工程施工许可证	××市住建委
A5-5	工程质量监督手续	质量监督机构
A6	商务文件	
A6-1	工程投资估算文件	工程造价咨询单位
A6-2	工程设计概算	工程造价咨询单位
A6-3	施工图预算	工程造价咨询单位
A6-4	施工预算	施工单位
A6-5	工程结、决算	合同双方
A6-6	交付使用固定资产清单	建设单位
A6-7	建设工程概况	建设单位
A7	工程竣工验收及备案文件	
A7-1	建设工程竣工验收备案表	建设单位
A7-2	工程竣工验收报告	建设单位
A7-3	由规划、公安消防、环保等部门出具的认可文件或准许使用文件	主管部门
A7-4	《房屋建筑工程质量保修书》	建设与施工单位
A7-5	《住宅质量保证书》《住宅使用说明书》	建设单位
A7-6	建设工程规划验收合格文件	××市规划委
A7-7	建设工程竣工档案预验收意见	城建档案馆
A8	其他文件	
A8-1	合同约定由建设单位采购的材料、构配件和设备的质量证明文件及进场报验文件	建设单位
A8-2	工程竣工总结	建设单位
A8-3	工程未开工前的原貌、竣工新貌照片	建设单位
A8-4	工程开工、施工、竣工的录音录像资料	建设单位
B类	监理资料	
B1	监理管理资料	
	监理规划、监理实施细则	监理单位
	监理月报	监理单位
	监理会议纪要	监理单位

（续表）

类别编号	建筑工程资料名称	表格编号（或资料来源）
B1	监理工作日志	监理单位
	监理工作总结（专题、阶段和竣工总结）	监理单位
B2	监理工作记录	
	工程技术文件报审表	表 B2-1（A1 监）
	施工测量放线报验表	表 B2-2（A2 监）
	施工进度计划报审表	表 B2-3（A3 监）
	工程物资进场报验表	表 B2-4（A4 监）
	工程动工报审表	表 B2-5（A5 监）
	分包单位资质报审表	表 B2-6（A6 监）
	分项 / 分部工程施工报验表	表 B2-7（A7 监）
	（　　）月工、料、机动态表	表 B2-8（A9 监）
	工程复工报审表	表 B2-9（A10 监）
	（　　）月工程进度款报审表	表 B2-10（A11 监）
	工程变更费用报审表	表 B2-11（A12 监）
	费用索赔申请表	表 B2-12（A13 监）
	工程款支付申请表	表 B2-13（A14 监）
	工程延期申请表	表 B2-14（A15 监）
	监理通知回复单	表 B2-15（A16 监）
	监理通知	表 B2-16（B1 监）
	监理抽检记录	表 B2-17（B2 监）
	不合格项处置记录	表 B2-18（B3 监）
	工程暂停令	表 B2-19（B4 监）
	工程延期审批表	表 B2-20（B5 监）
	费用索赔审批表	表 B2-21（B6 监）
	工程款支付证书	表 B2-22（B7 监）
	旁站监理记录	表 B2-23
	质量事故报告及处理资料	责任单位
	见证取样备案文件	监理单位

（续表）

类别编号	建筑工程资料名称	表格编号（或资料来源）
B3	竣工验收资料	
	单位工程竣工预验收报验单	表 B3–1（A8 监）
	竣工移交证书	表 B3–2（B8 监）
	工程质量评估报告	监理单位
B4	其他资料	
	工作联系单	表 B4–1（C1 监）
	工程变更单	表 B4–2（C2 监）
C 类	施工资料	
C1	施工管理资料	
	施工现场质量管理检查记录	表 C1–1
	企业资质证书及相关专业人员岗位证书	施工单位提供
	见证记录	监理单位提供
	施工日志	表 C1–2
C2	施工技术资料	
	施工组织设计及施工方案	施工单位编制
	技术交底记录	表 C2–1
	图纸会审记录	表 C2–2
	设计变更通知单	表 C2–3
	工程洽商记录	表 C2–4
C3	施工测量记录	
	工程定位测量记录	表 C3–1
	基槽验线记录	表 C3–2
	楼层平面放线记录	表 C3–3
	楼层标高抄测记录	表 C3–4
	建筑物垂直度、标高测量记录	表 C3–5
	沉降观测记录	测量单位提供
C4	施工物资资料	
	通用表格	

（续表）

类别编号	建筑工程资料名称	表格编号（或资料来源）
C4	材料、构配件进场检验记录	表 C4–1
	材料试验报告（通用）	表 C4–2
	设备开箱检验记录（机电通用）	表 C4–3
	设备及管道附件试验记录（机电通用）	表 C4–4
	建筑与结构工程	
	出厂质量证明文件	
	各种物资出厂合格证、质量保证书和商检证等	供应单位提供
	半成品钢筋出厂合格证	表 C4–5
	预制混凝土构件出厂合格证	表 C4–6
	钢构件出厂合格证	表 C4–7
	预拌混凝土出厂合格证	表 C4–8
	检测报告	
	钢材性能检测报告	供应单位提供
	水泥性能检测报告	供应单位提供
	外加剂性能检测报告	供应单位提供
	防水材料性能检测报告	供应单位提供
	砖（砌块）性能检测报告	供应单位提供
	门、窗性能检测报告（建筑外窗应有三性检测报告）	供应单位提供
	吊顶材料性能检测报告	供应单位提供
	饰面板材性能检测报告	供应单位提供
	饰面石材性能检测报告	供应单位提供
	饰面砖性能检测报告	供应单位提供
	涂料性能检测报告	供应单位提供
	玻璃性能检测报告（安全玻璃应有安全检测报告）	供应单位提供
	壁纸、墙布防火、阻燃性能检测报告	供应单位提供
	装修用黏结剂性能检测报告	供应单位提供
	防火涂料性能检测报告	供应单位提供
	隔声／隔热／阻燃／防潮材料特殊性能检测报告	供应单位提供

（续表）

类别编号	建筑工程资料名称	表格编号（或资料来源）
C4	钢结构用焊接材料检测报告	供应单位提供
	高强度大六角头螺栓连接副扭矩系数检测报告	供应单位提供
	扭剪型高强螺栓连接副预拉力检测报告	供应单位提供
	木结构材料检测报告（含水率、木构件、钢件）	供应单位提供
	幕墙性能检测报告（三性试验）	供应单位提供
	幕墙用硅酮结构胶检测报告	供应单位提供
	幕墙用玻璃性能检测报告	供应单位提供
	幕墙用石材性能检测报告	供应单位提供
	幕墙用金属板性能测报告	供应单位提供
	材料污染物含量检测报告（执行 GB 50325—2020）	供应单位提供
	复试报告	
	钢材试验报告	表 C4-9
	水泥试验报告	表 C4-10
	砂试验报告	表 C4-11
	碎（卵）石试验报告	表 C4-12
	外加剂试验报告	表 C4-13
	掺合料试验报告	表 C4-14
	防水涂料试验报告	表 C4-15
	防水卷材试验报告	表 C4-16
	砖（砌块）试验报告	表 C4-17
	轻集料试验报告	表 C4-18
	预应力筋复试报告	检测单位提供
	预应力锚具、夹具和连接器复试报告	检测单位提供
	装饰装修用门窗复试报告	检测单位提供
	装饰装修用人造木板复试报告	检测单位提供
	装饰装修用花岗石复试报告	检测单位提供
	装饰装修用安全玻璃复试报告	检测单位提供
	装饰装修用外墙面砖复试报告	检测单位提供

（续表）

类别编号	建筑工程资料名称	表格编号（或资料来源）
C4	钢结构金相试验报告	检测单位提供
	钢结构用钢材复试报告	检测单位提供
	钢结构用焊接材料复试报告	检测单位提供
	钢结构用高强度大六角头螺栓连接副复试报告	检测单位提供
	钢结构用扭剪型高强度螺栓连接副复试报告	检测单位提供
	木结构材料复试报告	检测单位提供
	幕墙用铝塑板复试报告	检测单位提供
	幕墙用石材复试报告	检测单位提供
	幕墙用安全玻璃复试报告	检测单位提供
	幕墙用结构胶复试报告	检测单位提供
	建筑给水排水及采暖工程	
	管材产品质量证明文件	供应单位提供
	主要材料、设备等产品质量合格证及检测报告	供应单位提供
	绝热材料产品质量合格证、检测报告	供应单位提供
	给水管道材料卫生检测报告	供应单位提供
	成品补偿器预拉伸证明书	供应单位提供
	卫生洁具环保检测报告	供应单位提供
	锅炉（承压设备）焊缝无损探伤检测报告	供应单位提供
	水表、热量表计量检定证书	供应单位提供
	安全阀、减压阀调试报告及定压合格证书	分别由试验单位及供应单位提供
	主要器具和设备安装使用说明书	供应单位提供
	建筑电气工程	
	低压成套配电柜、动力、照明配电箱（盘柜）出厂合格证、生产许可证、试验记录、CCC 认证及证书复印件	供应单位提供
	电力变压器、柴油发电机组、高压成套配电柜、蓄电池柜、不间断电源柜、控制柜（屏、台）出厂合格证、生产许可证和试验记录	供应单位提供
	电动机、电加热器、电动执行机构和低压开关设备合格证、生产许可证、CCC 认证及证书复印件	供应单位提供

（续表）

类别编号	建筑工程资料名称	表格编号（或资料来源）
C4	照明灯具、开关、插座、风扇及附件出厂合格证、CCC 认证及证书复印件	供应单位提供
	电线、电缆出厂合格证、生产许可证、CCC 认证及证书复印件	供应单位提供
	导管、电缆桥架和线槽出厂合格证	供应单位提供
	型钢和电焊条合格证和材料质量证明书	供应单位提供
	镀锌制品（支架、横担、接地极、避雷用型钢等）和外线金具合格证和镀锌质量证明书	供应单位提供
	封闭母线、插接母线合格证、安装技术文件、CCC 认证及证书复印件	供应单位提供
	裸母线、裸导线、电缆头部件及接线端子、钢制灯柱、混凝土电杆和其他混凝土制品合格证	供应单位提供
	主要设备安装技术文件	供应单位提供
	智能建筑系统工程（执行现行标准、规范）	专业施工单位提供
	通风与空调工程	
	制冷机组等主要设备和部件产品合格证、质量证明文件	供应单位提供
	阀门、疏水器、水箱、分集水器、减震器、储冷罐、集气罐、仪表、绝热材料等出厂合格证、质量证明及检测报告	供应单位提供
	板材、管材等质量证明文件	供应单位提供
	主要设备安装使用说明书	供应单位提供
	电梯工程	
	电梯设备开箱检验记录	表 C4–19
	电梯主要设备、材料及附件出厂合格证、产品说明书、安装技术文件	供应单位提供
C5	施工记录	
	通用表格	
	隐蔽工程检查记录	表 C5–1
	预检记录	表 C5–2
	施工检查记录（通用）	表 C5–3
	交接检查记录	表 C5–4
	建筑与结构工程	
	基坑支护变形监测记录	专业施工单位提供

（续表）

类别编号	建筑工程资料名称	表格编号（或资料来源）
C5	桩（地）基施工记录	专业施工单位提供
	地基验槽检查记录	表 C5–5
	地基处理记录	表 C5–6
	地基钎探记录（应附图）	表 C5–7
	混凝土浇灌申请书	表 C5–8
	预拌混凝土运输单	表 C5–9
	混凝土开盘鉴定	表 C5–10
	混凝土拆模申请单	表 C5–11
	混凝土搅拌测温记录	表 C5–12
	混凝土养护测温记录（应附图）	表 C5–13
	大体积混凝土养护测温记录（应附图）	表 C5–14
	构件吊装记录	表 C5–15
	焊接材料烘焙记录	表 C5–16
	地下工程防水效果检查记录	表 C5–17
	防水工程试水检查记录	表 C5–18
	通风（烟）道、垃圾道检查记录	表 C5–19
	预应力筋张拉记录（一）	表 C5–20
	预应力筋张拉记录（二）	表 C5–21
	有黏结预应力结构灌浆记录	表 C5–22
	钢结构施工记录	专业施工单位提供
	网架（索膜）施工记录	专业施工单位提供
	木结构施工记录	专业施工单位提供
	幕墙注胶检查记录	专业施工单位提供
	电梯工程	
	电梯承重梁、起重吊环埋设隐蔽工程检查记录	表 C5–23
	电梯钢丝绳头灌注隐蔽工程检查记录	表 C5–24
	电梯导轨、层门的支架、螺栓埋设隐蔽工程检查记录	表 C5–25
	电梯电气装置安装检查记录（一）～（三）	表 C5–26

（续表）

类别编号	建筑工程资料名称	表格编号（或资料来源）
C5	电梯机房、井道预检记录	表 C5–27
	自动扶梯、自动人行道安装与土建交接预检记录	表 C5–28
	自动扶梯、自动人行道的相邻区域检查记录	表 C5–29
	自动扶梯、自动人行道电气装置检查记录（一）（二）	表 C5–30
	自动扶梯、自动人行道整机安装质量检查记录	表 C5–31
C6	施工试验记录	
	通用表格	
	施工试验记录（通用）	表 C6–1
	设备单机试运转记录（机电通用）	表 C6–2
	系统试运转调试记录（机电通用）	表 C6–3
	建筑与结构工程	
	锚杆、土钉锁定力（抗拔力）试验报告	检测单位提供
	地基承载力检验报告	检测单位提供
	桩检测报告	检测单位提供
	土工击实试验报告	表 C6–4
	回填土试验报告（应附图）	表 C6–5
	钢筋机械连接型式检验报告	技术提供单位提供
	钢筋连接工艺检验（评定）报告	检测单位提供
	钢筋连接试验报告	表 C6–6
	砂浆配合比申请单、通知单	表 C6–7
	砂浆抗压强度试验报告	表 C6–8
	砌筑砂浆试块强度统计、评定记录	表 C6–9
	混凝土配合比申请单、通知单	表 C6–10
	混凝土抗压强度试验报告	表 C6–11
	混凝土试块强度统计、评定记录	表 C6–12
	混凝土抗渗试验报告	表 C6–13
	混凝土碱总量计算书	混凝土供应单位提供
	饰面砖黏结强度试验报告	表 C6–14

（续表）

类别编号	建筑工程资料名称	表格编号（或资料来源）
C6	后置埋件拉拔试验报告	检测单位提供
	超声波探伤报告	表 C6–15
	超声波探伤记录	表 C6–16
	钢构件射线探伤报告	表 C6–17
	磁粉探伤报告	检测单位提供
	高强度螺栓杭滑移系数检测报告	检测单位提供
	钢结构焊接工艺评定	检测单位提供
	网架节点承载力试验报告	检测单位提供
	钢结构涂料厚度检测报告	检测单位提供
	木结构胶缝试验报告	检测单位提供
	木结构构件力学性能试验报告	检测单位提供
	木结构防护剂试验报告	检测单位提供
	幕墙双组分硅阐结构胶混匀性及拉断试验报告	检测单位提供
	建筑给水排水及采暖工程	
	灌（满）水试拉记录	表 C6–18
	强度严密性试验记录	表 C6–19
	通水试验记录	表 C6–20
	吹（冲）洗（脱脂）试验记录	表 C6–21
	通球试验记录	表 C6–22
	补偿器安装记录	表 C6–23
	消火栓试射记录	表 C6–24
	安全附件安装检查记录	表 C6–25
	锅炉封闭及烘炉（烘干）记录	表 C6–26
	锅炉煮炉试验记录	表 C6–27
	锅炉试运行记录	表 C6–28
	安全阀调试记录	试验单位提供
	建筑电气工程	
	电气接地电阻测试记录	表 C6–29

（续表）

类别编号	建筑工程资料名称	表格编号（或资料来源）
C6	电气防雷接地装置隐检与平面示意图	表 C6–30
	电气绝缘电阻测试记录	表 C6–31
	电气器具通电安全检查记录	表 C6–32
	电气设备空载试运行记录	表 C6–33
	建筑物照明通电试运行记录	表 C6–34
	大型照明灯具承载试验记录	表 C6–35
	高压部分试验记录	检测单位提供
	漏电开关模拟试验记录	表 C6–36
	电度表检定记录	检定单位提供
	大容量电气线路结点测温记录	表 C6–37
	避雷带支架拉力测试记录	表 C6–38
	智能建筑工程（执行现行标准、规范）	专业施工单位提供
	通风与空调工程	
	风管漏光检测记录	表 C6–39
	风管漏风检测记录	表 C6–40
	现场组装除尘器、空调机漏风检测记录	表 C6–41
	各房间室内风量温度测量记录	表 C6–42
	管网风量平衡记录	表 C6–43
	空调系统试运转调试记录	表 C6–44
	空调水系统试运转调试记录	表 C6–45
	制冷系统气密性试验记录	表 C6–46
	净化空调系统测试记录	表 C6–47
	防排烟系统联合试运行记录	表 C6–48
	电梯工程	
	轿厢平层准确度测量记录	表 C6–49
	电梯层门安全装置检验记录	表 C6–50
	电气安全装置检验记录	表 C6–51
	电梯整机功能检验记录	表 C6–52

（续表）

类别编号	建筑工程资料名称	表格编号（或资料来源）
C6	电梯主要功能检验记录	表 C6-53
	电梯负荷运行试验记录	表 C6-54
	电梯负荷运行试验曲线图	表 C6-55
	电梯噪声测试记录	表 C6-56
	自动扶梯、自动人行道安全装置检验记录（一）（二）	表 C6-57
	自动扶梯、自动人行道整机性能、运行试验记录	表 C6-58
C7	施工质量验收记录	
	结构实体混凝土强度验收记录	表 C7-1
	结构实体钢筋保护层厚度验收记录	表 C7-2
	钢筋保护层厚度试验记录	表 C7-3
	检验批质量验收记录	执行 GB 50300—2013 和专业施工质量验收规范
	分项工程质量验收记录	
	分部（子分部）工程验收记录	
C8	工程管理与验收资料	
	工程概况表	表 C8-1
	建设工程质量事故调（勘）查笔录	表 C8-2
	建设工程质量事故报告书	表 C8-3
	单位（子单位）工程质量竣工验收记录	施工单位编制
	单位（子单位）工程质量控制资料核查记录	施工单位编制
	单位（子单位）工程安全和功能检验资料核查及主要功能抽查记录	施工单位编制
	单位（子单位）工程观感质量检查记录	施工单位编制
	室内环境检测报告	检测单位编制
	施工总结	施工单位编制
	工程竣工报告	施工单位编制
D 类	竣工图	编制单位提供

注：本表的归档保存单位是指竣工后有关单位对建筑工程资料的归档保存，施工过程中建筑工程资料的留存应按有关程序和约定执行。

三、建筑工程资料的归档规定

（1）工程参建各方宜按《建筑工程资料管理规程》（JGJ/T 185—2009）附录 A 中表 A.2.1

规定的内容将建筑工程资料归档保存。

（2）归档保存的建筑工程资料，其保存期限应符合下列规定。

① 建筑工程资料的归档保存期限应符合国家现行有关标准的规定；当无规定时，不宜少于 5 年。

② 建设单位建筑工程资料的归档保存期限应满足工程维护、修缮、改造、加固的需要。

③ 施工单位建筑工程资料的归档保存期限应满足工程质量保修及质量追溯的需要。

任务三　建筑工程资料的组卷

一、建筑工程资料组卷的要求

（1）组卷前应保证基建文件、监理资料和施工资料齐全、完整，并符合规程的要求。

（2）案卷不宜过厚，厚度一般不超过 40 mm。

（3）单位工程档案总案卷数超过 20 卷的，应编制总目录卷。

（4）案卷内不宜有重复的文件。

（5）不同载体的文件一般应分别组卷。

（6）编绘的竣工图应反差明显、图面整洁、线条清晰、字迹清楚，能满足微缩和计算机扫描的要求。

（7）向城建档案馆报送的工程档案应按《建设工程文件归档规范》（GB/T 50328—2014）的要求进行组卷。

（8）文字材料和图纸不满足质量要求的一律返工。

二、建筑工程资料组卷的原则

（1）组卷应遵循工程文件的自然形成规律，保持卷内文件的内在联系。

（2）一个建筑工程由多个单位工程组成时，项目应按单位工程组卷。

（3）建筑工程资料应根据收集、整理单位和资料类别的不同，按基建文件、监理资料、施工资料和竣工图分别组卷。

（4）案卷内资料的排列顺序应依据案卷内资料的构成而定，一般顺序为封面、目录、资料部分、备考表和封底，组成的案卷应美观、整齐。

（5）案卷内若存在多类工程资料，同类资料按自然形成的顺序和时间排序，不同类资料可参照《建筑工程资料管理规程》（JGJ/T 185—2009）中规定的顺序排序。

三、建筑工程资料组卷的方法

建筑工程文件可按建设单位和建设程序划分为工程准备阶段文件、监理文件、施工文件、竣工图、工程竣工文件五个部分。五个部分的组卷方法如下。

1. 工程准备阶段文件组卷

工程准备阶段文件组卷可根据类别和数量的多少组成一卷或多卷，如工程决策立项文件卷、征地拆迁文件卷，勘察、测绘与设计文件卷，工程开工文件卷，商务文件卷，工程竣工验收与备案文件卷。同一类基建文件也可根据数量的多少组成一卷或多卷。

2. 监理文件组卷

监理文件组卷可根据单位工程、分部工程、专业、阶段和数量的多少组成一卷或多卷。

3. 施工文件组卷

施工文件组卷应按照单位工程、专业、系统、阶段划分，每一专业、系统的文件再按照资料类别排列顺序，并根据资料数量的多少组成一卷或多卷。

专业化程度高、施工工艺复杂，通常按专业分包施工的子分部（分项）工程应分别单独组卷，如有支护土方、地基（复合）、桩基、预应力、钢结构、木结构、网架（索膜）、幕墙、供热锅炉、变配电室和智能建筑工程的各系统。应单独组卷的子分部（分项）工程资料应按照顺序排列，并根据资料数量的多少组成一卷或多卷。

4. 竣工图组卷

竣工图组卷应按单位工程、专业进行组卷，可分为工艺平面布置竣工图卷、建筑竣工图卷、结构竣工图卷、给排水与采暖竣工图卷、建筑电气竣工图卷、智能建筑竣工图卷、通风与空调竣工图卷、电梯竣工图卷、室外工程竣工图卷等。每一专业的文件可根据图纸数量的多少组成一卷或多卷。

5. 工程竣工文件组卷

工程竣工文件组卷可根据单位工程、分部工程、专业、阶段和数量的多少组成一卷或多卷。

四、案卷内文件的排列

（1）文字材料按事项、专业排列，同一事项的请示与批复、同一文件的印本与定稿、主件与附件不能分开，并按批复在前、请示在后，印本在前、定稿在后，主件在前、附件在后的顺序排列。

（2）图纸按专业排列，同一专业的图纸按图号排列。既有文字材料又有图纸的案卷，文字材料排前，图纸排后。

五、案卷页号的编写

（1）编写页号应以独立卷为单位，在案卷内资料的排列顺序确定后，有书写内容的页面均需编写页号。

（2）每一卷都从阿拉伯数字 1 开始，用打号机或钢笔逐张连续标注页号，采用黑色、蓝色油墨或墨水。案卷封面、卷内目录和卷内备考表不编写页号。

（3）对于页号编写位置，单面书写的文字材料页号编写在右下角，双面书写的文字材料正面页号编写在右下角，背面页号编写在左下角。

（4）图纸折叠后无论为何种形式，页号一律编写在右下角。

任务四　建筑工程资料的验收、移交与备案

一、建筑工程档案的验收和移交

1. 建筑工程档案的验收

建筑工程档案的验收对列入城建档案馆（室）档案接收范围的工程，建设单位在组织工程竣工验收前应提请城建档案管理机构对工程档案进行预验收。建设单位未取得城建档案管理机构出具的认可文件，不得组织工程竣工验收。

城建档案管理机构在进行工程档案预验收时，应重点验收以下内容。

（1）工程档案齐全、系统、完整。

（2）工程档案的内容真实、准确地反映工程建设活动和工程实际状况。

（3）工程档案已整理立卷，立卷符合规定。

（4）竣工图绘制方法、图式、规格等符合专业技术要求，图面整洁，盖有竣工图章。

（5）文件的形成、来源符合实际，要求单位或个人签章的文件，签章手续完备。

（6）文件的材质、幅面、书写、绘图、用墨、托裱等符合要求。

2. 建筑工程档案的移交

建筑工程档案的移交对列入城建档案馆（室）档案接收范围的工程，建设单位在工程竣工验收后 3 个月内必须向城建档案馆（室）移交一套符合规定的工程档案。停建、缓建工程的档案暂由建设单位保管。

对改建、扩建和维修的工程，建设单位应当组织设计、施工单位据实修改、补充和完善工程档案。对改变的部位，应当重新编制工程档案，并在工程竣工验收后 3 个月内向城建档案馆（室）移交。

建设单位向城建档案馆（室）移交工程档案时，应办理移交手续，填写移交目录，双方签字、盖章后完成交接。

二、建筑工程竣工验收备案

1. 建筑工程竣工验收备案管理

凡在中华人民共和国境内从事建设工程的新建、改建、扩建等有关活动和实施对建设工程的质量监督管理，都需要进行竣工验收备案。

一般由市、区（县）两级住房和城乡建设委员会委托市、区（县）两级质量监督机构，按现行的工程质量监督范围具体负责房屋建筑工程和市政基础设施工程的竣工验收备案管理工作。

建设工程质量监督站负责的工程竣工验收后，由建设单位到住房和城乡建设委员会竣工验收备案管理部门办理竣工验收备案。

2. 建筑工程竣工验收备案文件

建设单位办理工程竣工验收备案应当提交下列文件。

（1）工程竣工验收备案表。

（2）工程竣工验收报告。

（3）法律、法规规定应当由规划、消防、环保、卫生等部门出具的认可文件或准许使用文件。

（4）房屋建筑工程质量保修书，商品住宅工程还应同时提供由该房地产开发企业签署的住宅质量保证书和住宅使用说明书。

（5）有关法规、规章规定必须提供的其他文件。

3. 建筑工程竣工验收备案程序

（1）备案流程图

建筑工程竣工验收备案流程图如图 1-1 所示。

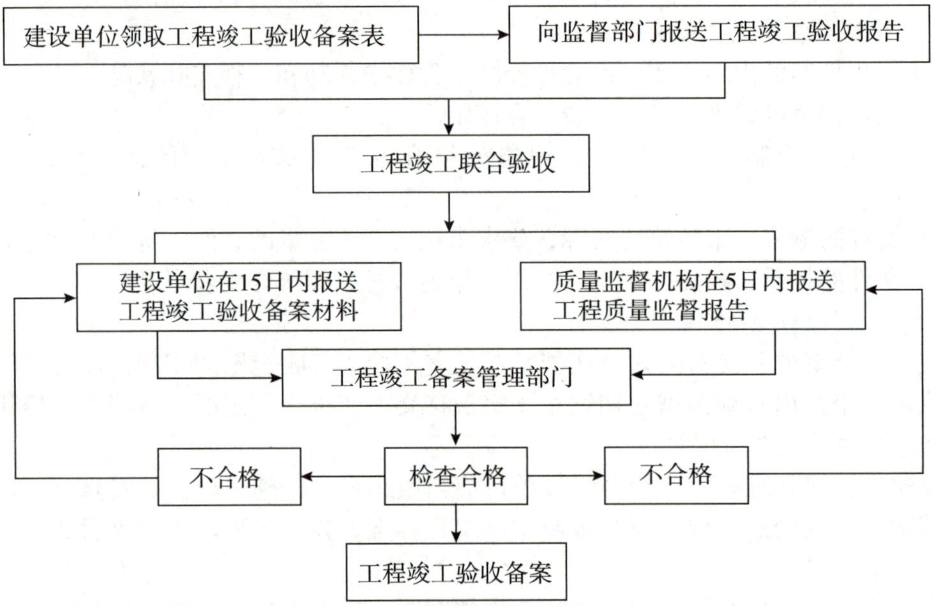

图 1-1　备案流程图

（2）备案程序

① 在单位工程竣工验收 5 日前，建设单位到承接该工程监督工作的监督站的工程竣工验收备案管理部门领取工程竣工验收备案表。同时，建设单位将工程竣工验收的时间、地点、验收组名单和各项验收报告报送负责监督该项工程的质量监督机构。该机构准备对该工程竣工验收进行监督。

② 自工程竣工验收合格之日起，15 个工作日内，建设单位将工程竣工验收备案表（一式两份）等工程竣工验收备案文件报送工程竣工验收备案管理部门。备案管理部门工作人员初审符合要求后，在表中的备案意见栏加盖“备案文件收讫”章。

③ 在工程竣工验收合格后 5 个工作日内，质量监督机构向工程竣工验收备案管理部门报送工程质量监督报告。

④ 备案管理部门负责人审阅工程竣工验收备案表等工程备案文件，检查合格后，在表

中的备案管理部门处理意见栏填写“准予该工程竣工验收备案”的意见，加盖“工程竣工验收备案专用章”。监督管理费结算完毕后，备案管理部门将一份备案表发还给建设单位，将另一份备案表等备案文件和工程质量监督报告留档。

⑤ 建设单位报送的工程竣工验收备案表等工程竣工验收备案文件如不符合要求，备案管理部门工作人员应填写备案审查记录表，提出备案文件存在的问题，双方签字后交建设单位修改。

⑥ 建设单位根据规定对存在的问题进行整改和完善，符合要求后重新报送备案管理部门备案。

⑦ 备案管理部门通过工程质量监督报告或其他途径发现竣工工程存在违反《建设工程质量管理条例》的行为的，应当在收讫工程竣工验收文件 15 个工作日内责令建设单位停止使用违规工程，并重新组织工程竣工验收。建设单位在重新组织工程竣工验收前不得将违规工程自行投入使用，违者按有关规定处理。

⑧ 建设单位若采用虚假证明文件办理工程竣工验收备案，则工程竣工验收无效。相关部门将责令其停止使用违规工程，重新组织工程竣工验收，并按有关规定对其进行处理。

⑨ 建设单位在自工程竣工验收合格之日起 15 日内未办理工程竣工验收备案的，责令其限期改正，并按有关规定对其进行处理。

4. 建筑工程竣工验收备案文件的要求

（1）工程竣工验收备案表填写说明

① 封面。编号：由工程竣工验收备案管理部门统一编写。

工程名称：填写全称。与建设工程规划许可证、建筑工程施工许可证、工程质量监督注册登记表中的名称一致。

建设单位：与建设工程规划许可证、建筑工程施工许可证、工程质量监督注册登记表中的名称相符。

② 第 1 页。工程名称：同封面上的工程名称。

工程地址：填写详细地址，写明区（县）、街道、门牌号码。

工程规模：建筑工程填写竣工建筑面积，市政、公用等工程填写工程实际造价。若竣工时偏差面积超出规划允许的值，要补办规划手续，并附上补办规划手续的相关文件。

工程类别：公共、民用等。

结构类型：混合、框架、剪力墙、钢结构等。

规划许可证号：按建设工程规划许可证填写。

施工许可证号：按建筑工程施工许可证填写。

监督注册号：按工程质量监督注册登记表填写。

单位名称和负责人：建设单位、勘察单位、设计单位、施工单位、监理单位的名称均用法人单位名称，负责人即法人代表的姓名。质量监督机构填写监督室、站名称；负责人填写监督室、站负责人的姓名。

备案理由：按实际情况填写后，在建设单位处加盖法人单位公章，在负责人处由法人代表签字。

报送时间：填写工程竣工验收备案表等工程竣工验收备案文件初步验收符合要求的日期。

③ 第 2 页。表内的工程竣工验收意见，即勘察单位意见、设计单位意见、施工单位意见、监理单位意见、建设单位意见均要有结论性评语，具体可参考如下内容。

勘察单位意见：×× 工程地基为我院勘察，勘察报告编号为 ××，经验槽底土质为 ×× 土，与勘察报告相符，基底局部处理意见见洽商 ×× 号，同意竣工验收。

设计单位意见：×× 工程为我院设计，现已施工完毕，经检查施工符合设计图纸和工程洽商要求，同意竣工验收。

施工单位意见：×× 工程已按设计图纸、变更洽商和施工合同完成，符合国家施工验收规范、标准，工程质量等级自评为合格，同意竣工验收。

监理单位意见：×× 工程为我公司监理，该工程施工符合设计图纸、变更洽商和国家施工验收规范、标准，工程质量等级为合格，同意竣工验收。

建设单位意见：×× 工程经我单位组织勘察、设计、施工、监理等单位共同检查，满足设计要求，符合国家施工验收规范、标准，工程质量等级为合格，同意竣工验收。

在以上各栏中签字的可以是单位负责人，也可以是项目负责人，签字后须加盖公章。

④ 第 3 页。竣工验收备案文件清单：由建设单位提供。

份数：由建设单位填写。

验证情况：由备案室备案经办人填写，符合要求的加盖“符合要求”章。

备注：由备案室备案经办人填写。

备案意见：由备案室备案经办人填写备案文件收讫的日期，并加盖“备案文件收讫”章。

备案管理部门负责人：由备案室主任签字。

经办人：由备案室备案经办人签字。

日期：备案管理部门负责人签字的时间，备案以此日期为准。

公章：加盖备案管理部门“工程竣工验收备案专用章”。

⑤ 第 4 页。备案管理部门处理意见：由备案室主任签署“同意备案”的意见后，填写日期，加盖“工程竣工验收备案专用章”。

⑥ 总体填写要求

工程竣工验收备案表一律用钢笔、签字笔填写；字迹清楚、工整；所有签字处一律由本人手写签字，不得代签；所填内容必须真实、准确，不得随意涂改。

（2）其他工程竣工验收备案文件及其说明

① 规划许可证及其他规划批复文件。

② 施工图和设计文件审查意见。

③ 工程质量监督手续。

④ 工程施工许可证或开工报告。

⑤ 消防部门出具的认可（批准使用）文件。

⑥ 环保部门出具的认可（准许使用）文件。

⑦ 卫生部门出具的认可（准许使用）文件。

⑧ 质量合格文件。

⑨ 地基基础、结构工程验收记录和检测报告。

⑩ 工程竣工验收报告。

⑪ 工程质量保修书。
⑫ 住宅质量保证书。
⑬ 住宅使用说明书。

知识链接

建设工程的最短保修期限

① 基础设施工程、房屋建筑的地基基础工程和主体结构工程为设计文件规定的该工程的合理使用年限。
② 屋面防水工程，有防水要求的卫生间、房间和外墙面的防渗漏为5年。
③ 电气管线、给排水管道、设备安装和装修工程为2年。
④ 墙面、顶棚抹灰层脱落为1年。
⑤ 地面空鼓开裂、大面积起砂为1年。
⑥ 门窗翘裂、五金件损坏为1年。
⑦ 管道堵塞为2个月。
⑧ 供热与供冷系统、设备为2个采暖期、供冷期。
⑨ 卫生洁具为1年。
⑩ 灯具、电器开关为6个月。
⑪ 其他部位的保修期限由房地产开发企业与用户自行约定。

3. 备案文件要求

（1）所有备案文件应由建设单位收集、整理，符合要求后由建设单位报送备案。
（2）备案文件要真实、有效，不得提供虚假证明文件。
（3）备案文件应为原件，如为复印件应注明原件存放单位、复印日期，由复印人签名，并加盖建设单位公章。复印件应清晰、整洁，无黑斑、歪斜等缺陷。
（4）文件规格为A4（210 mm × 297 mm），左部预留30 mm，上部预留25 mm。

任务五 建筑工程资料电子文件管理

《建设电子文件与电子档案管理规范》（CJJ/T 117—2017）总则：为规范建设电子文件的形成、归档，以及建设电子档案的管理，确保建设电子文件与电子档案的真实性、完整性、可靠性、可用性和安全性，促进建设电子文件与电子档案的安全保管与有效利用，制定本规范。该规范适用于建设电子文件的形成、归档，以及建设电子档案的移交、接收、保管、利用等全过程管理。建设电子文件归档与电子档案管理除执行该规范外，还应执行国家现行有关标准的规定。根据住建部第1519号公告，《建设电子文件与电子档案管理规范》作为行业标准，自2017年10月1日起实施。

一、电子文件的管理规定

（1）电子文件形成单位应规范电子文件形成与办理工作流程，建立电子文件归档管理制度，明确电子文件和电子档案管理职责。

（2）电子文件形成单位应建立与业务系统相衔接的电子文件管理系统，实现电子文件自形成到归档、保管、利用的全过程管理。

（3）业务管理电子文件形成单位的档案部门应监督和指导本单位业务管理电子文件的形成、捕获、整理和归档，并定期向当地城建档案管理机构移交。

（4）在工程项目建设过程中，建设单位应负责工程电子文件管理的组织协调，并按下列流程开展工程电子文件的形成、归档、验收、移交等工作。

① 在建设工程招标及与勘察、设计、施工、监理等单位签订协议、合同时，对工程电子档案的移交时间、移交对象、质量等提出明确要求，所需经费应列入工程预算。

② 收集和积累工程准备阶段、竣工验收阶段形成的电子文件，并进行整理归档。

③ 组织、督促和检查勘察、设计、施工、监理、测量等各参建单位工程电子文件的形成、捕获和整理归档工作。

④ 收集和汇总勘察、设计、施工、监理、测量等各参建单位形成的工程电子档案。

⑤ 在组织工程竣工验收前，请当地城建档案管理机构对工程纸质档案和工程电子档案进行预验收。

⑥ 对列入城建档案管理机构接收范围的工程，应在国家规定的期限内，将建设工程电子档案与纸质档案同步向当地城建档案管理机构移交。

（5）在工程项目建设过程中，勘察、设计、施工、监理、测量等各参建单位应将本单位形成的工程电子文件捕获、整理和归档，并向建设单位交付。

（6）城建档案管理机构应根据建设行业信息化现状，及时提出建设电子文件归档的技术性指导意见，对电子文件的全过程管理进行指导，并加强对电子文件的前端控制。

（7）电子文件和电子档案的形成、保管和提供利用单位应采取有效的技术手段和管理措施，确保其信息安全和保密。

二、电子文件的形成

1. 电子文件的创建与保存

（1）形成电子文件时，应根据电子文件的内容及特征，提炼出题名。在业务系统中创建电子文件时，应自动或人工对电子文件赋予题名。

（2）电子文件形成单位使用的有关业务系统，应具备记录电子文件处理、审批、分发等过程元数据的功能。

（3）电子文件应以单份文件或一个复合文件为一个保存单位。

（4）多个具有紧密联系的单份文件可组合成一个复合文件，并应符合下列规定。

① 正文与附件、转发文与被转发文、请示与批复、来文与回复文件、正文与链接文件，应分别作为 2 个或 2 个以上的单份文件保存，也可作为 1 个复合文件保存。

② 采用 CAD 技术形成的电子文件应以一个图幅为 1 个单份文件；多个图幅组成的电子图可作为 1 个或多个单份文件，也可作为 1 个复合文件保存。

③ 建设工程中，N 天的施工日志可作为 N 个单份文件，也可作为 1 个复合文件保存；N 个检测报告、试验报告、检验批质量验收记录等，可作为 N 份电子文件保存，也可作为 1 个复合文件保存。

④ 应记录重要文件的主要修改过程和办理情况，对有参考价值的不同稿本，可作为多个单份文件或 1 个复合文件保存。

（5）电子文件形成单位应在其业务系统中对复合文件的每个单份文件建立关联，也可采取下列方式将复合文件联系在一起。

① 将组成复合文件的单份文件保存在同一文件夹内。

② 将组成复合文件的单份文件赋予相同的题名，并在题名后加 01、02、03 等阿拉伯数字加以区分。

（6）电子文件形成后，不应被非正常修改、获取和删除。

（7）形成电子文件的业务系统和个人应随时保存电子文件，并根据文件重要程度，定期备份电子文件。

（8）电子文件的离线备份应存储于移动硬盘、光盘、磁带等能够脱机保存的存储媒体上。

2. 电子文件的分类

（1）电子文件在形成、积累过程中，应根据文件内容和性质对电子文件进行分类保存。

（2）电子文件形成单位应根据本单位机构设置、工作职能、业务范围、专业性质、工程项目等，预先设置电子文件分类方案。

（3）电子文件分类方案应根据需要设置一级至 N 级类目，如图 1-2 所示。类目级别不宜超过 9 级。

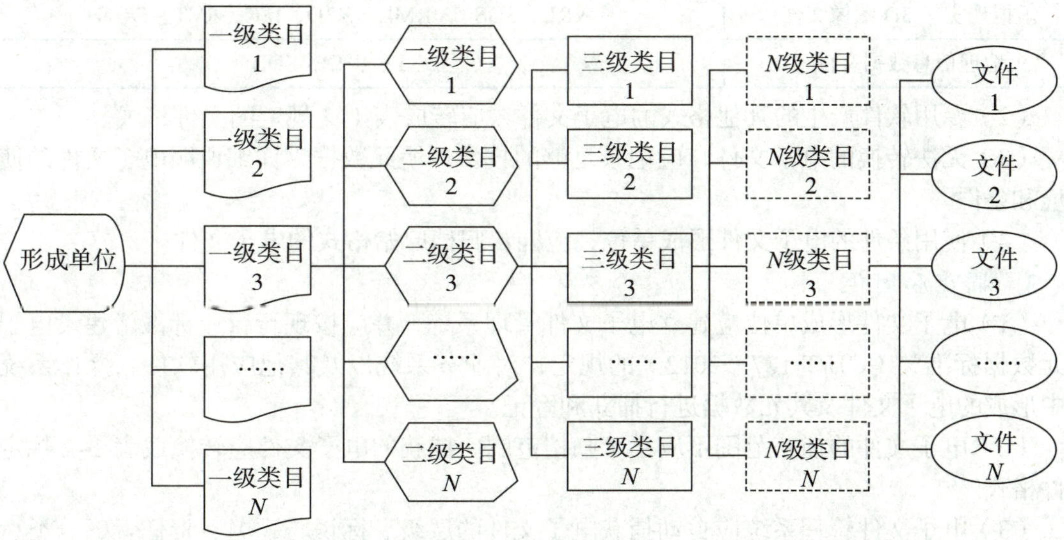

图 1-2　电子文件分类方案层级结构

（4）电子文件分类方案的设计，应统筹考虑文件归档和电子档案管理要求，与电子档案分类体系一体化设计，并应保持一定的稳定性、连续性。

（5）业务系统和电子文件管理系统，应支持按层级方式来组织分类方案和管理电子文件，并应支持按分类方案中的类目提供元数据描述。

三、电子文件的归档

1. 归档范围

（1）电子文件形成单位应根据业务范围和工作性质，制定本单位电子文件归档范围和保管期限。

（2）工程电子文件的归档范围，应按现行国家标准《建设工程文件归档规范》（GB/T 50328—2014）执行。

（3）业务管理电子文件的归档范围应按国家现行有关规定执行。

2. 归档文件格式

（1）归档的电子文件应转换为表 1–2 所示的文件格式。

表 1–2　归档电子文件格式

文件类别	文件格式
文本（表格）文件	OFD、DOC、DOCX、XLS、XLSX、PDF/A、XML、TXT、RTF
图像文件	JPEG、TIFF
图形文件	DWG、PDF/A、SVG
视频文件	AVS、AVI、MPEG2、MPEG4
音频文件	AVS、WAV、AIF、MID、MP3
数据库文件	SQL、DDL、DBF、MDB、ORA
虚拟现实 / 3D 图像文件	WRL、3DS、VRML、X3D、IFC、RVT、DGN
地理信息数据文件	DXF、SHP、SDB

（2）专用软件产生的其他格式的电子文件，应转成表 1–2 规定的文件格式。

（3）无法转换的电子文件，应记录足够的技术环境元数据，详细说明电子文件的使用环境和条件。

（4）使用条件的电子文件形成单位，应同步归档原始格式的电子文件。

3. 捕获和固化

（1）电子文件形成单位应建立电子文件管理系统，并应按现行行业标准《建设电子档案元数据标准》（CJJ/T 187—2012）的规定，对业务系统以及其他应用软件、操作系统环境中形成的电子文件及其元数据进行捕获和登记。

（2）电子文件的捕获范围不应小于归档范围。捕获的电子文件应转换成表 1–2 规定的文件格式。

（3）电子文件管理系统应自动捕获电子文件的层级、标识、题名、责任者、分类、日期、数量或大小等元数据。

（4）对归档的电子文件应进行同化处理。固化可采用可靠的电子签名技术、封装技术方式。

4. 整理

（1）对纳入归档范围的电子文件，归档前应进行整理。整理应按下列程序进行。

① 对所有归档文件按电子文件分类方案进行分类。

② 对各级类目和电子文件，应按形成时间、业务类别、专业特征等排序，排序后在题

名前加上 3 位阿拉伯数字用以标注序号，不足位数的用 0 补齐。

③ 对各级类目和电子文件编制类目目录和文件目录。类目目录应包括序号、编制单位、类目题名、类内文件份数、备注等。文件目录应包括序号、文件编号、责任者、电子文件题名、备注等。

④ 将类目目录和文件目录排放到所有类目、文件之前，并进行命名，命名规则为：000 类目目录、000 文件目录。

（2）电子文件形成单位的业务系统应设置归档整理功能，并按预先设置的电子文件分类方案，对各级类目和文件的元数据进行捕获和整理。

5. 归档要求

（1）电子文件形成单位应定期将电子文件整理后归档。

（2）电子文件归档可采用在线归档方式或离线归档方式，并应采取措施确保归档电子文件的安全存储。

（3）业务系统产生的电子文件应以数据库环境为依托进行归档，维持数据原始面貌；或将数据文件转换为可脱离数据库系统读取的数据表文件归档。

（4）电子文件及其元数据应一并归档。

（5）电子文件形成者应采用可靠的电子签名等手段保障归档电子文件的真实性。

（6）经信息技术手段加密的电子文件应在解密后再归档，压缩电子文件应与解压缩软件一并归档。

（7）电子文件格式转换后，向本单位档案管理部门移交时，应将转换前和转换后两种格式的电子文件一并归档；向城建档案管理机构移交时，可只移交转换后的电子档案。

（8）电子文件离线归档，按优先顺序，可采用移动硬盘、闪存盘、光盘、磁带等存储。

（9）归档文件存储媒体的外表应粘贴标签，标签中应包含移交单位、移交日期、存储媒体顺序号、文件内容等。

6. 检测

（1）在归档工作的下列环节，电子文件交接双方均应对电子文件进行检测，检测合格后方可归档交接。

① 电子文件形成部门在向本单位档案管理部门归档电子文件之前，以及本单位档案管理部门在接收电子文件时。

② 业务管理电子文件形成单位、工程建设单位向城建档案管理机构移交电子档案前，以及城建档案管理机构在接收电子档案时。

③ 勘察、设计、施工、监理、测量等单位向建设单位交付电子档案前，以及建设单位接收电子档案时。

（2）对电子文件的检测，应从可用性、完整性、安全性等方面展开，并应符合下列规定。

① 对电子文件可用性的检测，应重点检测离线移交的存储媒体外观是否完好无损，是否可以通过 I/O 测试；在线移交的数据包是否可以完整解包；电子文件格式是否符合表 1–2 的规定；电子档案移交目录、电子档案全文是否可以正常打开和浏览；电子档案元数

据是否可以正常展现和浏览内容等。

② 对电子文件完整性的检测，应重点检测电子档案移交目录的填写内容是否完整；电子档案数量与移交目录中记录的数量是否一致；电子档案元数据是否齐全、完整等内容。

③ 对电子文件安全性的检测，应重点检测是否存在恶意程序，是否感染木马或病毒；是否存有与电子档案移交无关的数据；存储媒体出厂时间是否超过使用年限等内容。

（3）对电子文件主要技术指标的检测结果应符合下列规定。

① 电子档案移交目录应达到：必填字段 100%，目录重复性 0%，字段内容规范性 100%，涉密关键字检查 100%。

② 文本类电子文件应达到：完整性 100%，可读性 100%，重复文件 0%。

③ 多媒体类电子文件应达到：分段随机播放可播放 100%，完整性 100%，可读性 100%，重复文件 0%。

④ 通过纸质文件数字化采集到的电子文件，应达到现行行业标准《纸质档案数字化技术规范》（DA/T 31—2017）的技术要求。

四、电子档案的移交和接收

1. 电子档案的移交

（1）业务管理电子文件形成单位应按有关规定，每 1 ～ 5 年定期向城建档案管理机构移交电子档案。

（2）列入城建档案管理机构接收范围的建设工程，建设单位应按规定向城建档案管理机构移交一套符合要求的工程电子档案。建设单位组织工程竣工验收前，当地城建档案管理机构应对工程电子档案进行预验收。

（3）电子档案移交方式可采用在线或离线方式进行，交接双方可根据实际情况选择确定。

（4）对扩建、改建和维修工程，建设单位应组织设计、施工、监理单位将工程中产生的电子档案向城建档案管理机构移交。

（5）移交的电子档案的存储格式和存储媒体应符合规范规定。

（6）电子档案移交之前，移交单位应确定电子档案的密级。属于国家秘密的电子档案应使用专用保密存储媒体存储，并应按国家现行有关保密规定办理移交手续。

（7）电子档案移交之前，移交单位应对准备移交的电子档案进行检测，全部合格后方可移交。

2. 电子档案的接收

（1）接收电子档案时，接收单位应对电子档案进行检测。检测内容与要求应符合规范要求。检测不合格的，应退回移交单位重新处理。

（2）接收和移交电子档案应办理交接手续，交接手续应符合下列规定。

① 移交单位应提交电子档案移交目录，电子档案移交目录如表 1–3 所示。

表 1-3　电子档案移交目录

序号	文件类型	文件题名	文件编号	责任者	日期	备注

② 移交和接收双方应填写电子档案移交与接收证明书，电子档案移交与接收证明书如表 1-4 所示，并可采用电子形式、以电子签名方式予以确认。

表 1-4　电子档案移交与接收证明书

电子档案基本情况	
档案内容	
移交档案数量	份（件）
称交档案数据量	G
称交媒体类型、规格、数量	
附：移交目录	
交接双方单位名称	
移交单位	接收单位
代表人： 单位盖章 年　　月　　日	代表人： 单位盖章 年　　月　　日

③ 电子档案移交目录和电子档案移交与接收证明书一式两份，一份由移交单位保存，一份由接收单位保存。

五、电子档案的保管

1．电子档案的存储与备份

（1）电子档案保管单位应对在线存储和离线存储的电子档案进行保管；应配备符合规定的计算机机房、硬件设备、信息管理系统和网络设施，实现对电子档案的有效管理。

（2）保管电子档案存储媒体，应符合下列规定。

① 电子档案磁性存储媒体宜放入防磁柜中保存。

② 单片、单个存储媒体应装在盘、盒等包装中，包装应清洁无尘，并竖立存放，且避免挤压。

③ 环境温度应保持在 14 ～ 24 ℃，昼夜温度变化不超过 ±2 ℃；相对湿度应保持在 35% ～ 45%，相对湿度昼夜变化不超过 ±5%。

④ 存储媒体应与有害气体隔离。

⑤ 存放地点应做到防火、防虫、防鼠、防盗、防尘、防湿、防高温、防光和防振动。

（3）电子档案保管单位应定期检查电子档案读取、处理设备。设备环境更新时应确认电子档案存储媒体与新设备的兼容性，如不兼容，应进行存储媒体转换，原存储媒体保留时间不应少于 3 年。

（4）电子档案保管单位对保存的电子档案应进行定期检查。检查应符合下列规定。

① 检查方法应包括人工抽检和机读检测。

② 对脱机保存的电子档案，应根据不同存储媒体的寿命，定期进行人工抽检。

③ 对系统中运转的在线数据，应定期进行机读检测。

④ 在定期检查过程中发现问题应及时采取补救措施。

（5）对脱机备份的电子档案，电子档案保管单位宜根据存储媒体的寿命，定期转存电子档案。转存时应进行登记，登记内容应按表 1–5 填写。

表 1–5　电子档案转存登记表

<table>
<tr><td>原存储媒体转存登记</td><td colspan="2">原存储媒体类型和数量：
档案容量：
档案内容描述：</td></tr>
<tr><td>存储媒体更新与兼容性检测登记</td><td colspan="2">转存后的存储媒体类型和数量：
档案容量和内容校验：
转存后的存储媒体兼容性检测：</td></tr>
<tr><td>填表人（签名）：
年　月　日</td><td>审核人（签名）：
年　月　日</td><td>单位（盖章）：
年　月　日</td></tr>
</table>

（6）城建档案管理机构应定期备份电子档案。备份应符合下列规定。

① 应采取本地备份和异地备份并行的工作策略。

② 应同时备份保障数据恢复的管理系统与应用软件。

（7）对电子档案内容的备份可根据实际情况选择完全备份、差异备份或增量备份。

（8）备份方式可采用数据脱机备份或数据热备份。数据热备份所采用的网络应确保数据安全。

（9）对于备份的数据每年应安排一次恢复演练，备份数据应可恢复。

2. 电子档案的迁移

（1）在计算机软硬件系统升级或更新之后，存储媒体过时或电子档案编码方式、存储格式淘汰之前，电子档案保管单位应将电子档案迁移到新的系统、媒体或进行格式转换，保证其可被持续访问和利用。

（2）电子档案迁移之前，电子档案保管单位应明确迁移的要求、策略和方法。

（3）电子档案保管单位应在电子档案迁移之后，开展数据校验，对照检验迁移前后电子档案内容的一致性，以及电子档案信息的可用性。

（4）电子档案保管单位应对迁移的操作人员、时间、过程和结果进行完整记录，记录应按表 1-6 填写。

表 1-6　电子档案迁移登记表

原系统设备情况	硬件系统： 系统软件： 应用软件： 存储设备：	
目标系统设备情况	硬件系统： 系统软件： 应用软件： 存储设备：	
被迁移电子档案情况	原格式： 目标格式： 迁移数量： 迁移时间：	
迁移检测情况	硬件系统查验： 系统软件查验： 应用软件查验： 储存媒体查验： 电子档案内容查验： 电子档案形态查验：	
迁移者（签名）： 年　月　日	迁移校验者（签名）： 年　月　日	单位（盖章）： 年　月　日

（5）永久保管的电子档案在格式迁移后，其原始格式宜保留一定年限。

3. 电子档案的安全保护

（1）电子文件管理系统和城建档案信息管理系统的安全等级保护定级工作，应符合国家相关规定的要求。

（2）电子档案保管单位应采取下列措施满足电子档案的基本安全要求。

① 技术上应对电子档案管理系统的网络安全、设备安全、系统安全、应用安全和数据安全等进行保护。

② 管理上应制定运行维护、安全管理制度，设置安全管理岗位，落实计算机机房日常管理、系统运行安全等责任保障机制。

（3）电子档案存储媒体运行和保管的环境，应符合现行国家标准《计算机场地通用规范》（GB/T 2887—2011）和《计算机场地安全要求》（GB/T 9361—2011）的规定。

（4）电子档案保管单位应根据网络设施、系统主机和信息应用，采取身份鉴别、访问控制、资源控制、安全审计、边界完整性检查、入侵防范、恶意代码防范、剩余信息保护、通信完整性、通信保密性、抗抵赖、软件容错等保护信息安全的措施。

（5）电子档案保管单位应制定电子签名管理制度，加强对电子印章的管理。

4. 电子档案的鉴定销毁

（1）电子档案保管单位对电子档案的鉴定应包括下列内容。

① 对保管期满的档案重新判断保存价值，确无继续保存价值的，列入销毁范围，仍有保存和利用价值的，列入续存范围。

② 对保密期满的电子档案进行解密。

（2）电子档案鉴定应按国家关于档案鉴定销毁的有关规定和本单位档案归档范围及保管期限表执行，并应按下列程序办理。

① 电子档案保管单位应组织成立由档案管理人员和有关职能部门组成的鉴定小组，并应成立由档案保管单位和文件形成单位负责人组成的鉴定委员会。

② 对保管期满、失去保存和利用价值的电子档案，鉴定组应提出销毁意见，并编制保管期满档案销毁清册，销毁清册应符合表 1–7 的要求。

表 1–7　保管期满档案销毁清册

序号	文件档号	文件题名	文件编号	责任者	日期	保管到期日	销毁意见	鉴定人

③ 对保管期满、仍有保存和利用价值的电子档案，鉴定小组应重新划定保管期限，编制保管期满档案续存清册，续存清册应符合表 1–8 的要求。

表 1-8 保管期满档案续存清册

序号	文件档号	文件题目	文件编号	责任者	日期	保管到期日	重新划定的保管期限	鉴定人

④ 鉴定小组应将电子档案鉴定工作情况写成报告，并应将保管期满档案销毁清册、保管期满档案续存清册一同提交鉴定委员会讨论。

⑤ 鉴定委员会应研究讨论，形成审查意见。

⑥ 电子档案保管单位应将鉴定委员会审查意见报上级有关主管部门批准。

（3）对批准销毁的电子档案应在档案管理系统删除相关数据，对光盘等存储媒体应进行物理销毁，销毁清册应永久保存。

（4）非保密建设电子档案可进行逻辑删除。属于保密范围的电了档案被销毁时，按《中华人民共和国保守国家秘密法》有关规定执行。

知识链接

电子档案的利用

（1）电子档案保管单位应建立检索系统，向利用者提供在线和离线等多种形式的电子档案利用和信息服务。

（2）当利用计算机网络发布电子档案信息或在线利用电子档案时，应遵守国家相关保密规定。

（3）在线利用系统应设置权限控制措施，实行审批和登记程序，建立可溯源的审计跟踪记录。电子档案不得超授权范围利用、复制或公布。

（4）电子档案保管单位应建立专门的电子档案利用数据库，与长期保存的电子档案数据库分离。

（5）脱机电子档案存储媒体和入库的电子档案存储媒体不得外借，当利用时应使用复制件；未经批准，任何单位或人员不得擅自复制、修改、转送他人。

课后实训

实训 1：将归档的电子文件转换为规定的文件格式（表 1–9）

表 1–9　规定的文件格式

文件类别	格式
文本（表格）文件	OFD、DOC、DOCX、XLS、XLSX、PDF/A、XML、TXT、RTF
图像文件	JPEG、TIFF
图形文件	DWG、PDF/A、SVG
视频文件	AVS、AVI、MPEG2、MPEG4
音频文件	AVS、WAV、AIF、MID、MP3
数据库文件	SQL、DDL、DBF、MDB、ORA
虚拟现实 / 3D 图像文件	WRL、3DS、VRML、X3D、IFC、RVT、DGN
地理信息数据文件	DXF、SHP、SDB

实训 2：编制电子档案转存登记表（表 1–10）

表 1–10　电子档案转存登记表

原存储媒体转存登记	原存储媒体类型和数量： 档案容量： 档案内容描述：	
存储媒体更新与兼容性检测登记	转存后的存储媒体类型和数量： 档案容量和内容校验： 转存后的存储媒体兼容性检测：	
填表人（签名）： 年　月　日	审核人（签名）： 年　月　日	单位（盖章）： 年　月　日

思考练习

一、填空题

1. 建筑工程资料一般分为基建文件、________、________和________四类。

2. 工程项目竣工验收包括两种对象：一是指“硬件”，即__________；二是指“软件”，即能够反映建筑物自身及形成过程并按照规范要求积累完成的完整、真实、具体的建筑工程资料。

3. 住宅质量保证书由________编写，其内容包括工程质量监督部门检核的质量等级。

4. 备案文件规格为A4（210 mm×297 mm），左部预留________mm，上部预留________mm。

5. 电子档案的检查方法应包括________和________。

二、简答题

1. 简述建筑工程资料管理的作用。

2. 简述建筑工程资料组卷的方法。

项目二

工程准备阶段资料管理

学习目标

知识目标

了解工程准备阶段资料的形成过程及内容。

熟悉决策立项阶段文件资料的相关内容。

熟悉建设规划用地文件资料的审批和报建。

掌握勘察、设计文件资料。

掌握招标文件资料。

掌握开工审批文件资料。

掌握财务文件资料。

能力目标

学会招标文件资料的填写和汇制。

熟悉开工审批文件资料的操作流程。

能够对工程进行投资估算。

能够对工程施工图进行预算。

素质目标

教授学生在工程准备阶段要进行相关技术性调查，使工程文件资料与后期工程质量体现应有的价值。

思政目标

引导学生从传统的管理方法向现代化的管理方法转变，对工程资料的管理流程予以规范操作，培养工程资料管理人员的社会责任感。

任务导入

建筑工程施工是一项复杂的系统工程，建设单位在工程前期收集和编制的资料是施工单位开展工程建设的重要依据。施工单位进入正式施工阶段之前，必须开展一系列实质性的准备工作，并编制能够如实反映这些准备工作的技术资料，提供给建设单位审查，以证明施工现场已经具备施工条件，施工单位可以开展施工工作。

任务一　工程准备阶段资料

一、工程准备阶段资料形成过程

工程准备阶段资料形成过程如图 2–1 所示。

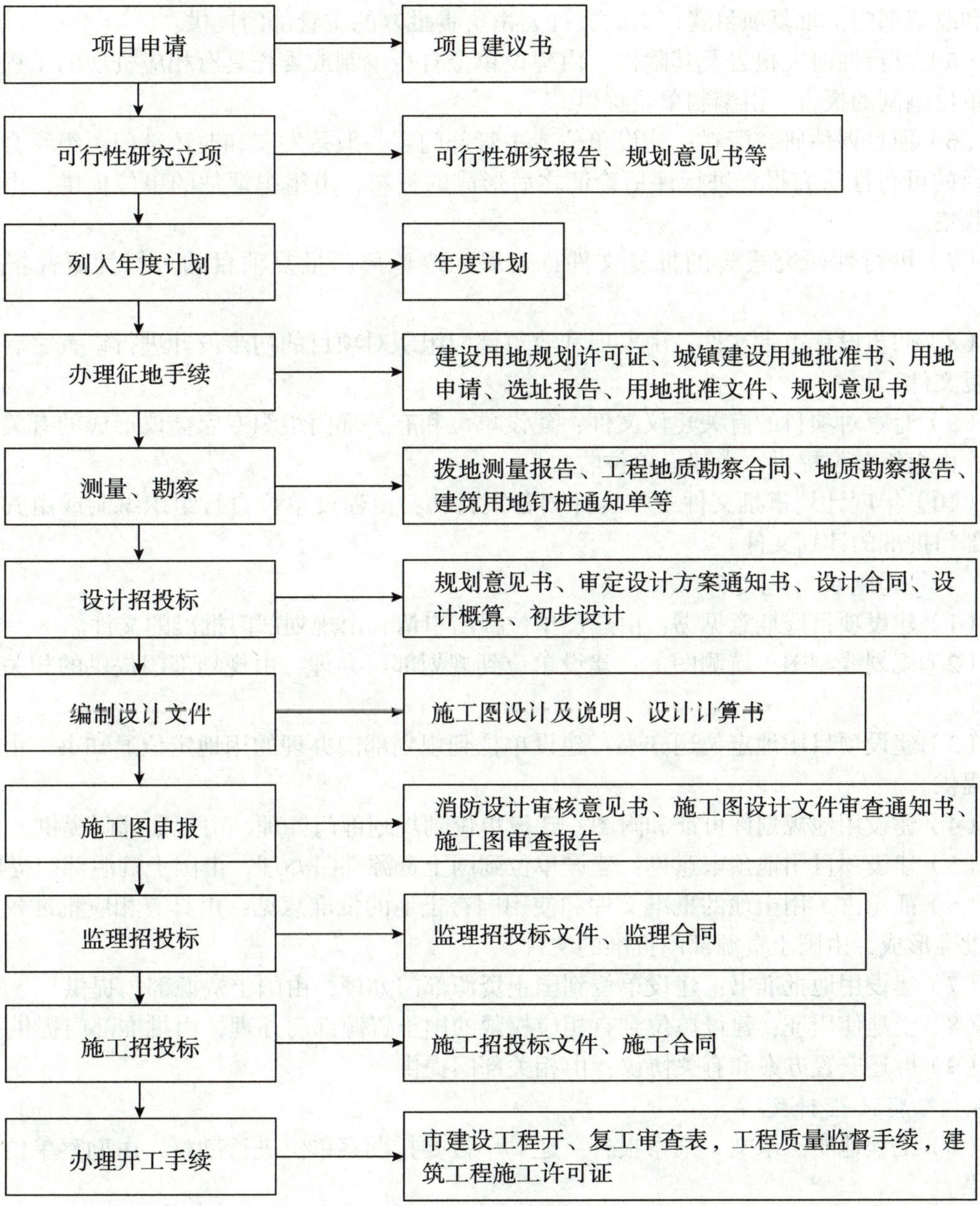

图 2–1　工程准备阶段资料形成过程

二、工程准备阶段资料内容

1. 立项文件

（1）立项文件：由发展和改革部门批准的项目立项文件，由建设单位收集、提供。

（2）项目建议书：由建设单位自行编制或委托具有相应资质的咨询或设计单位编制并申报的文件，由建设单位收集、提供。

（3）立项会议纪要：由建设单位或其上级主管部门就项目召开立项研究会议所形成的纪要文件，由组织会议的单位提供。

（4）项目建议书的批复文件：建设单位的上级主管单位和国家有关主管部门（一般是发展和改革部门）批复项目建议书的文件，由负责批复的主管部门提供。

（5）可行性研究报告及其附件：由建设单位自行编制或委托具有相应资质的工程咨询设计单位编制的报告，由编制单位提供。

（6）项目评估研究资料：建设单位或主管部门（一般是发展和改革部门）组织会议，对项目的可行性研究报告进行评估论证之后形成的资料，由组织评估的单位提供，由建设单位收集。

（7）可行性研究报告的批复文件：发展和改革部门批复项目的可行性研究报告的文件。

（8）初步设计审批文件：由发展和改革部门组织对项目的初步设计进行审查之后形成的批复文件。

（9）专家对项目的有关建议文件：建设单位和有关部门组织专家会议形成的有关建议文件，由组织单位提供，由建设单位收集。

（10）年度计划审批文件或年度计划备案材料：由建设单位自行组织编制或由其有关主管部门批准的计划文件。

2. 建设规划用地文件

（1）建设项目选址意见书：由建设单位提出申请、由规划部门批准的文件。

（2）规划线测图（航测图）：建设单位到规划部门办理，由规划部门提供的相关图样文件。

（3）建设项目用地定位通知书：建设单位到规划部门办理的用地定位通知书，由规划部门提供。

（4）建设用地规划许可证和附图：建设单位到规划部门办理，由规划部门提供。

（5）建设项目用地预审意见：建设单位到国土资源部门办理，由国土资源部门提供。

（6）征（占）用土地的批准文件和使用国有土地的批准意见：由具有相应批准权限的政府批准形成、由国土资源部门批准的文件。

（7）建设用地批准书：建设单位到国土资源部门办理，由国土资源部门提供。

（8）土地使用证：建设单位到有相应权限的国土资源部门办理，由批准部门提供。

（9）拆迁安置方案和有关协议：由相关部门提供。

3. 勘察、设计文件

（1）工程地质（水文）勘察报告：建设单位委托勘察单位进行勘察，由勘察单位编制并提供。

（2）设计方案（报批图）：由设计单位编制，经规划部门审查后确定。

（3）审定设计方案（报批图）的审查意见：分别由人防、环保、交通、园林、市政、电力、电信、卫生、消防等部门提出审查意见，由负责审查的部门提供。

（4）建设工程规划许可证、附图和附件：建设单位到规划部门办理，由规划部门提供。

（5）初步设计及说明：由设计单位编制并提供。

（6）施工图设计及说明：由设计单位编制并提供。

（7）设计计算书：由设计单位编制并提供。

（8）施工图审查合格证书：施工图审查机构对设计的施工图进行审查，审查合格后发放合格证书，由施工图审查机构提供。

4. 工程招投标文件和合同

（1）勘察、设计、施工、监理招投标文件和中标通知书：招标文件由建设单位自行编制或委托具有相应资质的招标代理机构编制；投标文件分别由勘察、设计、施工、监理单位编制；中标通知书由建设单位或招标代理机构编制而成，并到监管部门备案。以上文书均由编制单位提供。

（2）勘察、设计、施工、监理合同：由建设单位分别与勘察、设计、施工、监理单位协商签订而成，并到建设主管部门备案。以上文书均由参与签订的单位提供。

5. 工程开工文件

（1）验线合格文件：由规划部门进行验线审查后形成的文件，由规划部门提供。

（2）建筑工程竣工档案责任书：由城建档案馆与建设单位签订，由当地城建档案馆提供统一格式的责任书。

（3）工程质量监督手续：建设单位到质量监督机构办理，由质量监督机构提供。

（4）建筑工程施工许可证：建设单位到建设行政主管部门办理，由建设行政主管部门提供。

任务二 决策立项阶段文件资料

一、项目建议书

项目建议书是建设单位向主管部门提出要求建设某一项目的建议性文件，是对拟建项目的轮廓设想，是对拟建项目的必要性、可行性和获利、获益的可能性加以考虑的文件。

项目建议书经批准后才能进行可行性研究，也就是说项目建议书并不是项目的最终决策，仅为可行性研究提供依据和基础。

1. 项目建议书的内容

项目建议书大多由项目法人委托有资质的咨询单位、设计单位编制。基本建设项目的项目建议书应包括以下内容。

（1）建设项目提出的必要性和依据。

（2）对拟建工程规模和建设地点的初步设想。

（3）对资源情况、建设条件、协作关系等的初步分析。

（4）对投资估算和资金筹措的初步设想。

（5）项目的进度安排。

（6）对经济效益和社会效益的评估。

2. 项目建议书的审查

对编制完成的项目建议书，建设单位应组织有关部门和专家参与审查，经审查符合要求的项目建议书才能报请有关部门审批。

3. 项目建议书的报批

大中型基本建设项目、限额以上更新改造项目的项目建议书，按隶属关系由国务院主管部门或省、区、市计划委员会（以下简称计委）提出审查意见，报国家计委审批，其中重大项目由国家计委审查后报国务院主管部门审批；小型基本建设项目、限额以下更新改造项目的项目建议书，按隶属关系由国务院主管部门或省、区、市计委审批。

二、可行性研究报告及其附件

项目建议书经批准后，应紧接着进行可行性研究工作。可行性研究是项目决策的核心，是对建设项目在技术上是否先进、在经济上是否可行进行的全面、科学的分析论证工作，是技术经济的深入论证阶段，能为项目决策提供可靠的技术经济依据。

1. 可行性研究的主要内容

（1）建设项目提出的背景、必要性、经济意义和依据。

（2）拟建项目规模、产品方案、市场预测。

（3）技术工艺、主要设备、建设标准。

（4）资源、材料、燃料供应和运输，水、电条件。

（5）建设地点、场地布置、项目设计方案。

（6）环境保护、防洪、防震等要求与相应的措施。

（7）劳动定员和人员培训。

（8）建设工期和进度建议。

（9）投资估算和资金筹措方式。

（10）经济效益和社会效益分析。

可行性研究的主要任务是对多种方案进行比较、分析，提出科学的评价意见，推荐最佳方案。

2. 可行性研究报告

可行性研究报告是根据可行性研究成果编制的综合报告。它是根据国家国民经济发展的长远规划和地区布局的要求，按照建设项目的隶属关系，由主管部门组织计划、经济、设计等部门，在可行性研究的基础上选择经济效益最好的方案的文件，其主要内容如下。

（1）概述。

（2）需求预测和拟建规模。

（3）资源、原材料、辅助材料、燃料和公用设施落实情况。

（4）建设条件和建设方案。

（5）设计方案。

（6）环境保护。

（7）生产组织、劳动定员和人员培训。

（8）实施进度建议。

（9）投资估算和资金筹措。

（10）社会、经济效益评价。

知识链接

某建设项目可行性研究报告

目录

3. 可行性研究报告附件。

可行性研究报告除正文外，还须具备以下几个附件。

（1）选址意向书。

（2）选址意见书。

（3）外协意向性协议。

4. 可行性研究报告的报批

建设单位完成可行性研究报告的编制后，应向有关主管部门或行业主管部门申报审批。可行性研究报告审批意见书须对可行性研究报告进行客观、全面、准确的评价和认定，其主要内容如下。

（1）项目建设的必要性。
（2）建设规模与产品方案。
（3）工艺、技术和设备的先进性、实用性和可靠性。
（4）路线方案。
（5）项目的建设方案和标准。
（6）外部协作和配套工程。
（7）环境保护。
（8）投资结算和投资来源。
（9）财务评价与国民经济评价。
（10）不确定性分析。
（11）社会效益评价。
（12）项目总评价。

可行性研究报告经正式批准后，建设项目即正式立项。正式立项的建设项目应当严格按审批意见执行，任何部门、单位和个人都不得随意修改和变更，如因建设条件变化、建设内容变化或建设投资变化，确实需要变更或调整可行性研究报告的指标和内容，要经过原批准单位同意，并办理正式变更手续。

5. 可行性研究工作程序

可行性研究工作程序指从接到建设项目前期工作通知书到建设项目正式立项，如图 2–2 所示。

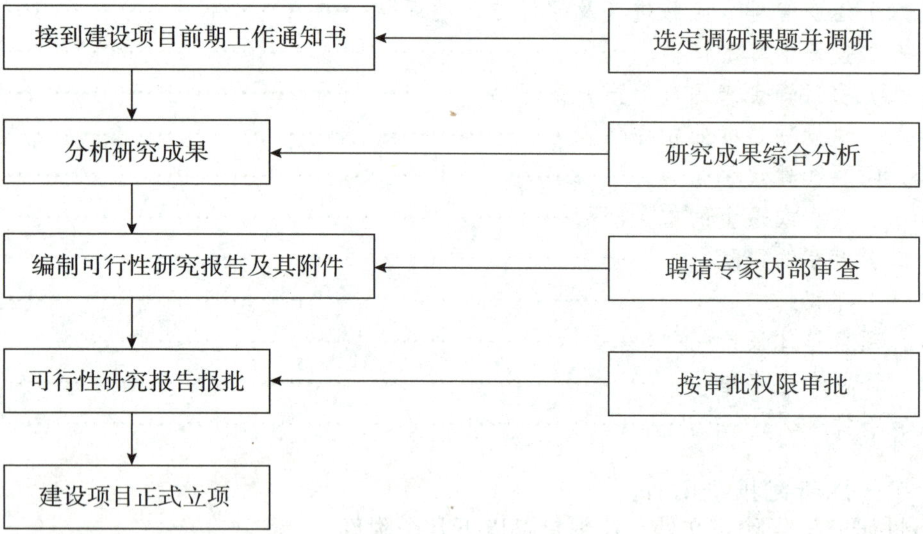

图 2–2 可行性研究工作程序

6. 项目评估研究资料

项目评估是对可行性研究报告的客观性、全面性、准确性进行评价与选择，并出具评估报告。经批准后审批立项，颁发批准文件。项目评估研究资料的基本内容如下。

（1）项目建设的必要性。
（2）建设规模和产品方案。
（3）工艺、技术和设备的先进性、实用性和可靠性。

（4）厂址（地址或路线规划方案）。

（5）建设工程的方案和标准。

（6）外部协作配备项目和配合条件。

（7）环境保护。

（8）投资结算和投资来源。

（9）财务评价。

（10）国民经济评价。

7. 建设项目立项文件

建设单位根据批复的可行性研究报告召开立项会议，组织关于立项的事宜。立项会议以纪要的形式对立项进行全面的概括阐述，对专家们的立项建议进行组织和整理，形成文件，并对项目进行评估。其归档文件有项目建议书、项目建议书的批复文件、可行性研究报告、可行性研究报告的批复文件、立项会议纪要、领导批示、专家对项目的有关建议文件、项目评估研究资料、由发展和改革部门批准的立项文件、由计划部门批准的设计任务书等。

任务三　建设规划用地文件资料

一、规划用地审批

1. 工程项目选址申请和选址规划意见通知书

（1）工程项目选址申请

在城市规划区内进行的建设项目，申请人根据申请条件依据向城市规划行政主管部门提出选址申请，填写建设项目规划审批及其他事项申报表。建设项目选址申请表样式详如表 2–1 所示。

表 2–1　建设项目选址申请表

<table>
<tr><td colspan="2">申请单位（盖章）</td><td colspan="2"></td><td colspan="2">联系人（电话）</td><td></td></tr>
<tr><td colspan="2" rowspan="2">项目名称</td><td colspan="2" rowspan="2"></td><td colspan="2">拟建设地点</td><td></td></tr>
<tr><td colspan="2">拟用地面积</td><td></td></tr>
<tr><td colspan="2">项目性质</td><td colspan="2"></td><td colspan="2">建设规模</td><td></td></tr>
<tr><td>项目情况</td><td colspan="6">主要内容包括项目建设理由，用地现状与建设规模，供水与能源的需求量，采取的运输方式与运输量，废水、废气、废渣的排放方式和排放量。</td></tr>
<tr><td rowspan="2">相关单位意见</td><td colspan="2">镇（街道）政府</td><td colspan="2">国土部门（供地方式）意见</td><td colspan="2">区环保局意见</td></tr>
<tr><td colspan="2"></td><td colspan="2"></td><td colspan="2"></td></tr>
<tr><td>备注</td><td colspan="6">规划管理科
年　　月　　日</td></tr>
</table>

（2）选址规划意见通知书

城市规划行政主管部门对建设单位的工程项目选址申请进行审查，符合有关法规、标准的，及时收取申请人的申请材料，填写选址规划意见通知书两份，如表 2-2 所示，将其中一份选址规划意见通知书加盖收件专用印章后交申请人；将申请材料和另一份选址规划意见通知书装袋，填写移交单，移交有关管理部门。选址规划意见通知书由城市规划行政主管部门下发，并有附图。

表 2-2　建设工程选址规划意见通知书

你单位申报的________工程，经研究同意在________选址。请按下列要点征求有关部门意见及进行规划审批前期工作： 一、用地范围：东：________；西：________；南：________；北：________； 二、用地面积约：________。 （其中代征城市公共用地面积约________） 三、建设内容：________。 四、建设规模：________平方米，________层。 五、其他： ××市（县）规划局 年　月　日
土地管理部门对征用土地的意见： （盖章） 年　月　日
动迁管理部门对动迁安置的意见： （盖章） 年　月　日

2. 规划用地申请和建设用地规划许可证

（1）规划用地申请

建设单位持按国家基本建设程序批准的建设项目立项的有关证明文件，向城市规划行政主管部门提出用地申请，填写规划审批申报表并准备好有关文件。建设用地规划许可证申报表的主要内容为建设单位、申报单位、工程名称、建设内容、地址、规模等概况。需要准备的有关文件主要有计划主管部门批准的征用土地计划，土地管理部门的拆迁安置意见、地形图，规划管理部门的选址意见书，要求取得的有关协议、意向书等文件和图样。填写的申报表加盖建设单位和申报单位公章。经审查符合申报要求的用地申请，发给建设单位或申报单位建设用地规划许可证立案表，作为取件凭证。

（2）建设用地规划许可证

征用土地是工程项目建设的最基本条件，要在工程设计时办理完成建设用地规划许可证和拆迁安置协议等有关事宜。规划管理部门根据城市总体规划的要求，建设项目的性质、内容和选址定点时初步确定的用地范围界限提出规划设计条件，核发建设用地规划许可证。建设用地规划许可证是确定建设用地的位置、面积、界限的法定凭证。

3. 建设用地申请和建设用地批准书

征用土地应严格按照国家规定的基本建设程序和审批权限办理，办理程序如下。

（1）建设用地申请

建设单位和个人在取得建设用地规划许可证后，方可向县级以上地方人民政府土地管理部门申请用地，编制申请用地报告。经县级以上地方人民政府批准后，由土地管理部门填发建设用地批准书。

（2）协商征地数量和补偿安置方案

县级以上地方人民政府土地管理部门对建设用地申请进行审核，划定用地范围，并组织建设单位、被征用土地单位和有关单位依法商定征用土地协议和补偿安置方案，报县级以上地方人民政府批准。

（3）划拨土地

建设用地申请经县级以上地方人民政府批准后，由土地管理部门根据建设进度的需要一次或者几次分期划拨建设用地。

（4）核发国有土地使用证

建设项目竣工后，由城市规划管理部门会同土地管理部门、房地产管理部门核查实际用地，由县级以上地方人民政府办理土地登记手续，核发国有土地使用证。

二、工程建设项目报建资料

为有效掌握建设规模，规范工程建设实施阶段程序管理，统一工程项目报建的有关规定，达到加强建筑市场管理的目的，《工程建设项目报建管理办法》（建建字〔1994〕482号）规定，凡在我国境内投资兴建的工程建设项目，都必须实行报建制度，接受当地建设行政主管部门或其授权机构的监督管理。工程建设项目的报建内容主要包括：①工程名称；②建设地点；③投资规模；④资金来源；⑤当年投资额；⑥工程规模；⑦开工、竣工日期；⑧发包方式；⑨工程筹建情况。建设单位到建设行政主管部门或其授权机构领取工程建设项目报建表。认真填写后向建设行政主管部门或其授权机构报送，并按要求进行招标准备。

任务四　勘察、设计文件资料

工程地质勘察报告

一、工程地质勘察报告

勘察工作是基本建设的基础工作之一，勘察成果是工程设计的基本依据。

工程地质勘察报告是为查明建筑地区的工程地质条件，根据综合性的地质勘察工作所获得的成果编写的报告。通过工程地质勘察，对建筑地区的工程地质情况和存在的问题做出评价，能为工程建设的规划、设计、施工提供必需的参考依据。工程地质勘察报告的内容分为文字和图表两部分。文字部分包括前言、地形地貌、地层结构、含水层构造、不良地质现象、土的最大冻结深度、地震基本烈度、环境工程地质变化和不良影响的预测、工程地质建议等；图表部分包括工程地质分区图、平面图、剖面图、勘探点平面位置图、钻孔柱状图，不良地质现象的平剖面图、物探剖面图和地层的物理力学性质、试验成果资料等。

二、工程测量与规划设计条件审批

1. 工程测量

工程测量是工程建设中各种测量工作的总称。工程设计阶段的工程测量按工作程序和作业性质分主要有地形测量和拨地测量。

（1）地形测量

工程建设的地形测量指建设用地范围内的地形测量，反映地貌、水文、植被、建筑物和居民点的情况。地形测量大都采用实地测量，测量结果直接，内容较详尽。基建项目地形测量所绘地形图的比例尺一般为 1 : 1 000 或 1 : 500，根据测绘地点的水平位置、高程、地面形态和建筑物、构筑物等实测结果绘制。

（2）拨地测量

征用建设用地要进行的位置测量、形状测量和四至确定，一般称为拨地测量。拨地测量一般采用解析实钉法，根据规划部门批准的建设用地钉桩通知单中规定的条件，选定测量控制点，进行拨地导线测量、距离测量、测量成果计算等一系列工作，编制出征用土地的测量报告。测量报告的内容包括拨地条件、成果表、工作说明、略图、条件坐标、内外作业计算记录手簿等资料，拨地资料和定线成果须展绘在 1 : 1 000 或 1 : 500 的地形图上，建立图档。测量成果报告是征用土地的依据性文件，也是工程设计的基础资料。

规划行政主管部门在核发规划许可证时，应当向建设单位一并发放建设用地钉桩（验线）通知单。建设单位应当在施工前向规划行政主管部门提交编写完整的建设用地钉桩（验线）通知单。规划行政主管部门应当在收到验线申请后 3 个工作日内组织验线，经验线合格方可施工。

2. 规划设计条件审批

（1）建设单位申报规划设计条件

建设项目立项后，建设单位应向规划行政主管部门申报规划设计条件，并准备好下列相关文件和图样。

① 计划部门批准的可行性研究报告。

② 建设单位对拟建项目的说明。

③ 拟建方案示意图。

④ 地形图和用地范围。

⑤ 其他。

（2）规划行政主管部门签发规划设计条件通知书

规划行政主管部门对建设单位申报的规划设计条件进行审查和研究，同意进行设计的签发规划设计条件通知书，作为方案设计的依据。规划设计条件通知书的主要内容包括：①用地情况；②用地使用性质；③用地使用强度；④建筑设计要求；⑤城市设计要求；⑥ 市政要求；⑦配套要求；⑧其他需遵守的事项。

三、设计文件

所有新建、扩建、改建和技术改造项目在计划任务被批准后，应当及时委托设计单位根据规划行政主管部门签发的规划设计条件通知书及其附图进行工程设计，编制设计文件。

委托设计指建设项目主管部门向有设计能力的设计单位或者经过招投标的中标单位提出委托设计，建设单位和设计单位签订委托设计合同。

一般建设项目实行两阶段设计，即初步设计和施工图设计。技术比较复杂或有特殊要求的建设项目，采用新工艺、新技术而又缺乏设计经验的重大项目通常采用三阶段设计，即初步设计、技术设计和施工图设计。

1. 初步设计及其说明

初步设计主要包括总平面图、建筑图、结构图、给水排水图、电气图、弱电图、采暖通风与空气调节图、动力图、技术与经济概算等。初步设计说明书由设计总说明和各专业的设计说明书组成。

2. 技术设计

技术设计是对初步设计的补充和深化，一些技术比较复杂或有特殊要求的建设项目，采用新工艺、新技术而又缺乏设计经验的重大项目，通常增加技术设计。

3. 施工图设计及其说明

施工图设计主要包括总平面图、建筑图、结构图、给水排水图、电气图、弱电图、采暖通风与空气调节图、动力图、预算等。

在图样目录中先列新绘制图样，后列选用的标准图、通用图和重复利用图。施工图设计说明书由设计总说明和各专业的设计说明书组成。

一般工程的设计说明可写在有关的图样上。如果重复利用某一专门的施工图样及其说明，应详细注明其编制单位、资料名称和编制日期。如果施工图设计对初步设计有改变，应重新计算并列出主要技术经济指标表，可列在总平面图上。

各专业的施工图设计说明书的内容详见《建筑工程设计文件编制深度规定》。

4. 施工图设计文件审查

建设工程施工图设计文件审查是为了加强工程项目设计质量监督和管理，保护国家和人民生命财产安全，保证建设工程设计质量而实施的行政管理。

国务院《建设工程质量管理条例》规定，“建设单位应当将施工图设计文件报县级以上人民政府建设行政主管部门或者其他有关部门审查”，“施工图设计文件未经审查批准的，不得使用”。目前实施的是对各类新建、扩建、改建的建筑工程项目的施工图设计文件的审查。

（1）管理部门和审查机构

各级（县级以上）建设委员会负责本地施工图审查的管理工作，并委托施工图审查机构审查，建筑业管理办公室负责对施工图审查机构的考核管理和工程施工图审查的备案等监督管理工作，并委托质量监督总站实施备案。

（2）审查范围

审查范围是行政地域范围内符合建筑工程设计等级分级标准的各类新建、扩建、改建的建筑工程项目。

（3）审查内容

① 建筑物的稳定性、安全性，包括地基基础和主体结构体系是否安全、可靠。

② 是否符合消防、节能、环保、抗震、卫生、人防等有关强制标准和规范。

③ 施工图是否达到规定的深度要求。

④ 是否损害公众利益

（4）建设单位应提供以下资料

① 批准的立项文件或初步设计的批准文件。

② 主要的初步设计文件。

③ 工程勘察成果报告。

④ 结构计算书和计算软件名称。

任务五 招投标文件资料

一、勘察、设计招投标文件

1. 勘察、设计招投标的概念

勘察、设计招标是招标人在实施工程勘察、设计工作之前，以公开或邀请的方式提出招标项目的指标要求、投资限额和实施条件等，愿意承担勘察、设计任务的投标人按照招标文件的要求和条件报出工程项目的构思方案和实施计划，然后招标人通过开标、评标、定标确定中标人的过程。

勘察、设计投标是勘察、设计单位根据招标文件的要求编制投标书和报价单，争取获得承包权的活动。凡具有国家批准的勘察、设计许可证，并具有经有关部门核准的资质等级证书的勘察、设计单位，都可以按照批准的业务范围参加投标。

2. 勘察、设计招标应具备的条件

（1）具有经过审批机关批准的设计任务书或项目建议书。

（2）具有国家规划部门划定的项目建设地点、平面布置图和用地红线图。

（3）具有开展设计必需的可靠的基础资料。

（4）成立了专门的招标工作机构，并有指定的负责人。

3. 勘察、设计招标文件的主要内容

（1）投标须知。

（2）设计依据文件。

（3）项目说明书。

（4）合同的主要条件和要求。

（5）设计基础资料。

（6）现场勘察和标前会议的时间、地点。

（7）投标截止时间。

（8）文件编制要求和评标原则。

（9）招标可能涉及的其他内容。

4. 勘察、设计投标书的主要内容

设计单位应严格按照招标文件的规定编制投标书，并在规定的时间内送达。勘察、设计投标书的主要内容一般包括以下几点。

（1）方案设计综合说明书。

（2）方案设计内容和图样。

（3）工程投资估算和经济分析。
（4）项目建设工期。
（5）主要的施工技术要求和施工组织设计方案。
（6）设计进度计划。
（7）设计费报价。

二、勘察、设计承包合同

发包人通过招标的方式与选择的中标人就委托的勘察、设计任务签订合同。

1. 勘察承包合同

依据范本订立建设工程勘察承包合同时，双方应根据工程项目的特点，通过协商在合同的相应条款中明确以下具体内容。

（1）发包人应提供的勘察依据文件和资料。
（2）委托任务的工作范围。
① 勘察内容。
② 技术要求。
③ 预计的勘察工作量。
④ 提供勘察成果资料的份数。
（3）合同工期：勘察工作的开始时间和终止时间。
（4）勘察费用。
① 勘察费用的预算金额。
② 勘察费用的支付程序和每次支付的百分比。

（5）发包人应为勘察人提供现场工作条件。根据工程项目的具体情况，合同双方当事人可以在合同中约定由发包人负责提供保证勘察工作顺利开展的条件。

（6）违约责任。
① 承担违约责任的条件和处理办法。
② 违约金的计算方法等。

（7）合同争议的最终解决方式。合同中应明确约定合同争议的最终解决方式是仲裁还是诉讼。采用仲裁方式时，应约定仲裁委员会的名称。

2. 设计承包合同

依据范本订立建设工程设计承包合同时，双方应根据工程项目的特点，通过协商在合同的相应条款中明确以下具体内容。

（1）发包人应提供的文件和资料。
① 设计依据文件和资料。
② 项目设计的要求。
（2）委托任务的工作范围。
① 设计范围，合同中应明确建设规模，详细列出工程分项的名称、层数和建筑面积。
② 建筑物的合理使用年限要求。
③ 委托的设计阶段和内容。
④ 设计深度的要求。

⑤ 设计人配合施工的要求。

（3）设计人交付设计资料的时间。包括方案设计、初步设计和施工图设计的交付时间。

（4）设计费用。

（5）发包人应为设计人提供的现场服务，包括工作条件、生活条件和交通等内容。

（6）违约责任。

（7）合同争议的最终解决方式。

三、施工招投标文件

建设工程施工招标是建设单位对拟建的工程项目通过法定的程序和方式吸引建设项目的承包单位竞争，并从中选择条件优越者来完成工程建设任务的法律行为。建设工程施工招标的必备条件如下：招标人已经依法成立；初步设计和概算应当履行审批手续的已经批准；招标范围、招标方式和招标组织形式等应当履行核准手续的已经核准；有相应的资金或资金来源已经落实；有招标所需的设计图样和技术资料。

1. 招投标程序

建设工程施工招投标程序与设计招投标程序基本相同，一般按下述程序进行。

（1）招标准备阶段

招标准备阶段的工作由招标人完成，投标人不参与。此阶段的主要工作包括选择招标方式、办理招标备案手续、组织招标班子和编制招标有关文件。

（2）招投标阶段

在招投标阶段，招标人应做好招标的组织工作，投标人则按照招标有关文件规定的程序和具体要求进行投标报价的竞争。此阶段的工作包括发布招标公告，资格预审，确定投标单位，分发招标文件、图样和技术资料，组织现场踏勘和招标文件答疑，接收投标文件，建立评标组织，制定评标、决标的办法。

（3）决标阶段

从开标到签订合同的时期称为决标阶段，是对各投标书进行评审比较，最终确定中标人的过程。此阶段的工作包括召开开标会议，审查投标书，组织评标，公开标底，组织决标前的谈判，决定中标单位，发布中标通知书，签订施工承发包合同。

2. 招投标流程

现行法律法规对工程项目招投标程序有严格的规定，招投标流程如图 2–3 所示。

（1）发布招标公告或发送投标邀请书

在网上发布招标公告；实行邀请招标的，应向 3 个以上符合资质条件的投标人发送投标邀请书。招标公告和投标邀请书应当载明招标人的名称和地址，招标项目的性质、数量、实施地点和时间，获取招标文件的办法等事项。

（2）编制资格预审文件

为使招标人全面而详细地对潜在的投标人进行资格预审，招标人应编制投标申请人资格预审文件，包括投标申请人资格预审须知、投标申请人资格预审申请书、投标申请人资格预审合格通知书等内容。投标申请人资格预审须知中应明确参加投标的单位应知的事项和申请人应具备的资历、有关证明文件。投标申请人资格预审申请书按照招标单位对投标申请人的要求而编写。

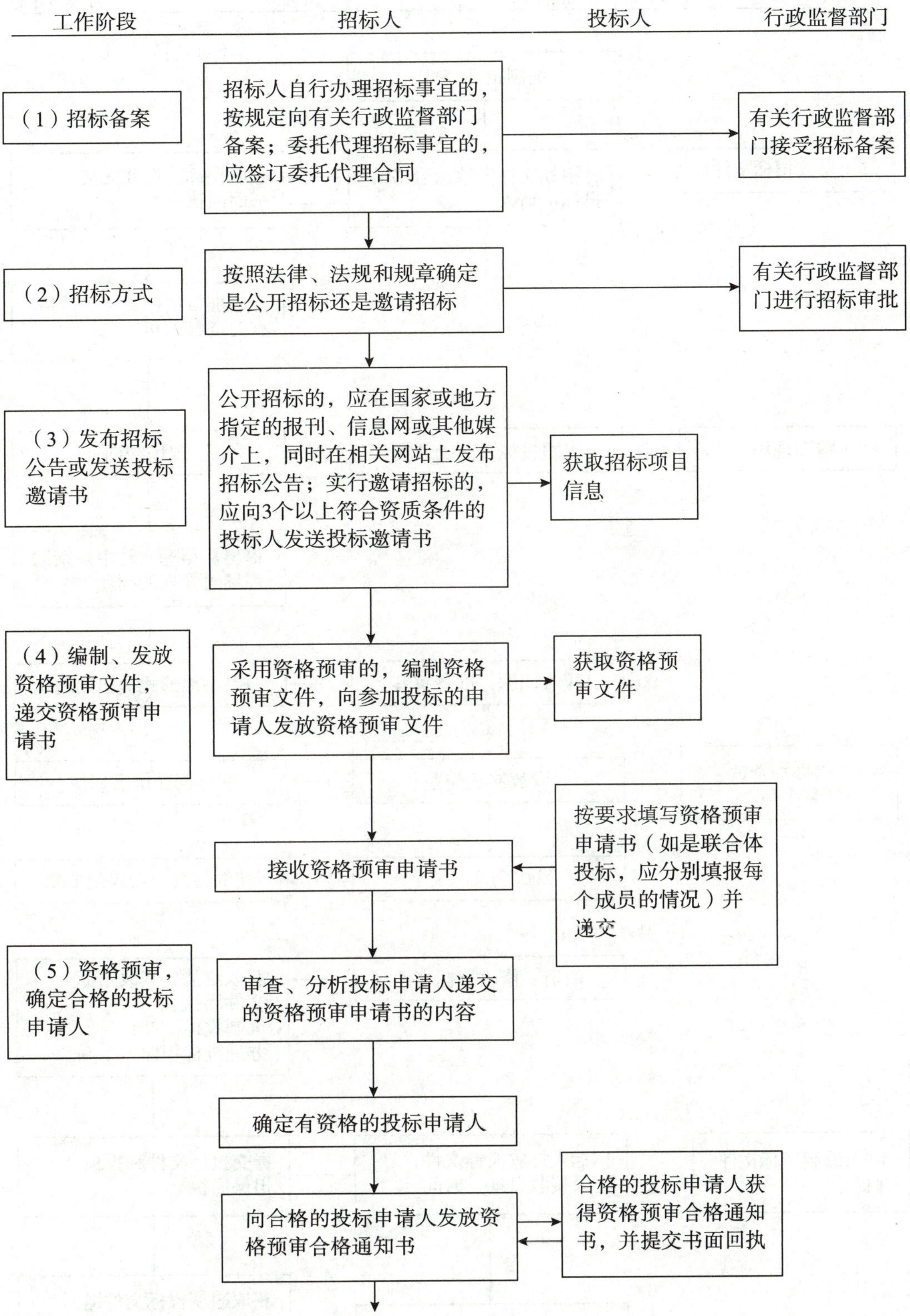
工作阶段
招标人
投标人
行政监督部门
（1）招标备案
招标人自行办理招标事宜的，按规定向有关行政监督部门备案；委托代理招标事宜的，应签订委托代理合同
有关行政监督部门接受招标备案
（2）招标方式
按照法律、法规和规章确定是公开招标还是邀请招标
有关行政监督部门进行招标审批
（3）发布招标公告或发送投标邀请书
公开招标的，应在国家或地方指定的报刊、信息网或其他媒介上，同时在相关网站上发布招标公告；实行邀请招标的，应向3个以上符合资质条件的投标人发送投标邀请书
获取招标项目信息
（4）编制、发放资格预审文件，递交资格预审申请书
采用资格预审的，编制资格预审文件，向参加投标的申请人发放资格预审文件
获取资格预审文件
接收资格预审申请书
按要求填写资格预审申请书（如是联合体投标，应分别填报每个成员的情况）并递交
（5）资格预审，确定合格的投标申请人
审查、分析投标申请人递交的资格预审申请书的内容
确定有资格的投标申请人
向合格的投标申请人发放资格预审合格通知书
合格的投标申请人获得资格预审合格通知书，并提交书面回执

图 2-3 招投标流程

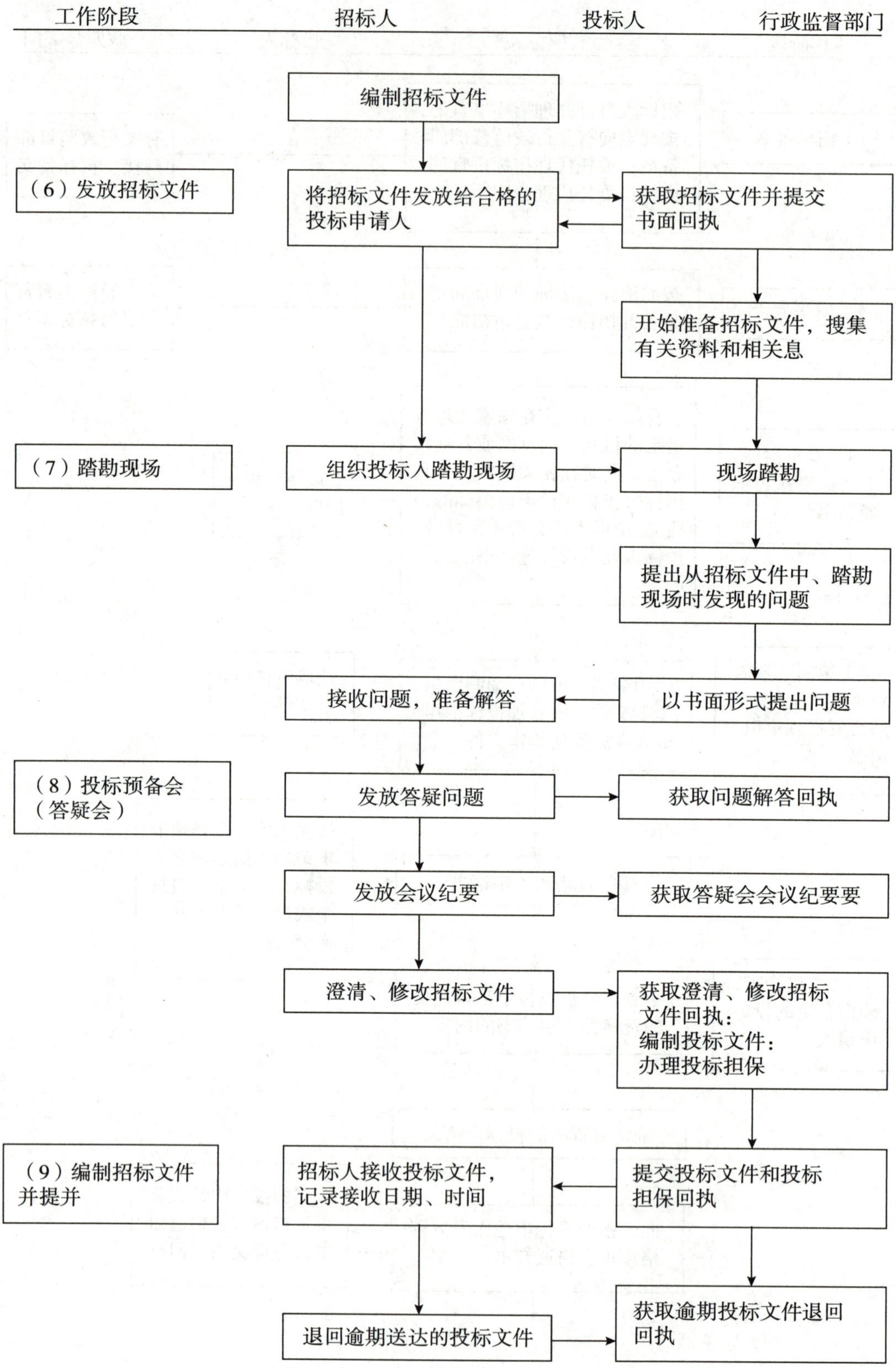
工作阶段
招标人
投标人
行政监督部门
编制招标文件
（6）发放招标文件
将招标文件发放给合格的投标申请人
获取招标文件并提交书面回执
开始准备招标文件，搜集有关资料和相关息
（7）踏勘现场
组织投标人踏勘现场
现场踏勘
提出从招标文件中、踏勘现场时发现的问题
接收问题，准备解答
以书面形式提出问题
（8）投标预备会（答疑会）
发放答疑问题
获取问题解答回执
发放会议纪要
获取答疑会会议纪要要
澄清、修改招标文件
获取澄清、修改招标文件回执：
编制投标文件：
办理投标担保
（9）编制招标文件并提并
招标人接收投标文件，记录接收日期、时间
提交投标文件和投标担保回执
退回逾期送达的投标文件
获取逾期投标文件退回回执

图 2-3 （续）

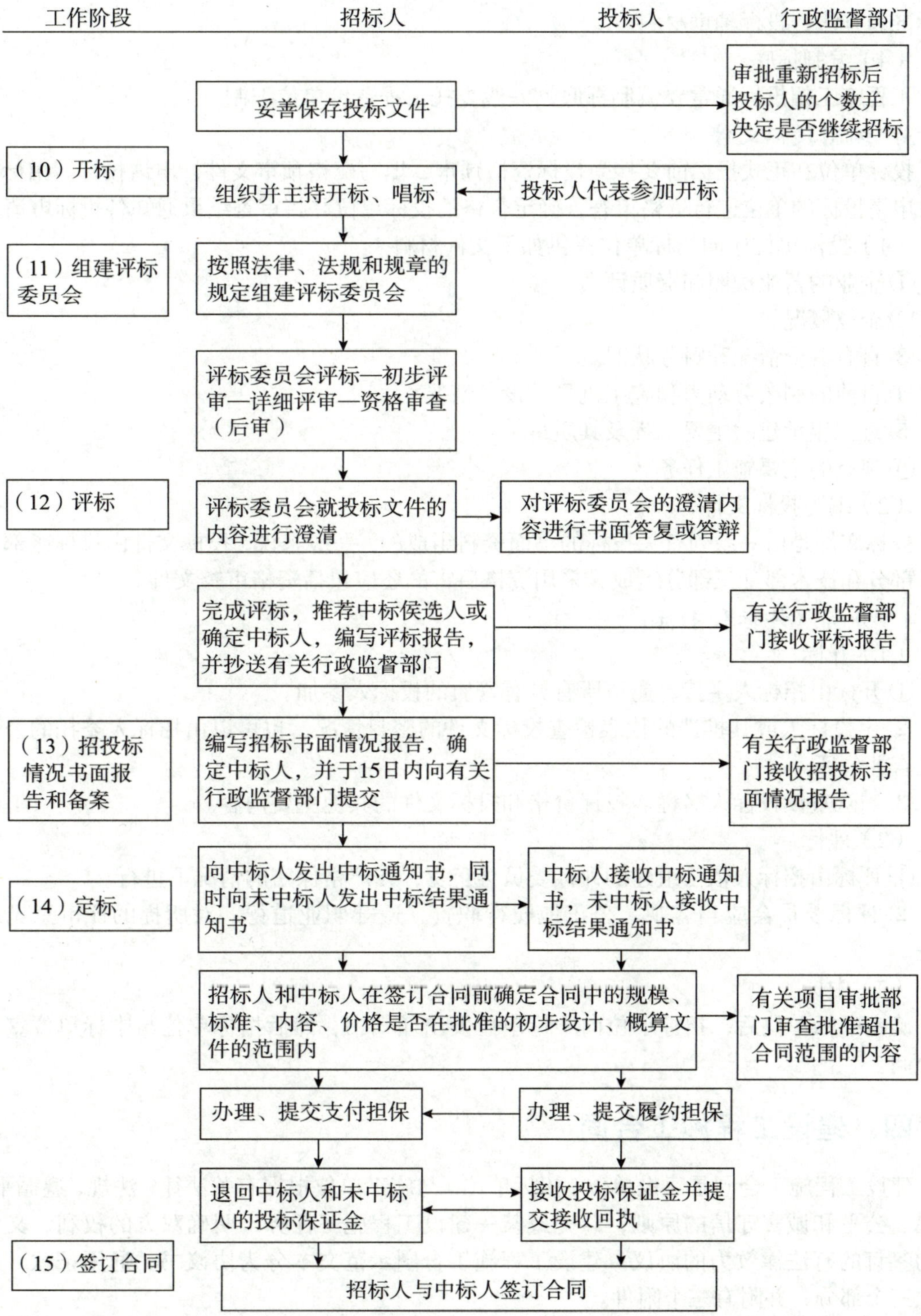

图 2–3　（续）

（3）编制招标文件

建设项目施工招标文件一般包括下列内容：投标邀请书；投标人须知；合同主要条款；投标文件格式；采用工程量清单招标的，应当提供工程量清单；技术条款；设计图样；评标标准和方法；投标辅助材料。

（4）编制标底

工程施工招投标通常要编制标底，一般委托工程造价单位编制。

3. 编制投标文件

投标单位在正式投标前要接受投标资格预审，填写资格预审文件，申请投标。招标单位要对申请投标的单位进行资格审查，确定合格的投标单位并将审查结果通知各投标申请人。

（1）投标单位应向招标单位提供如下文件材料

① 企业的营业执照和资质证书。

② 企业概况。

③ 自有资金情况和财务状况。

④ 目前的剩余劳动力和施工机具、设备情况。

⑤ 近三年承建的主要工程及其质量。

⑥ 现有的主要施工任务。

（2）编写投标文件

投标文件是由一系列有关投标的书面资料组成的。一般来说，投标文件由投标函部分、商务部分和技术部分三部分组成，采用资格后审的还应包括资格审查文件。

4. 开标、评标和中标

（1）开标

① 开标由招标人主持，邀请所有具有资质的投标人参加。

② 由投标人或其推选的代表检查投标文件的密封情况，也可以由招标人委托的公证机构检查并公证。

③ 当众宣读投标人名称、投标价格和投标文件的其他主要内容。

（2）评标

① 评标由招标人依法组建的评标委员会负责，在严格保密的情况下进行。

② 评标委员会应当客观、公正地履行职责，遵守职业道德，对所提的评审意见承担责任。

（3）中标

确定中标单位后，招标单位向中标单位发出通知书，然后招标单位与中标单位签订施工合同。

四、建设工程施工合同

建设工程施工合同是建设单位（招标单位）与施工单位根据有关法律、法规，遵循平等、自愿、公平和诚实守信的原则，以完成某一建设工程施工任务，明确双方的权利、义务为目的签订的有法律效力的协议。建设工程施工合同示范文本分为协议书、通用条款、专用条款三个部分，并附有三个附件。

1. 协议书

协议书是建设工程施工合同的总纲性法律文件，经当事人双方签字、盖章后合同即生效。协议书虽然文字量不大，但它规定了合同当事人双方最主要的权利、义务，规定了组成合同的文件和合同当事人对履行合同义务的承诺，并且合同当事人双方要在这份文件上签字、盖章，因此具有很强的法律效力。标准化的协议书需要填写的主要内容包括工程概况、工程承包范围、合同工期、质量标准、合同价款、组成合同的文件和合同的生效时间等。

2. 通用条款

通用条款是根据《中华人民共和国民法典》（以下简称《民法典》）、《中华人民共和国建筑法》、《建设工程施工合同管理办法》等法律、法规，对承发包双方的权利、义务做出的规定，除双方协商一致对其中的某些条款进行修改、补充、删除外，其余条款双方都必须履行。通用条款具有很强的通用性，基本适用于各类建设工程。通用条款包括词语定义及合同文件，双方一般的权利和义务，施工组织设计和工期，质量与检验，安全施工，合同价款与支付，材料设备供应，工程变更，竣工验收与结算，违约、索赔和争议，其他，共 11 个部分、47 个条款。

3. 专用条款

专用条款是由于建设工程的内容各不相同，工期、造价也随之变动，承包人、发包人各自的能力，施工现场的环境也不相同，通用条款不能完全适用于各个具体工程，因此配以专用条款对其进行必要的修改和补充。通用条款和专用条款共同成为双方统一意愿的体现。专用条款的条款号与通用条款一致，当事人可根据工程的具体情况对通用条款进行修改。

4. 附件

附件建设工程施工合同的附件是对合同当事人的权利、义务的进一步明确，使得合同当事人的有关工作一目了然，便于执行和管理。建设工程施工合同示范文本的三个附件为承包人承揽工程项目一览表、发包人供应材料设备一览表和房屋建筑工程质量保修书。

五、监理招投标文件

监理招投标文件是建设单位在选择工程项目的监理单位的过程中形成的招标、投标活动的文件资料。

1. 监理招标文件

监理招标文件应包括以下几方面的内容。

（1）投标须知

① 工程项目综合说明，包括主要建设内容、规模、工程等级、地点。总投资、现场条件。

② 开工和竣工日期。

③ 委托的监理范围和监理业务。

④ 投标文件的格式、编制、递交。

⑤ 无效投标文件的规定。

⑥ 投标起止时间，开标、评标、定标的时间和地点。

⑦ 招标文件、投标文件的澄清与修改。

⑧ 评标的原则等。

（2）合同条件。

（3）业主提供的现场办公条件（包括交通、通信、住宿、办公用房等）。

（4）对监理单位的要求（包括现场监理人员、检测手段、工程技术难点等）。

（5）有关技术规定。

（6）必要的设计文件、图样、有关资料。

（7）其他事宜。

2. 监理投标文件

投标人根据招标文件编制投标文件，投标文件应包括以下几方面的内容。

（1）投标人的资质（包括资质等级、批准的监理业务范围、主管部门或股东单位、人员综合情况等）。

（2）监理大纲的合理性。

（3）拟派驻的主要监理人员（总监理工程师和主要专业监理工程师）。

（4）人员派驻计划和监理人员的素质（学历证书、职称证书、上岗证书等）。

（5）监理单位提供的用于工程的检测设备和仪器，或委托有关单位检测的协议。

（6）近几年监理单位的业绩和奖惩情况。

（7）监理费报价和费用组成。

（8）招标文件要求的其他内容。

六、建设工程委托监理合同

建设工程委托监理合同是委托人与监理人就委托的工程项目管理内容签订的明确双方的权利、义务有法律效力的协议。建设工程委托监理合同示范文本分为建设工程委托监理合同、建设工程委托监理合同标准条件、建设工程委托监理合同专用条件三个部分。

1. 建设工程委托监理合同

建设工程委托监理合同是总的协议，是纲领性的法律文件，经当事人双方签字、盖章后即成立。合同中需要明确和填写的主要内容包括工程概况（工程名称、地点、工程规模、工程等级、总投资现场条件、开竣工日期），委托人向监理人支付报酬的期限和方式，合同签订、生效终止的时间，双方愿意履行约定的各项义务。

2. 建设工程委托监理合同标准条件

建设工程委托监理合同标准条件是通用性文件，适用于各类建设工程项目监理，委托人和监理人都必须遵守。其内容包括词语定义及合同文件，双方的责任、权利和义务，合同的生效、变更与终止，监理报酬，争议的解决，其他。

3. 建设工程委托监理合同专用条件

对某些建设工程项目监理，建设工程委托监理合同标准条件中的某些条款不适用，在签订建设工程委托监理合同时，需要根据建设工程项目的具体情况和实际要求，对标准条件中的某些条款进行补充和修正。

任务六 开工审批文件资料

一、建设工程规划许可证

新开工的项目应列入年度计划，建设单位应向建设行政主管部门和工程规划部门申请开工许可，申请开工的建设工程需办理建设工程规划许可证和建筑工程施工许可证。

1. 开工应具备的条件

（1）有经过审批的可行性研究报告和初步设计文件。

（2）已列入国家和地方的年度基本建设计划。

（3）完成了征用土地、拆迁安置工作。

（4）落实了三通（或四通、五通、六通、七通）一平工作。

（5）施工图样和原材料物资准备能满足工程施工进度的要求。

（6）办理了施工招标手续，与施工单位签订了施工合同。

（7）选定了监理部门，并与监理单位签订了工程施工监理合同。

（8）资金到位，并取得了审计机关出具的开工前审计意见书。

（9）建设单位与市政有关部门协调，落实了配套工程设计并签订了合同。

（10）办理了建设工程规划许可证。

（11）办理了建筑工程施工许可证。

建设单位基本落实了前 9 项开工应具备的条件，即可申请办理建设工程规划许可证和建筑工程施工许可证。

2. 建设工程规划许可证及其附图、附件

建设单位在城市规划区内新建、改建、扩建建筑物、构筑物、道路、管线和其他工程设施，必须持相关批准文件向城市规划行政管理部门提出申请，城市规划行政管理部门提出规划要求，并审查设计施工图等有关文件，核发建设工程规划许可证。

（1）申报建设工程规划许可证的程序如下。

① 建设单位领取并填写规划审批申请表，加盖建设单位和申报单位公章。

② 建设单位提交申报建设工程规划许可证要求报送的文件和图样。

③ 城市规划行政管理部门填发建设工程规划许可证立案表，作为申报建设工程规划许可证的回执。

④ 城市规划行政管理部门对建设工程进行审查，对不符合规划要求的初步设计提出修改意见，发出修改工程图样通知书，建设单位修改后重新申报。

⑤ 经审查合格的建设工程，建设单位在取件期限内到城市规划管理单位领取建设工程规划许可证。

（2）申报建设工程规划许可证要求报送的文件和图样如下。

① 年度施工任务批准文件。

② 人防、消防、环保、园林、市政、文物、通信、教育、卫生等有关行政主管部门的审批意见、要求和取得的协议书。

③ 工程竣工档案登记表。

④ 工程设计图，包括总平面图，各层平、立、剖面图，基础平面图和设计图样目录。

⑤ 其他。

（3）建设工程规划许可证还有附图与附件，附图与附件由发证机关确定，与建设工程规划许可证具有同等的法律效力。建设工程规划许可证除正文外，还规定了如下应注意的事项。

① 建设工程放线后，由测绘院、规划行政管理部门验线，合格后方可施工。

② 与消防、交通、环保、市政等部门的未尽事宜，由建设单位负责与有关行政主管部门联系，妥善解决。

③ 建设工程规划许可证发出后两年内工程未动工，许可证自动失效，需要建设时应向审批机关重新申报，经审核批准后方可动工。

④ 建设工程竣工后应按规定编制工程竣工档案，报送城市建设档案馆。

二、建筑工程施工许可证

建设单位在取得建设工程规划许可证和其他有关行政主管部门的批准文件，并具备了开工条件后，向建设行政主管部门提出开工申请，填报建设工程开工审批表，由建设行政主管部门审查批准，核发建筑工程施工许可证。建设工程开工审批表一般由建设单位会同施工单位共同填报，其基本内容如下。

（1）建设工程概况。

（2）可行性研究报告和初步设计的批准文件。

（3）列入年度建设计划。

（4）完成了施工现场准备，完成了三通一平、测量放线等工作。

（5）施工材料、物资准备基本就绪，建筑材料、施工机具等已做好准备，开工必备的物资已进场。

（6）施工技术准备，完成了施工图设计和施工组织设计。

（7）组织准备，建立了项目组织机构并完成了项目管理规划。

（8）资金准备齐全并已出具银行证明文件，审计部门出具了审计证明。

（9）与施工单位签订了施工合同。

（10）与监理单位签订了监理合同。

（11）其他。

建设工程开工前，建设单位应当按照国家有关规定向工程所在地的建设行政主管部门申请办理建筑工程施工许可证。申请办理建筑工程施工许可证的程序如下。

（1）建设单位到工程所在地的建设行政主管部门领取建筑工程施工许可证申请表。

（2）建设单位持加盖单位和法定代表人印鉴的建筑工程施工许可证申请表，并附相关证明文件，向工程所在地的建设行政主管部门提出申请。

（3）工程所在地的建设行政主管部门在收到建设单位报送的建筑工程施工许可证申请表和所附的证明文件后，对符合条件的，应当在自收到申请之日起 15 日内颁发建筑工程施工许可证；对证明文件不齐全或者失效的，应当限期要求建设单位补正，审批时间可以自证明文件补正齐全后相应地顺延；对不符合条件的，应当在自收到申请之日起 15 日内书面通知建设单位，并说明理由。

建筑工程施工许可证是新建、改建、扩建工程开工必备的依据性文件，开工的建设项目经审查具备开工条件后，由具有审批权限的建设行政主管部门核发建筑工程施工许可证，如图 2-4 所示。

建设单位申请办理建筑工程施工许可证，应当具备如下建筑工程条件。

（1）已经办理建筑工程用地批准手续。

（2）在城市规划区内的建筑工程，已经取得建设工程规划许可证。

（3）需要拆迁的，拆迁进度符合施工要求。
（4）已经确定建筑施工企业。
（5）有满足施工需要的施工图纸和技术资料。
（6）有保证工程质量和安全的具体措施。
（7）建设资金已经落实。
（8）法律、行政法规规定的其他条件。

三、工程质量监督手续

根据国务院《建设工程质量管理条例》和建设部《关于建设工程质量监督机构深化改革的指导意见》，政府质量监督机构必须建立和遵循严格的工程质量监督程序，加大建设工程质量监督的力度，保证建设工程质量。质量监督机构进行建设工程质量监督的依据是国家的法律、法规和强制性标准；主要目的是保证建设工程使用安全和环境质量合格；主要内容是监督工程建设各方主体的质量行为和地基、基础、主体结构的使用功能；主要方式是巡回抽查，对建设单位组织的竣工验收实施监督，工程竣工后出具工程质量监督报告。

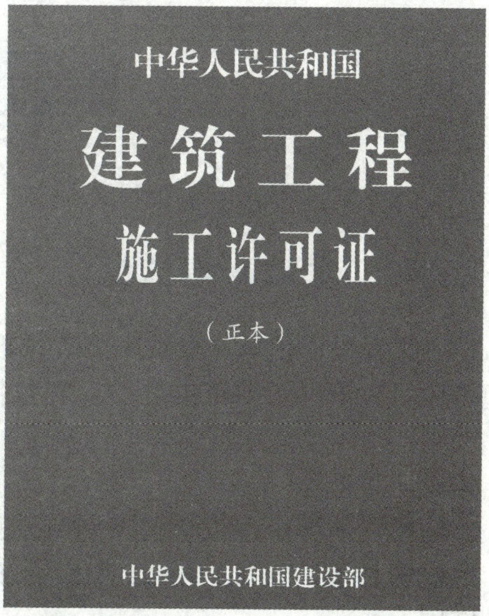

图 2-4　建筑工程施工许可证

1. 建设工程质量监督注册登记表

凡新建、改建、扩建的建设工程，在工程项目施工招投标工作完成后，申请办理建筑工程施工许可证前，建设单位应携有关资料到所在地的建设工程质量监督机构办理建设工程质量监督注册登记手续。办理建设工程质量监督注册登记手续时，建设单位应提供下列文件资料。

（1）建设工程规划许可证。
（2）施工、监理中标通知书。
（3）施工、监理合同和单位资质证书（复印件）。
（4）施工图设计文件审查意见。
（5）其他需要的文件资料。

建设单位在提交上述文件后，填写建设工程质量监督注册登记表，经监督注册登记部门审查符合要求后，方可办理建设工程质量监督注册登记手续，指定监督机构并发出建设工程质量监督通知书和建设工程质量监督计划。

2. 见证取样和送检见证人授权备案书

为了加强建设工程质量管理和监督，每个单位工程必须有 1 ～ 2 名取样和送检见证人，由施工现场监理人员或建设单位委派具有一定的试验知识的专业技术人员担任。见证人选定后，建设单位根据建设工程质量监督的有关规定到建设工程质量监督机构办理见证取样和送检见证人授权备案书，一式四份（质量监督机构、质量检测实验室、施工单位、见证人各一份），工程竣工后存入工程档案。见证人和送检单位对送检试验样品的真实性和代表性负法定责任。

任务七 财务文件资料

财务文件资料由工程投资估算、工程设计概算和工程施工图预算等构成。

一、工程投资估算

工程投资估算是投资决策阶段拟建项目编制项目建议书、可行性研究报告的重要内容，是项目决策的重要依据之一。它包括工程项目从筹建到竣工验收、交付使用所需要的全部费用，具体包括建筑安装工程费用，设备、工器具购置费用，工程建设其他费用，预备费，建设期利息等。

投资估算由建设单位编制或委托设计单位（或咨询单位）编制，主要依据相应建设项目投资估算，参照以往类似工程的造价资料编制。它对初步设计概算和工程造价起控制作用。

1. 建筑安装工程费用

建筑安装工程费用指建设单位为建筑安装工程所支付的全部生产费用，包括直接用于各单位工程的人工、材料、机械使用费用，其他直接费用，分摊到各单位工程的管理费、利润和税金。

2. 设备、工器具购置费用

设备、工器具购置费用指建设单位按照建设项目设计文件的要求购置或自备设备、工器具所需的全部费用，包括需要安装与不需要安装的设备和未构成固定资产的各种工具、器具、仪器、生产家具的购置费用。

3. 工程建设其他费用

工程建设其他费用指除建筑安装工程费用和设备、工器具费用外的根据相关规定从固定资产投资中支付，并列入建设项目总概算或单项工程综合概算的费用。

4. 预备费

预备费指初步设计和概算中难以预料的工程费用，包括按施工图概算加系数包干的概算包干费用。

5. 建设期利息

建设期利息指工程项目在建设期间发生并计入固定资产的利息。

二、工程设计概算和工程施工图预算

1. 工程设计概算

在初步设计阶段，设计单位根据初步设计规定的总体布置、单项工程的主要建筑结构和设备清单来编制建设项目总概算。工程设计概算一般包括建筑安装费用，设备、工器具购置费用，工程建设其他费用，预备费等。

经批准的工程设计概算是确定建设项目总造价、编制固定资产投资计划、签订建设项目贷款总合同的依据，也是控制建设项目拨款、考核设计经济合理性的依据。

2. 工程施工图预算

在招投标阶段，各单位根据施工图设计确定的工程量编制工程施工图预算。招标单位（或委托单位）编制的工程施工图预算是确定标底的依据；投标单位编制的工程施工图预算是确定报价的依据。标底、报价是评标、决标的重要依据。经审核的工程施工图预算是确定工程造价、签订工程承包合同、实行建筑安装工程造价包干的依据。

课 后 实 训

实训 1：编制开工报告

编号：__________

建设单位			
工程名称			
施工许可证号			
工程批准文号		预算造价	万元
结构类型		建筑面积	m^2
计划开工日期	年 月 日	计划竣工日期	年 月 日
施工单位			
工程地点			
施工合同签订日期	年 月 日		
开工条件	施工许可证		
	施工设计文件		
	施工组织设计		
	施工现场三通一平		
	施工设备及劳动力		
	施工测量定位放线		
	其他		
施工单位		监理单位	建设单位
申报意见： 年 月 日		审核意见： 年 月 日	审批意见： 年 月 日

实训 2：编制建设工程质量事故调（勘）查记录

编号：__________

工程名称		日期	年 月 日	
调（勘）查时间	年 月 日 时至 时			
调（勘）查地点				

（续表）

参加人员	单位	姓名	职务	电话
被调查人				
陪同调（勘）查人员				
调（勘）查笔录				
现场证物照片	□有 □无　　共　　张　　共　　页			
事故证据资料	□有 □无　　共　　张　　共　　页			
被调查人（签名）：	××	调（勘）查人（签名）：	××	

思考练习

一、填空题

1. 可行性研究报告除正文外，还须具备以下几个附件：__________、__________和________。

2. 工程设计阶段的工程测量按工作程序和作业性质分主要有________和________。

3. 一般来说，投标文件由________、________和________三部分组成，采用资格后审的还应包括资格审查文件。

4. 财务文件资料由________、________、________等构成。

5. ________指初步设计和概算中难以预料的工程费用，包括按施工图概算加系数包干的概算包干费用。

二、简答题

1. 简述项目建议书的内容。

2. 建设单位申请办理建筑工程施工许可证，应当具备哪些建筑工程条件?

项目三

监理资料管理

学习目标

知识目标

熟悉监理资料的形成过程及特点。

了解监理管理资料的内容和作用。

了解进度控制资料的内容和作用。

了解质量控制资料的内容和作用。

了解造价控制资料的内容和作用。

熟悉合同管理资料的内容和作用。

能力目标

学会填写监理管理资料表格。

学会填写进度控制资料表格。

学会填写质量控制资料表格。

学会填写造价控制资料表格。

学会填写合同管理资料表格。

学会填写竣工验收资料表格。

素质目标

教授学生学好理论基础，积极参与实践，提升管理能力。

思政目标

引导学生提高自己的思想素质、业务素质、身心素质等综合素养，提升工作技能，在建筑行业发挥重要的作用。

任务导入

建设工程监理资料是项目监理机构对工程项目实施监理过程中形成的信息，是工程建设过程中质量、安全、技术和管理等情况真实、全面的反映，是项目监理机构、监理人员履职情况的可追溯依据，是工程评估验收的直接依据；工程监理资料管理是建设工程信息管理的重要组成部分，其水平反映了工程项目监理机构的管理水平、人员素质和项目监理工作质量。

任务一　监理资料

监理资料

一、监理资料的形成过程

监理资料的形成过程如图 3-1 所示。

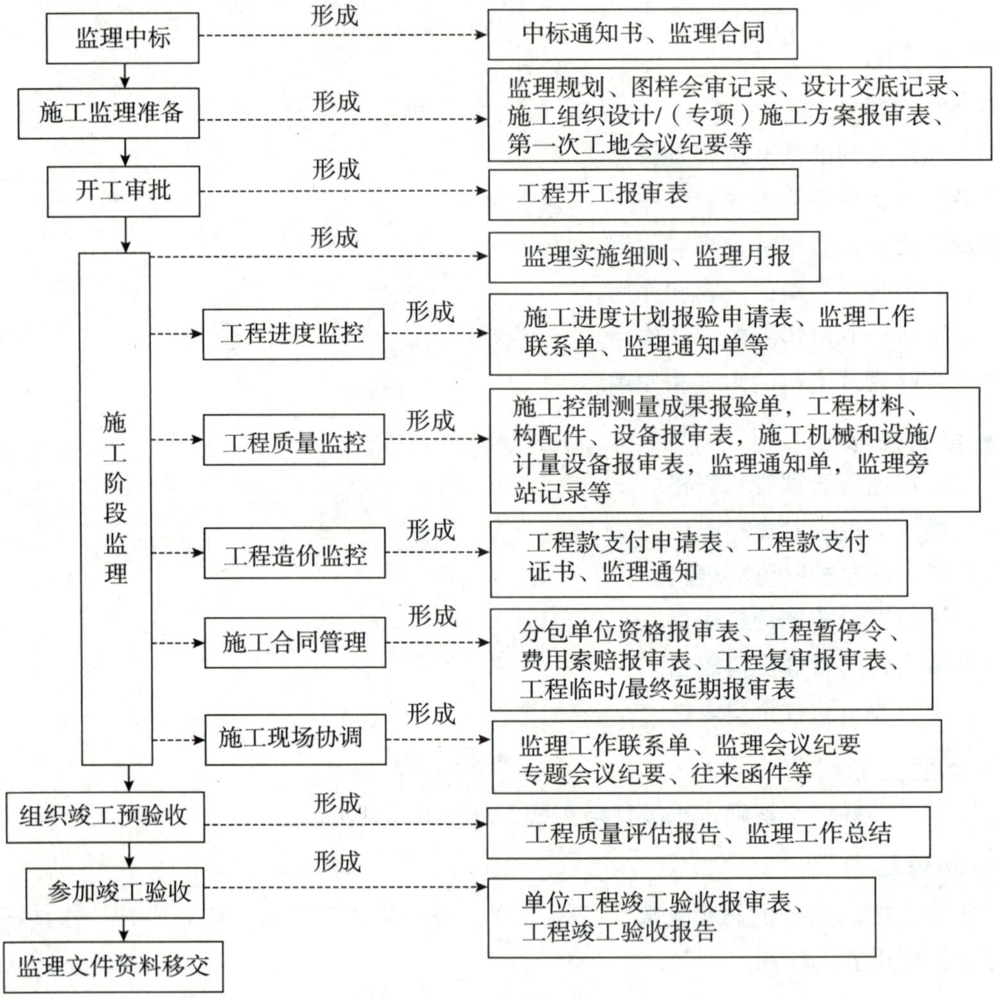

图 3-1　监理资料的形成过程

二、监理资料的管理要求

（1）监理资料是监理单位在工程建设监理活动过程中形成的全部资料。

（2）监理（建设）单位应在工程开工前按相关规定确定本工程的见证人员。见证人员应履行见证职责，填写见证记录。

（3）监理规划应由总监理工程师审核签字，并经监理单位技术负责人批准。

（4）监理实施细则应由监理工程师根据专业工程特点编制，经总监理工程师审核批准。

（5）监理单位在编制监理规划时，应针对工程的重要部位及重要施工工序制订旁站监理方案，明确旁站监理的范围、内容、程序和旁站监理人员职责等。监理人员应根据旁站监理方案实施旁站。在实施旁站监理时应填写旁站监理记录。

（6）监理月报应由总监理工程师签认并报送建设单位和监理单位。

（7）监理会议纪要由项目监理部根据会议记录整理，经总监理工程师审阅，由与会各方代表会签。

（8）项目监理部的监理工作日志应由专人负责逐日记载。

（9）监理工程师对工程所用物资或施工质量进行随机抽检时，应填写监理抽检记录。

（10）监理工程师在监理过程中，发现不合格项时应填写不合格项处置记录。

三、监理资料的特点

1. 监理信息来源广泛

监理信息资料来自于业主单位、承建单位及建立组织内部的各个部门；来自设计、招标、实施等各个阶段的各个单位乃至各个专业；来自质量控制、投资控制、进度控制、合同管理等各个方面。如果信息收集不完整、不准确、不及时，必然影响到监理工程师判断和决策的正确性、及时性。

2. 信息量大

由于监理信息资料牵涉面广、协作关系复杂，这就使得监理工作涉及大量的信息。监理工程师不仅要了解国家及地方有关的政策、法规、技术标准规范，而且要掌握工程建设各个方面的信息；既要掌握计划的信息，又要掌握实际进度的信息，还要对它们进行对比分析。

3. 动态性强

动态性强是指监理信息资料管理的过程是一个动态的过程，监理工程师实施的控制也是动态控制，因而大量的监理信息都是动态的，这就需要及时地收集和处理。

4. 有一定的范围和层次

业主委托的范围不一样，监理信息也不一样。工程实施过程中会产生很多信息，但并非都是监理信息，只有那些与监理工作有关的信息才是监理信息。不同的工程项目，所需的信息既有共性，也有个性。另外，不同的监理组织和监理组织的不同部门，所需的信息也不同。

5. 信息的系统性

信息的系统性是指监理信息资料是在一定的时间和空间范围内形成的，与监理活动密切相关。监理信息的收集、加工、传递及反馈是一个连续的闭合环路，具有明显的系统性。

四、监理资料管理的重要性

1. 监理资料是监理在工作中可查询的文字依据，是对工程评估验收的依据

项目建设在整个实施过程中，每天都发生着各种各样的情况。在监理工作中，大量监理记录包括质量记录、工程计量、工程款等渗透到监理工作的各个方面，及时将这些监理

信息进行收集、整理，形成文字的资料是监理工程师进行目标控制的基础和客观依据。监理工程师充分利用监理资料解决矛盾，处理纠纷，协调各种关系，促使目标的实现。

监理信息的收集就是将监理工作中发生的原始数据收集起来，是重要的基础工作。因此，一定要尽可能地全面、准确。资料的整理是将收集到的原始数据、资料经过科学、系统的整理、归档，进行必要的统计分析，形成文字资料，并根据监理工程师的需要及时提供。监理工程师可依据这些资料迅速地做出判断，解决工程实施中的问题。实践证明，凡经过科学、系统整理提供给监理工程师的信息资料能较好地对问题做出准确的判断；相反，提供给监理工程师的资料杂乱、零散，监理工程师就难以对问题做出准确的判断，更谈不上做出准确的决判。

合同管理是贯穿监理工作始终的一项中心任务，在工程实施的过程中或工程完工后，往往会出现一些有争议的问题。例如，经业主同意补签的工程计量，往往承包单位报的量偏大而且提供的依据不足，此时监理根据平日在监理日志或监理检测记录、监理通知、监理旁站记录等记载可以提供较准确的依据，做出合理的审核结果。同样，对一些问题的描述也可通过查询监理资料做出较全面、准确的评价。当然，监理最终的质量评估报告的结论意见，一是依据施工单位自检结果和监理抽检结果；二是通过专业检测，试验单位提供的检测数据；三是对施工过程控制的评价。其中一、三都是依据监理资料提供数据、文字的记载得出的结论。

2. 监理资料是工程在交付试验后运行、保养、维修、改扩建的依据

工程竣工验收交付使用后，如果在保修期内出现问题，往往和施工过程中的环境、使用材料、施工工艺、设备运行的每一个细节有关。而这些可通过监理资料予以查找，包括监理日志、监理旁站记录、测量使用数据，通过分析出现问题部位的作业时间段的天气变化、使用设备运行情况、原材料检验报告、操作人员、施工方法、过程中存在的问题等，准确找出原因，从而为维修处理提供可靠的依据。

工程的改、扩建是常有的，尤其是地下管线的接入，必须有各类管线的平面、高程的准确位置，要有各段管网、管材质量，回填质量等资料，这些都是必不可少的资料，都会集中反映在监理工程师审核、总监理工程师签认的竣工图上。

3. 监理资料是检查监理工作质量的重要依据

监理工作，从编制监理规划、监理实施细则、旁站监理方案、设计图样会审，审批施工组织设计，审查承包单位质保体系、安保体系，审查测量放线成果，审查开工报告，参加第一次工地会议，形成会议纪要到工序质量控制，原材料报验审批，隐蔽工程验收，进度控制，投资控制，主持每周监理例会形成会议纪要等，都是文字的材料或都要以文字记载为依据。因此，在第一次工地会议上，监理进行交底时要说明监理与承包单位的往来均以文字为准，这是监理工作的基本原则，即便是在紧急情况下，监理可先发出口头指令，承包单位可先按口头指令实施，但事后应在 24 小时内补上文字指令。

上述所有的文字材料组成的监理资料体现了监理人员劳动的成果，认真、及时、准确地收集、整理、分类归档并妥善保管极为重要。监理资料在某种意义上讲，集中反映了监理工作的质量和水平。

4. 监理资料是追溯工程项目建设过程中的主要证据

目前监理资料与施工单位资料相比更完整一些、具体一些，这是因为监理资料来源于

现场；来源于监理旁站记录；来源于监理平行检查和抽检记录，更是因为监理站在公正的第三方，更加客观，加上又有专门的资料员进行及时收集、及时整理，因此一旦有什么不清楚的方面，均可通过查阅监理资料找出依据，解决问题。例如，某公司监理的某体育中心场平主体结构基础及市政工程，市审计局在组织对该工程的全面审计中，对一些问题提出了异议，施工单位无法提供确切的资料加以说明，最后通过查阅监理资料找出依据，解决了问题。

任务二　监理管理资料

监理管理资料主要包括总监理工程师任命书、监理规划、监理实施细则、工程开工令、监理会议纪要、监理日志、工作联系单、监理通知单、监理通知回复单、工程暂停令、工程复工报审表、工程复工令、监理报告、监理月报、监理工作总结等内容。

一、总监理工程师任命书

总监理工程师是指由工程监理单位法定代表人书面任命，负责履行建设工程监理合同、主持项目监理机构工作的注册监理工程师。

本表适用于建设工程监理合同签订后，工程监理单位将对总监理工程师的任命及相应的授权范围书面通知建设单位。

1. 总监理工程师任命书的格式

总监理工程师任命书如表 3-1 所示。

表 3-1　总监理工程师任命书

工程名称：　　　　　　　　　　　　　　　　　　　　编号：________

致：×××（建设单位） 　　兹任命 ×××（注册监理工程师注册号：×××）为我单位 ××× 项目总监理工程师。负责履行建设工程监理合同、主持项目监理机构工作。   工程监理单位（章）：××× 法定代表人（签字）：××× 年　　月　　日

2. 总监理工程师任命书的填写说明

在签订建设工程监理合同后，由工程监理单位在任命书中相应空格内，填写本公司即将委派的总监理工程师姓名、注册号及实施监理的工程项目名称，然后由工程监理单位法定代表人签字并加盖单位公章，并在任命书中明确相应的授权范围。

工程监理单位法定代表人应根据《建设工程监理合同》的约定，任命有类似工程管理经验的注册监理工程师担任项目总监理工程师。

3. 项目总监理工程师的职责

项目总监理工程师在实施建设工程监理过程中应履行下列职责。

（1）确定项目监理机构人员及其岗位职责。

（2）组织编制监理规划，审批监理实施细则。

（3）根据工程进展及监理工作情况调配监理人员，检查监理人员工作。

（4）组织召开监理例会。

（5）组织审核分包单位资格。

（6）组织审查施工组织设计、（专项）施工方案。

（7）审查工程开复工报审表，签发工程开工令、暂停令和复工令。

（8）组织检查施工单位现场质量、安全生产管理体系的建立及运行情况。

（9）组织审核施工单位的付款申请，签发工程款支付证书，组织审核竣工结算。

（10）组织审查和处理工程变更。

（11）调解建设单位与施工单位的合同争议，处理工程索赔。

（12）组织验收分部工程，组织审查单位工程质量检验资料。

（13）审查施工单位的竣工申请，组织工程竣工预验收，组织编写工程质量评估报告，参与工程竣工验收。

（14）参与或配合工程质量安全事故的调查和处理。

（15）组织编写监理月报、监理工作总结，组织整理监理文件资料。

知识链接

建设工程监理协议书范本

委托人（全称）：

监理人（全称）：

根据《中华人民共和国合同法》《中华人民共和国建筑法》及其他有关法律、法规，遵循平等、自愿、公平和诚信的原则，双方就下述工程委托监理与相关服务事项协商一致，订立本合同。

一、工程概况

1．工程名称：

2．工程地点：

3．工程规模：

4．工程概算投资额或建筑安装工程费：

二、词语限定

协议书中相关词语的含义与通用条件中的定义与解释相同。

三、组成本合同的文件

1．协议书：

2．中标通知书（适用于招标工程）或委托书（适用于非招标工程）：

3．投标文件（适用于招标工程）或监理与相关服务建议书（适用于非招标工程）：

4．专用条件：

5．通用条件：

6．附录，即：

附录A相关服务的范围和内容，附录B________委托人派遣的人员和提供的房屋、资料、设备，本合同签订后，双方依法签订的补充协议也是本合同文件的组成部分。

四、总监理工程师

总监理工程师姓名：________________ 身份证号码：________________________

注册号：__________________________

五、签约酬金

签约酬金（大写）：________________________________（¥________）。

包括：

1．监理酬金：____________________________

2．相关服务酬金：________________________

其中：（1）勘察阶段服务酬金：________________________

（2）设计阶段服务酬金：________________________

（3）保修阶段服务酬金：________________________

（4）其他相关服务酬金：________________________

六、期限

1．监理期限：

自______年____月____日始至______年____月____日止。

2．相关服务期限：

（1）勘察阶段服务期限自______年____月____日始，至______年____月____日止。

（2）设计阶段服务期限自______年____月____日始，至______年____月____日止。

（3）保修阶段服务期限自______年____月____日始，至______年____月____日止。

（4）其他相关服务期限自______年____月____日始，至______年____月____日止。

七、合同订立

1．订立时间：________年______月______日

2．订立地点：________________________

3．本合同一式________份，具有同等法律效力，双方各执________份。

委托人：__________________（盖章） 监理人：__________________（盖章）

住所：____________________________ 住所：____________________________

邮政编码：________________________ 邮政编码：________________________

二、监理规划

监理规划是监理单位接受业主委托并签订建设工程委托监理合同（以下简称“监理合同”）之后，依据相关法律、法规、技术标准、项目审批文件、设计文件等，在总监理工程师的主持下，根据监理合同，在监理大纲的基础上，结合工程的具体情况进行编制，并经监理单位技术负责人批准，用来指导项目监理机构全面开展工作的指导性文件。监理规划是编制监理实施细则的重要依据，也是建设监理主管机构对监理单位监督管理和业主确认监理单位履行合同的主要依据，对指导项目监理机构全面开展监理工作有着重要的指导作用。

1. 监理规划的编制程序

监理规划的编制，应首先明确项目监理机构的工作目标，然后针对项目的实际情况，确定具体的工作制度、程序、方法和措施。所完成的监理规划应具有可操作性，其编制过程应符合下列规定。

（1）监理规划应在签订监理合同及收到设计文件后开始编制，完成后必须经监理单位技术负责人审核批准，并应在召开第一次工地会议前报送建设单位。

（2）监理规划应由总监理工程师主持，由专业监理工程师参加编制。

2. 监理规划的编制依据

（1）建设工程的相关法律、法规及项目审批文件。

（2）与建设工程项目有关的标准、设计文件、技术资料。

（3）监理大纲、监理合同文件及与建设工程项目相关的合同文件。

3. 监理规划应包括的主要内容

（1）工程概况。

（2）监理工作的范围、内容、目标。

（3）监理工作依据。

（4）监理组织形式、人员配备及进退场计划、监理人员岗位职责。

（5）监理工作制度。

（6）工程质量控制。

（7）工程造价控制。

（8）工程进度控制。

（9）安全生产管理的监理工作。

（10）合同与信息管理。

（11）组织协调。

（12）监理工作设施。

4. 监理规划的编写要点

（1）标题

标题包括制发单位、事由和文种类别（计划）三要素。其中“事由”要写明时限和范围，如“国民经济十年发展规划”。

（2）正文

正文一般由工程分析、计划内容、对策措施等部分组成。工程分析应简要说明编制计划的依据、目的、目标等；计划内容是正文的主体，应具体写明各个方面的计划目标及其实施步骤；对策措施是监理的原则、方法、程序等。

（3）编制日期

编制日期在正文之后写明，以总监理工程师审核、签字认可的时间为准。

（4）封面

封面由总监理工程师及编制人员、监理单位技术负责人签字，并加盖监理单位公章。监理规划的封面形式如图 3-2 所示。封面之后要尽可能列一个目录，以便于查找和阅读使用。

（工程名称）

监理规划

编制：

（总监等编制人员签名）

审核：

（部门技术负责人签名）

审批：

（企业技术负责人签名）

×××建设开发监理有限公司

（盖法人章）

年 月 日

图 3–2 监理规划的封面形式

5. 注意事项

（1）集思广益，可适当参考其他项目的监理规划。应熟悉本工程的施工图纸和设计要点，进行调查研究，不要闭门造车。

（2）内容要全面、准确、概括，写明详细的、具体的指标和程序等，一般在监理实施细则中表述。

（3）语言要平实、通顺，结构要完整、简洁。

（4）编制人要为若干个审批人预留出审核时间，以保证在第一次工地会议之前的监理交底会议上印发。

三、监理实施细则

对中型及以上或专业性较强的工程项目，项目监理机构应编制监理实施细则。监理实施细则依据监理规划由专业监理工程师编制完成，并经总监理工程师批准，是针对工程项目中某一专业或某一方面监理工作的操作性文件。

1. 监理实施细则应根据下列资料编制

（1）监理规划。

（2）工程建设标准、工程设计文件。

（3）施工组织设计、专项施工方案。

2. 监理实施细则的编制原则

（1）对专业性较强、危险性较大的分部分项工程，项目监理机构应在相应工程施工开始前编制监理实施细则。

（2）对采用新工艺、新材料、新技术或特殊结构的工程项目，当对其施工工艺或某些部位的施工质量或施工安全经验不足，成功的期望值不易确定时，可编制监理实施细则。

（3）对于工程项目施工中的一般常规施工项目，是否需要编制监理实施细则，可由总监理工程师与专业监理工程师商定。监理单位也可采取编制通用的监理实施细则标准文本汇编的办法。

（4）监理实施细则是专门针对工程施工中每个具体的专业技术问题编制的，涉及建筑与结构工程、建筑电气工程、建筑给水排水工程、建筑装饰装修工程等。

3. 监理实施细则的编制程序

（1）监理实施细则应根据已批准的监理规划的总要求分阶段编制，在相应工程施工前编制完成，用以指导对该相应的专业工程（或专门的分项工程、工序）监理工作的具体操作，确定监理工作应达到的标准。

（2）在编制监理实施细则之前，专业监理工程师应熟悉设计图纸及其说明文件，查阅工程监理、施工质量验收规范等有关文件，方能编制出有针对性、有指导意义的监理实施细则。

（3）在实施建设工程监理过程中，监理实施细则可根据实际情况进行补充、修改，并应经总监理工程师批准后实施。

（4）监理实施细则编制完成后，一般由总监理工程师批准后报送所属监理单位技术管理部门备案，关系重大的还应报请监理单位技术负责人审批。

（5）监理实施细则属于项目监理机构的内部管理文件，一般可不报送建设单位，也不发给承包单位项目经理部。

4. 监理实施细则的主要内容

（1）专业工程的特点。

（2）监理工作的流程。

（3）监理工作的控制要点及目标值。

（4）监理工作的方法及措施。

监理实施细则填写范例如表 3-2 所示。

表 3-2 监理实施细则填写范例

序号	监理实施细则	备注
1	监理实施细则的编制原则	
2	土方工程施工质量监理实施细则	
3	土层锚杆及土钉墙支护工程施工质量监理实施细则	
4	深基坑降水工程施工质量监理实施细则	
5	泥浆护壁成孔灌注桩工程施工质量监理实施细则	
6	地下连续墙工程施工质量监理实施细则	
7	地下防水混凝土工程施工质量监理实施细则	
8	地下卷材防水工程施工质量监理实施细则	
9	地下涂料防水工程施工质量监理实施细则	
10	混凝土结构工程施工质量监理实施细则	
11	钢结构工程施工质量监理实施细则	
12	木结构工程施工质量监理实施细则	
13	建筑地面工程施工质量监理实施细则	
14	电梯工程施工质量监理实施细则	

（续表）

序号	监理实施细则	备注
15	建筑装饰装修工程施工质量监理实施细则	
16	屋面工程施工质量监理实施细则	
17	建筑给水排水及采暖工程施工质量监理实施细则	
18	建筑电气工程施工质量监理实施细则	
19	智能建筑工程施工质量监理实施细则	
20	通风与空调工程施工质量监理实施细则	

四、监理月报

监理月报是项目监理机构每月向建设单位提交的建设工程监理工作及建设工程实施情况等分析总结报告，由总监理工程师组织编制并签认后，由项目监理部门按时将其报于建设单位和本监理单位，使建设单位能够及时了解工程的进展情况，掌握工程的进度、质量、造价及项目目标完成情况。编制监理月报的基本要求是全面、客观、及时，并具有前瞻性和评判性。

定期报送监理月报是总监理工程师向建设单位汇报监理工作的渠道之一。总监理工程师通过监理月报，可向建设单位汇报下列影响。

① 月工程施工进度情况（与承包合同规定的进度做比较）。

② 月工程款支付情况。

③ 月工程质量情况。

④ 工程实施中的主要困难与问题，如施工中的重大差错，重大索赔事件，材料、设备供应困难，组织、协调方面的困难，异常天气的影响等。

⑤ 对工程建设的发展态势和风险进行预测。

1. 监理月报的作用

（1）监理月报是上级监理机构了解下级监理机构开展监理工作情况的依据。定期报送监理月报，是合同段驻地监理工程师向总监理工程师、总监理工程师办公室（以下简称“总监办”）汇报基层的、现场的监理工作的渠道之一，是总监理工程师、总监办了解下级监理机构开展监理工作情况的依据。

（2）监理月报是总监工程师及总监办向建设单位报告每月监理工作的有效手段。监理月报中提供的信息，往往是建设单位了解工程并对重大问题进行决策的主要依据，因而监理月报对建设单位的宏观调控有较强的导向性。

（3）监理月报是监理单位了解前方现场监理工作开展情况的依据。一般来说，工程监理单位为加强各个工地的监理工作管理，都要求派驻现场的监理机构负责人每月向监理单位报送其工程监理月报，这是监理单位了解分散在全国各地的工程监理项目现场监理情况的有效手段。

随着时代的发展，有的监理单位要求派驻现场的监理机构负责人报送电子版监理月报，将每期的监理月报通过电子邮件的形式报送总监办和有关领导等。

2. 监理月报的编制内容

（1）本月工程实施情况：包括本期在施部位及施工项目，工程实际完成情况与总进度计划比较，本月实际完成情况与计划进度比较，本月工、料、机动态表，对进度完成情况的分析（含停工、复工情况），本月采取的措施及效果，本月在施部位工程照片等。

（2）本月监理工作情况：包括主要施工部位、施工试验项目的旁站和平行检测情况，构配件与设备的采购、供应、进场及质量情况，对供应厂家资质的考察情况，工程量审批情况，工程款审批及支付情况，工程变更情况（主要内容、数量等），工程延期情况（次数、数量、原因、审批情况），分项工程验收情况（部位、承包单位自评、监理单位签认、一次验收合格率等），分部工程验收情况等。

（3）本月施工中存在的问题及处理情况：包括工程质量问题，工程质量情况分析，本月采取的措施及效果，下月监理工作的重点等。

（4）简要叙述下月监理工作的主要倾向，以及对质量、进度、安全监控的重点采取了哪些预防措施。

五、监理会议纪要

工程施工过程中，总监理工程师应定期主持召开工地会议。会议形成的纪要文件应由项目监理机构负责起草，并经与会各方代表会签。总监理工程师或专业监理工程师应根据需要及时组织专题会议，解决施工过程中的各种专项问题。

1. 第一次工地会议的内容及要求

第一次工地会议对顺利实施工程建设监理起着重要的作用，总监工程师应在做好充分准备的基础上，在正式开会之前以书面形式将会议议程有关事项及应准备的内容通知业主和承包商，使各方都做好充分的参会准备。

（1）会议的时间与主持单位

第一次工地会议是建设工程尚未全面展开前，于中标通知书发出后、工程项目开工前监理人员应参加的会议。该会议应在项目总监理工程师下达开工令之前举行，由建设单位主持召开，总监理工程师、专业监理工程师参加，总承包单位的授权代表也可邀请分包单位、指定分包商参加，必要时还可邀请有关设计单位人员参加。

（2）会议的参加人员

① 建设单位授权派驻现场代表及有关职能人员。

② 承包单位项目经理部经理及有关职能人员，分包单位主要负责人。

③ 监理单位项目监理部全体监理人员。

（3）会议程序

① 与会人员介绍及项目组织情况说明。业主、监理工程师及承包商各自介绍与会人员的姓名、职务，并出示有关函件；各方说明各自的组织机构情况，并提交组织机构图表。

② 对承包商施工准备情况的检查。在承包商介绍完施工准备情况后，监理工程师对照开工前准备工作的内容提出质疑和建议，对于影响开工的有关问题与业主协商解决办法。

③ 业主介绍开工条件。检查业主的开工条件。

④ 检查业主对合同的履行情况。如业主提供的材料、设备是否已经落实等。

⑤ 明确监理工作程序。总监理工程师向业主和承包商介绍监理工作的各项程序和各项

规章制度。

⑥ 与会者对上述情况进行讨论和补充。

项目监理机构对会议内容整理成纪要文件，具体包括：参加会议人员名单，承包商、业主和监理工程师对开工准备工作所知的详情，与会者讨论时发表的意见及补充说明，监理工程师的结论意见等。

（4）会议的主要内容

① 建设单位、承包单位和监理单位分别介绍各自派驻现场的组织机构、人员及其分工。建设单位介绍派驻工地的代表名单及业主的组织机构；承包单位介绍工地组织机构图表，参与工程的主要人员名单及各种技术工作和劳动力进场计划表；监理单位介绍现场监理组织的机构框图，以及各专业监理工程师、监理人员名单和职责范围。

② 建设单位根据监理合同宣布对总监理工程师的授权。

③ 建设单位介绍开工准备情况，如工程占地、临时用地、临时道路、拆迁及其他与工程开工有关的条件，建筑工程施工许可证、执照的办理情况，资金筹集情况，施工图纸及其交底情况等。

④ 承包单位介绍施工情况，包括用于工程的材料、机械的来源及落实情况；供材计划清单；各种临时设施的准备情况，临时工程建设计划；试验室的建立或委托试验室的资质、地点等情况；工程保险的办理情况；有关已办手续的副本；现场的自然条件、图纸、水准基点及主要控制点的测量复核情况；为监理工程师提供的设备准备情况；施工组织总设计及施工进度计划；与开工有关的其他事项。

⑤ 建设单位和总监理工程师对施工准备情况提出的意见和要求。

⑥ 总监理工程师介绍监理规划的主要内容、监理工作的例行程序及有关表达说明。

⑦ 研究确定各方在施工过程中参加工地例会的主要人员，召开工地例会的周期、时间、地点及主要议题。

⑧ 第一次工地会议纪要应由项目监理机构负责起草，并经与会各方代表会签。

第一次工地会议纪要填写范例如表 3-3 所示。

表 3-3　第一次工地会议纪要填写范例

<table>
<tr><td colspan="2">第一次工地会议纪要</td><td>编号</td><td></td></tr>
<tr><td>工程名称</td><td></td><td>签发</td><td></td></tr>
<tr><td>会议时间</td><td></td><td>会议地点</td><td></td></tr>
<tr><td>会议主持人</td><td></td><td>会议记录人</td><td></td></tr>
<tr><td>出席人员</td><td colspan="3">（建设单位、监理单位、施工单位管理人员）</td></tr>
<tr><td colspan="4">会议主要内容如下。
1. 建设单位、施工单位和监理单位分别介绍各自现场组织机构、人员及其分工。
（1）建设单位。
（2）施工单位。
（3）监理单位。
2. 建设单位介绍工程开工准备情况。
3. 施工单位介绍施工准备情况。
4. 建设单位代表和总监理工程师对施工准备情况提出意见和要求。</td></tr>
</table>

5．总监理工程师介绍监理规划的主要内容。

（1）监理部的组织机构设置：按照业主的要求，根据本工程施工进度计划，配备监理人员 6 人组成 ×× 项目监理部。×××（国家注册监理工程师）担任总监理工程师职务，主持全面工作；×××、×××（省级注册监理工程师）担任土建专业监理工程师，负责本专业监理工作；×××（省级注册监理工程师）担任水电专业监理工程师，负责本专业监理工作；××× 担任土建监理员；××× 担任资料员，负责监理部内业资料的搜集、整理工作。

（2）质量控制要求：①施工技术交底制度；②原材料、构配件、设备的报验认可制度；③单位工程、分部工程、分项工程、检验批、隐蔽工程和重要或关键工序的质量报验认可制度；④重要分项、分部工程须共同检验合格后才准予进入下一道工序施工的制度；⑤对不同的施工单位或同一施工单位不同施工班组施工的上、下道工序实行工序交接验收制度，由上、下道工序的施工单位（班组）、业主、监理四方共同验收，验收合格后才允许进入下道工序施工；⑥建立施工试验制度。

（3）进度控制要求：①总进度计划的审批，各施工单位根据合同工期目标的要求，编制总进度计划，提交监理审查，报业主批准实施，施工单位必须严格按照总进度计划实施；②施工单位在批准的总进度计划基础上，编制月进度计划（附网络图），提交现场监理工程师审查，总监理工程师审定，总监理工程师应组织监理工程师和承包商对月进度实施情况进行分析、对比，发生偏差应及时采取相应措施。特别是对施工单位的劳动力数量、材料配备、机械设备要有较详细的计划和要求，确保月进度计划的实施。

2. 监理例会的内容及要求

监理例会是由项目总监理工程师组织主持的例行工作会议。

（1）监理例会会前的准备工作

会议准备工作是开好经常性监理例会的重要环节，参会者务必提前做好准备。

① 监理工程师应准备以下资料：上次监理例会的记录、承包商对监理程序执行情况的分析资料、施工进度的分析资料、工程质量情况及有关技术文件的资料、合同履行情况的分析资料、其他相关资料。

② 承包商应准备以下资料：工程进度图表；气象观测资料；试验数据资料，观测数据；人员及设备清单；现场材料的种类、数量及质量；有关事项说明资料，如进度和质量分析、安全问题分析、技术方案问题、财务支付问题及其他需要说明的问题。

（2）监理例会应参加的人员

① 项目总监理工程师及专业监理工程师、驻地监理员。

② 建设单位派驻工地代表。

③ 承包单位项目经理（副经理）、技术负责人及有关专业人员，施工过程中有关的分包商。

④ 根据会议议题的需要，邀请设计单位及其他有关单位人员参加。

监理例会应定期召开，宜每周召开一次。在开会前由监理工程师通知有关人员参加，主要人员不得缺席。

（3）监理例会的会议程序

① 确认上次监理例会记录。对上次监理例会的记录若有争议，就按双方同意的上次监理例会的记录内容进行协调。

② 工程进度情况。审核主要工程部分的进度情况、影响进度的主要问题，对所采取的措施进行分析。

③ 工程进度的预测。介绍下期的进度计划、主要措施。

④ 承包单位投入人力的情况。提供现场工作人员清单。

⑤ 机械设备到场情况。提供现场施工机械设备清单。

⑥ 材料进场情况。提供进场材料清单，讨论现场材料的质量及其适用性。

⑦ 有关技术事宜。讨论相关的技术问题。

⑧ 财务事宜。讨论有关计量与支付的任何问题。

⑨ 行政管理事宜。如工地试验情况、各单位间的协调、与公共设施部门的关系、监理工作程序、安全状况等。

⑩ 合同事宜。如未决定的工程变更问题、延期和索赔问题、工程保险问题等。

⑪其他方面的问题。

⑫下次监理例会的时间、地点、主要内容等。

（4）监理例会应包括的主要内容

① 检查上次监理例会议定事项的落实情况，分析未完事项原因。

② 工程进度情况。

③ 确定下一阶段工程进度目标，研究承包单位人力、设备的投入情况和实现目标的措施，了解材料、构配件和设备的供应情况、存在的质量问题及改进要求。

④ 工程质量和技术方面的有关问题。

⑤ 设计变更、洽商的主要问题。

⑥ 工程款的核定及财务支付中的有关问题。

⑦ 违约、工期、费用索赔的意向及处理情况。

监理例会会议纪要填写范例如表 3-4 所示。

表 3-4　监理例会会议纪要填写范例

<table>
<tr><td colspan="2">监理例会会议纪要</td><td>编号</td><td></td></tr>
<tr><td>工程名称</td><td></td><td>签发</td><td></td></tr>
<tr><td>会议时间</td><td></td><td>会议地点</td><td></td></tr>
<tr><td>会议主持人</td><td></td><td>会议记录人</td><td></td></tr>
<tr><td>出席人员</td><td colspan="3">（建设单位、监理单位、施工单位管理人员）</td></tr>
<tr><td colspan="4">会议主要内容如下。
本次监理例会对前一阶段施工工作进行了总结，就施工过程中存在的问题和应注意的事项进行了讨论，其具体内容如下。
（1）主体施工将近结束，安全工作基本到位，在收尾工程施工阶段，要求各级管理人员协手共进抓安全；再次加强质量管理工作，圆满完成本年度的工程计划。
（2）在监理巡查过程中发现二次结构存在的主要问题：局部填充墙体垂直度不符合要求；构造柱顶植筋宽度与柱宽度偏差较大。
（3）屋面封顶工作即将开始，技术上要进一步抓紧，预留洞口等部位已与施工单位核对，特别是有变化的部位，要求技术人员加强对工人的指导，发现错误及时更正，确保工程能保质保量顺利完工。
（4）消防工程施工人员已进场，要求施工单位对工人进行安全教育培训，进入施工期间与各工序协调融洽；消防部门资质人员上岗证书、消防施工方案、消防施工进度计划等报监理办公室，否则不允许开工。
（5）下月进度计划和基础工程施工方案应尽快拟定好。在拟订进度计划时，施工方应按照总进度安排，将延误的工期尽快赶回来，保证总进度计划目标的实现。
（6）在本月施工过程中，施工方个别人员有不文明的行为，施工单位应严肃处理，杜绝类似事情的发生。同时，在今后施工过程中，施工单位应约束施工人员不乱丢垃圾、乱倒水；在没有事情的情况下，施工人员不得进入家属区院内。安全标志、文明标语应尽快做好。
（7）在下一阶段施工过程中，施工单位应加强成品保护，做好基坑围护工作，注意施工用电安全。</td></tr>
</table>

3. 监理专题会议的内容及要求

（1）监理专题会议纪要的要求

① 为解决合同实施中的专项问题，总监理工程师可根据需要召开监理专题会议。

② 监理专题会议由总监理工程师授权的专业监理工程师主持，合同各方与会议专题有关的负责人及专业人员应参加会议。

③ 项目监理部应做好会议记录，并整理会议纪要。

④ 监理专题会议纪要应由与会各方代表会签，再发至合同有关各方，并应有签收手续。

（2）其他事项

① 了解上次监理专题会议决议的落实情况和存在的问题；准备会议资料，确定有关事项的处理原则。

② 与各有关方通报情况、交换意见，督促做好准备。

③ 检查分析工程项目进度计划完成情况，提出下一阶段的进度目标及其落实措施。

④ 检查分析工程项目质量状况，针对存在的质量问题提出改进措施。

⑤ 检查工程量核定及工程款支付情况。

⑥ 解决需要协调的有关事项。

⑦ 其他有关事宜，包括对上次监理专题会议存在问题的解决和纪要的执行检查，工程进展情况，对下月（或下周）的进度预测，施工质量、加工订货、材料的质量与供应情况，质量改进措施，有关技术问题，索赔及工程款支付情况，需要协调的有关事宜，诸事项分别由何人何时执行等内容。

项目监理部应及时收集汇总有关情况，为召开会议做好准备。

监理专题会议纪要填写范例如表 3–5 所示。

表 3–5 监理专题会议纪要填写范例

<table>
<tr><td colspan="2">监理专题会议纪要</td><td>编号</td><td></td></tr>
<tr><td>工程名称</td><td></td><td>签发</td><td></td></tr>
<tr><td>会议时间</td><td></td><td>会议地点</td><td></td></tr>
<tr><td>会议主持人</td><td></td><td>会议记录人</td><td></td></tr>
<tr><td>出席人员</td><td colspan="3"></td></tr>
<tr><td colspan="4">会议议题：关于业务用房基础混凝土浇筑质量问题
会议主要内容如下。
× 月 × 日 19 时 30 分在现场召开了关于业务用房基础混凝土浇筑质量问题会议，由监理单位、施工单位及各施工班组参加，会议就基础混凝土浇筑存在的质量问题和处理方案进行了讨论，内容如下。
（1）基础框架柱混凝土浇筑不到位，需凿毛清理表面后重新浇筑。
（2）构造柱钢筋未绑扎箍筋固定，导致截面尺寸不符合要求，严重部位需重新植筋。
（3）基础混凝土浇筑时未将支撑模板的木条取出。
（4）框架柱钢筋上口未绑扎箍筋固定，浇筑后钢筋位移，需进行校正。
结论如下。
对于以上质量问题望施工单位加强对各施工班组的管理和协调工作，做好施工前的技术交底准备工作，严格控制工程质量，对于存在缺陷的部位限期 2 日内整改完毕报我监理部复查，如再发生类似质量问题则进行严厉处罚。</td></tr>
</table>

六、监理工作日志

总监理工程师应指定一名监理工程师负责记录工程项目监理工作日志，各个专业工程师应负责本专业监理工作的实施并做监理日记，监理员应做好监理日记和有关监理记录。

1. 监理工作日志的要求

监理工作日志是监理资料中重要的组成部分，是监理服务工作量和价值的体现，是工程实施过程中最真实的工作证据。监理工作日志从项目监理部的监理工作开始起至监理工作结束止，记载内容应保持连续和完整。监理工作日志应统一格式，每册封面应标明工程名称、册号、记录时间段，以及建设单位、设计单位、施工单位、监理单位名称，并由总监理工程师签字。监理工作日志必须及时记录、整理，应做到记录内容齐全、详细、准确，真实反映当日的工程具体情况，技术用语规范，文字简练明了。

2. 监理工作日志的编制内容

工程施工阶段的监理工作日志，要求工程监理人员记录当日的天气情况、监理活动的工程现场部位、质量检测试验情况、施工单位提出的工程问题及其监理答复和解决情况、上级的通知或指示情况、监理过程中发现的问题及要求处理的情况、对前几天提出问题的复查情况、重点部位和关键部位的旁站和巡视记录、安全文明施工的监理情况、参加会议的记录、当日监理的体会与思考等。

一篇标准的、规范的监理工作日志，应该记录的主要内容至少包括下列八大方面中的部分内容，只是监理岗位职责的不同而有所侧重。

（1）每日天气情况的记录

主要包括当日天气的阴晴，气温的最低、最高值；当日雨、雪、雾、冰雹及其大小，开始的、持续的影响时间；当日风力、沙尘的大小及其影响时间；当日自然灾害情况，如台风、洪水、海啸、雷击、泥石流、地震等。

（2）每日工程质量监理的记录

主要包括当日批准开工和持续施工的分项工程的质量自检情况及其监理旁站、巡视情况；当日工程测量放样复核、试验检测、与工程质量监控有关的“监理工作提示”下达情况；当日督促施工单位工序检查、分项工程报验认可及其质量评定情况；当日中间交工证书的审查、验收、签认情况，尤其是隐蔽工程；当日发现的质量缺陷及其处理记录，是否发出暂停指令或复工令，返工、加固、修补的情况；当日发生的工程质量事故和工程安全事故的报告、处理情况等。

（3）每日施工安全监理的记录

主要包括当日施工单位安全生产责任制、安全操作规程的执行情况；当日施工单位的安全生产专职管理人员的到岗情况和现场监督情况；当日施工各分项工程是否按照规范操作，是否在施工现场入口处、基坑边沿、高空作业处、爆破作业处等设置了安全警示标志；当日施工单位的消防安全操作情况；当日分包单位的安全生产管理情况；当日发生安全事故的处理情况。

（4）当日施工环境保护监理的记录

主要包括当日施工单位对施工人员环保教育的情况；当日新设的施工场地是否达到环境影响评价报告书的要求；当日施工引起的粉尘、废水、泥浆、生活污水、垃圾的处置情况；当日野生动植物的保护情况，是否有破坏草原植被的情况，是否有毁林、乱采砂石、乱砍滥伐、乱占耕地等行为；当日强噪声、强振动作业施工是否避开了夜间，对强噪声、强振动施工机械采取的减噪、减振措施情况；当日取土场的使用，取土完工后对该取土场采取的排水防护及植被恢复情况；当日施工单位在河道内是否弃置堆放阻碍行洪的物体，是否有破坏河道的其他活动；当日施工中发现地下文物古迹的处置情况；当日施工机械设备的各类废油料及润滑油的分类回收情况，固体废弃物的处理情况；当日材料存储场地设置的环境合理性，原材料、混合料运输车辆是否加盖了篷布以减少撒落等。

（5）每日工程费用监理的记录

主要包括当日完成的分项工程质量验收合格后的工程计量及其审查签认情况；当日进场的永久性工程材料的质量、数量、存储及发票复印记录；当日指令按计日工完成的变更及附加工程情况；当日签发工程变更指令、索赔费用审批表情况；当日是否发生合同纠纷、合同争端及其原因和处理情况；当日签发工程支付证书、分包支付表的情况等。

（6）每日工程进度监理的记录

主要包括当日开工或持续施工的分项工程的名称、地点、部位；当日完成的分项工程的工程量及其累计值和占总量的多少；当日施工单位投入的工、料、机数量，以及停滞、发生故障的时间与数量情况；当日批复的旬、月工程进度计划及调整计划情况，指令加快进度或者暂停施工的情况；当日发生的影响工程进度的特殊事件，如停水、停电、征地拆迁、资金短缺、机械设备维修、气候异常等。

（7）每日工程合同其他事项的管理记录

主要包括当日工程变更的受理、审查、协商及签发工程变更指令情况；当日工程延期的受理、评估、协商及签发索赔时间审批表情况；当日工程费用索赔的受理、审查、协商及签发索赔费用审批表情况；当日发生的合同争端与仲裁情况；当日施工单位发生的违约事件；当日发生的劳务协议、工程分包、指定分包和合同转让事件的审查、报批情况；当日工程保险、发生的风险事件及其调查、评估、协商和签认情况等。

（8）每日审批文件、下达指令、召开会议和验收活动及体会思考的记录

主要包括当日监理组织机构审批文件、下达指令、召开内部监理会议及工作安排情况；当日召开的工地会议、监理例会情况及会议纪要签发情况；当日参加业主、总监办及其他部门召集的会议情况及其传达落实情况；当日业主、质检站、设计单位、监理总公司的领导和专家视察工地及检查回访情况；当日有关问题的处理体会，第二天及今后一阶段时间的工程监理规划和可能发生问题的预防措施与思考等。

监理工作日志填写范例如表 3-6 所示。

表 3-6　监理工作日志填写范例

<table>
<tr><td>日期</td><td></td><td>天气</td><td></td><td>温度</td><td></td><td>记录人</td><td></td></tr>
<tr><td colspan="8">施工单位完成的主要工作（注明部位，分项、分部工程名称）：</td></tr>
<tr><td colspan="8">材料进场及抽检情况、材料试验结果反馈及处理（注明材料名称、产地、数量、合格证号）（注：报告编号可待报告后补填）</td></tr>
</table>

（续表）

监理工作： 1. 施工巡查、质量验收、旁站监理情况及发现问题的处理。 2. 对施工单位提出问题的答复（含进度款报告的收到及批转时间）。
会议、洽商及与设计单位联系：
昨日待处理事宜的处理和明日待办事项、备忘（包括停水、停电记录）：

3. 监理工作日志填写说明

（1）填写依据：《建设工程监理规范》（GB/T 50319—2013）。

（2）填写要点：项目监理机构可按单位工程（或专业），就日期、天气、气温情况，当日施工部位及施工单位投入资源情况，施工物资进场验收、施工材料、构配件、试块、试件见证取样及使用情况，工程质量的验收情况（包括参加人员及问题处理结果），平行检验、旁站监理、巡视检查情况，各种停工、变更、索赔的原因及时间，工程进度、施工安全情况等内容进行真实记录。

监理工作日志应语言简练，内容具有连续性和可追溯性，总监理工程师应定期阅签。

（3）相关要求（略）。

知识链接

监理工作日志的重要性

（1）填写该日志是规范监理行为的需要。

（2）为公平、公正地处理工程索赔、工程变更、工程质量事故及违约事件提供现场真实资料。

（3）通过检查监理工作日志，可以评估监理工作的到位情况、履约情况及监理工程师们的“监理工作质量”等。

4. 监理日记与监理工作日志的区别

监理日记是监理工作人员个人的工作日记，每个监理工作人员都有义务记录；而监理工作日志是整个现场监理组织机构的、集体的监理日志，不是每个监理工作人员都有权力去记录，而是由驻地监理工程师（总监理工程师）指定专业监理人员负责汇总和记录。

5. 监理工作日志的编写原则

（1）应反映监理活动的具体内容及其深度、广度，体现出时间、地点、有关的人，以及事情的起因、经过和结果，必须条理清晰。

（2）记录内容要全面，必须体现监理行业的特点、技术要求和岗位职责履行情况，做到言简意赅、重点突出，使用专业术语和规范数据。

（3）问题的发现和处理，必须有始有终、前后闭合。

（4）必须体现监理职业的正直性和对他人的公正性要求。

（5）必须坚持及时送审、签认、封存制度。

（6）可以结合党和国家的时事，上级管理机构（如住建委、监理协会等）及本监理单位的时事，在监理工作日志中做一些记录，以体现监理人员既重视技术又重视政治的一面。

（7）监理工作日志中工程名称、监理合同编号、监理单位名称、监理人员姓名必须如实填写，不得简写、缩写，字迹要工整，填写通用的名称及编号要求保持一致。

（8）建设项目基本情况应按照工程实际填写，需要强调的是工期应该以月为单位。

七、监理工作总结

1. 监理工作总结的编制要求

（1）施工阶段监理工作结束时，项目监理机构应向建设单位提交监理工作总结。

（2）监理工作总结应由总监理工程师负责组织，项目监理机构全体人员编制，最后由总监理工程师审核签字。

（3）监理工作总结应在约定的时间内编制完成，并按约定的份数交建设单位，同时按监理单位内部的规定要求，交监理单位档案资料管理部门作为归档的监理资料之一。

2. 监理工作总结的基本内容

（1）工程概况

关于工程概况，以最后一期的监理月报中的内容做适当调整即可。

（2）监理组织机构

关于监理机构、监理人员及投入的监理设施，在每月的监理月报中都有反映。为了反映随施工进展投入的人力、物力变化情况，应在最后的监理工作总结中选择有代表性的几个阶段，如地基与基础、主体结构（混凝土结构、钢结构等特殊的结构类型）、幕墙工程、安装工程、装饰工程等阶段，将项目监理机构人员配置的数量和专业的变化情况等写入监理工作总结中。

（3）监理合同履行情况

关于监理合同履行情况，主要应反映两个方面：一是项目监理机构人员配置的数量是否符合监理合同的要求，人员的职称结构（人员的素质）是否按投标时的承诺或按监理合同要求配置；二是在监理服务过程中是否真正起到了监控作用，关键是否真的控制好了造价、质量、进度，使工程在达到质量目标的前提下，如期竣工交付使用。

（4）监理工作成效

关于监理工作成效，除在施工过程中一般性地监督承包单位履行合同承诺，监控工程质量、进度、造价外，还应在关键的施工工艺、施工方案的审批过程中及工程技术等问题的研讨中发挥监理工程师的专业特长，大胆地提出建议来改进施工工艺、施工做法等，既能保证工程质量，又能加快施工进度和达到降低造价的效果。

（5）监理工作中发现的问题及处理情况

关于施工中出现的质量问题及进度、造价控制中的问题，项目监理机构首先要求每位监理工程师有发现问题的能力，并在现场巡视时敢于发现问题，并提出解决问题的整改意见（具体如何整改由承包单位自己实施）。如不整改或整改不力，监理工程师有权签发“监理工程师通知单”，采取较强硬的手段加以解决；如再不解决，在向总监理工程师汇报后认为必要时可以签发局部“暂停”施工的指令，以迫使承包单位进行整改。

当工程出现问题时，监理工程师不能隐瞒事实真相，应如实向总监理工程师汇报，然后再向建设单位汇报，还应要求承包单位查明原因，并提出处理的方法，该返工的必须返工，该补强的必须补强。具体采取哪一种方法，要看问题的性质等研究决定，有的应争得设计单位同意或直接由设计单位提出处理意见加以解决。

以上问题都应实事求是地总结，从经验中吸取教训。

（6）说明和建议

对本月监理工作情况做总体上的说明，并提出有利于建设工程顺利施工与监理合同合理履行的建议；对特大工程或特殊性工程进行录像和拍照，一般工程应拍摄全景图或特殊部位监理人员的工作照片等。

任务三　进度控制材料

一、施工组织设计报审表

施工组织设计报审表是由项目部发起，报给监理单位及建设单位审批，对施工组织设计内容合理性及实施性进行认证用的表，如表 3–7 所示。

表 3–7　施工组织设计报审表

<table>
<tr><td>工程名称</td><td colspan="2">××省××市××工程</td><td>施工单位</td><td colspan="2">××省××建筑工程有限公司</td></tr>
<tr><td rowspan="3">编制单位</td><td colspan="2" rowspan="2">现报上 ××省××市××工程施工组织设计/施工方案文件，请予以审查</td><td>主编</td><td colspan="2"></td></tr>
<tr><td>编制人</td><td colspan="2"></td></tr>
<tr><td colspan="2">××省××建筑工程有限公司/专业分包施工单位（盖章）</td><td>技术负责人</td><td colspan="2"></td></tr>
<tr><td rowspan="2">审核单位</td><td colspan="5">总承包单位审核意见：</td></tr>
<tr><td>总承包单位（盖章）</td><td>审核人</td><td></td><td>审批人</td><td></td></tr>
<tr><td rowspan="3">审查单位</td><td colspan="5">监理审核意见：

监理审查结论：□ 同意实施＿＿＿＿＿□ 修改后报＿＿＿＿＿□ 重新编制</td></tr>
<tr><td rowspan="2">监理单位（盖章）</td><td>专业监理工程师</td><td></td><td colspan="2">日期：　年　月　日</td></tr>
<tr><td>总监理工程师</td><td></td><td colspan="2">日期：　年　月　日</td></tr>
</table>

施工组织设计报审表填写内容示例：经审查，该施工组织设计由项目经理主持编制、

经施工单位项目技术负责人审批并签字；该施工组织设计具备一定的针对性、可行性，符合现行规范、标准。同意按此施工组织设计执行，并作为监理依据之一。总监理工程师负责审批、签字，并承担相应的责任。

专业监理工程师应对以下方面进行重点审核。

① 进度安排是否符合工程项目建设总进度计划中总目标和分目标的要求，是否符合工程竣工日期的规定。

② 施工总进度计划中项目是否有遗漏，施工顺序的安排是否符合施工工艺的要求。

③ 总承包单位在施工进度计划中提出的应由建设单位保证的施工条件（资金、施工图纸、施工场地、采供的物资设备等）的供应时间和数量是否准确、合理，是否有造成建设单位违约而导致工程延期和费用索赔的可能性存在。

④ 总包、分包单位分别编制的各单项工程施工进度计划之间是否协调，专业分工与计划衔接是否明确、合理。

⑤ 工程的工期是否进行了合理的优化。

二、施工进度计划报审表

施工进度计划报审表是项目监理机构对承包单位所报送的工程施工进度计划（或调整计划）的审批答复表。施工进度计划报审表应由承包单位填写编制说明和计划，由项目经理签字；监理工程师审核签字，对工程施工进度计划的审查结果填写“同意”“不同意”或“应补充”的意见。

施工进度计划报审表如表 3-8 所示。

表 3-8　施工进度计划报审表

工程名称：________　　　　编号：________

致：××省××市××工程监理项目部 现报上××省××市××工程施工进度计划，请审查。 附件：××省××市××工程施工进度计划 施工项目部（章）：××× 项目经理（签字）：××× 日　期：　　年　月　日
专业监理工程师审查意见： 专业监理工程师（签字）：××× 日　期：　　年　月　日
总监理工程师审批意见： 监理项目部（章）：××× 总监理工程师（签字）：××× 日　期：　　年　月　日

注：本表一式三份，由施工项目部填报，业主项目部、监理项目部各一份，施工项目部一份。

三、工程开工报审表

工程满足开工条件后，承包单位报项目监理机构复核和批复开工时间。如整个项目一次开工，则只填报一次；如工程项目中含有多个单位工程且开工时间不同，则每个单位工程都应填报一次。

工程名称是指相应的建设项目或单位工程名称，应与施工图的工程名称一致。

承包单位应按表中内容逐一落实，自查符合要求后，将施工现场质量管理检查记录及其要求的有关证件，建筑工程施工许可证，现场专职管理人员资格证、上岗证，现场管理人员、机具、施工人员进场情况，工程主要材料落实情况等资料，作为附件同时报送。

总监理工程师应指定专业监理工程师对承包单位的准备情况进行检查，除检查所报内容外，还应对施工现场临时设施是否满足开工要求、地下障碍物是否清除、测量控制桩是否经项目监理机构审查确认等进行检查，并逐项记录检查结果，报项目总监理工程师审核；总监理工程师确认具备开工条件时签署同意开工的审核意见，并报告建设单位，否则应简要指出不符合开工条件要求之处。

总监理工程师签发工程开工报审表后报建设单位备案，如监理合同中写明需建设单位批准，则经项目总监理，工程师审核后报建设单位，由建设单位批准。工期自批准开工之日起计算。

工程开工报审表填写范例如表 3–9 所示。

表 3–9　工程开工报审表填写范例

工程名称：××省××市××工程　　　　编号：001

致：××省××市××工程（建设单位） ××市××工程建设监理有限公司（监理单位） 我方承担的××省××市××工程，已完成相关准备工作，具备了开工条件，特此申请于××年××月××日开工，请审批。 附件： 一、开工报告 二、证明文件 施工单位（章）：××× 项目经理（签字）：××× 日　　期：　　年　　月　　日
审核意见： 项目监理机构（章）：××× 总监理工程师（签字）：××× 项目经理（签字）：××× 日　　期：　　年　　月　　日
审批意见： 建设单位（章）：××× 项目负责人（签字）：××× 日　　期：　　年　　月　　日

注：本表一式四份，由建设单位审批后，施工单位、建设单位各执一份，监理单位两份（其中城建档案馆一份）。

四、工程暂停令

工程暂停令是监理单位根据施工中出现必须实行暂时停工处理情况时，向承包单位下达的指令。当项目监理机构发现承包单位在施工过程中严重违反承包合同，或有严重质量问题，或存在重大安全隐患，继续施工将造成更大的或不可挽回的损害时，应果断下达工程暂停令。

工程暂停令应由项目监理机构填写下达工程暂停令的理由（原因），要求承包单位在接到工程暂停令后完成的各项工作等相关内容。工程暂停令应加盖项目监理机构印章，并由总监理工程师签字。

项目监理机构在下达工程暂停令时，应有充分的理由，并考虑由于停工可能带来的索赔事件。项目监理机构在下达工程暂停令前应向建设单位说明情况，取得一致意见。

工程暂停令填写范例如表 3-10 所示。

表 3-10 工程暂停令填写范例

致：××省××市××建筑工程有限公司（承包单位）

由于你方施工的××工程未能按照安全文明施工强制性标准的法律、法规进行施工的原因，现通知你方必须于××年××月××日××时起，对本工程的＿＿＿＿＿＿部位（工序）实施暂停施工，并按下述要求做好各项工作。

1. 未按规定设置安全生产管理机构、配备专职安全管理人员。
2. 项目经理、安全员等安全生产管理人员未在现场监督工程的施工。
3. 材料堆放：建筑材料、构件、料具未堆放整齐。
4. 现场防火：没有消防措施、制度，或灭火器材配置不足。
5. 保健急救：没有保健医药箱。
6. 安全标志：未在施工现场的危险部位设置明显的安全警示标志。
7. 立杆基础：立杆基础未用混凝土做垫层，不平、不实，无排水措施。
8. 脚手架架体与建筑结构拉结：脚手架架体与建筑结构拉结数量不足，拉结不坚固、不规范。
9. 剪刀撑：未按规定设置剪刀撑，或剪刀撑未沿脚手架高度连续设置。
10. 安全网：网间不严密，或未满挂及破旧。
11. 脚手板：脚手板未满铺，或脚手板材质不符合要求。
12. 施工用电不符合“三级配电两级保护”及“一机、一闸、一漏、一箱”的要求。
13. 物料提升机未检测就投入使用。
14. 物料提升机楼层卸料平台未设置防护门。
15. 物料提升机吊篮无安全门。
16. 楼梯口防护不符合要求（材质用毛杆）。
17. 阳台、楼板、屋面临边无防护；临边防护不严、不符合要求。
18. 未办理平安卡。

抄送：建设单位

项目监理机构（章）：×××
总监理工程师（签字）：×××
日　　期：　　　年　　月　　日

五、工程临时延期审批表和工程最终延期审批表

工程临时延期审批是在承包单位提出工程临时延期申请表后，经项目监理机构详细地研究评审，考虑对工程工期的影响后，批准承包单位有效延期。工程最终延期审批是在影响工期事件结束，承包单位提出最后一个工程临时延期申请表批准后，经项目监理机构详细地研究评审影响工期事件全过程对总工期的影响后，批准承包单位有效延期。工程临时（最终）延期审批表填表说明如下。

（1）总监理工程师在签认工程延期前应与建设单位、承包单位协商，与费用索赔问题一并考虑处理。

（2）表中“根据施工合同条款 ×× 条的规定，我方对你方提出的 ×××× 工程延期申请”，分别填写处理本次延长工期所依据的施工合同条目和承包单位申请延长工期的原因。

（3）工程最终延期审批表中“（第 ×× 号）”，填写承包单位提出的最后一个工程临时延期申请表编号。

（4）审批意见。在影响工期事件结束，承包单位提出最后一个工程临时延期申请表批准后，工程师应指定专业监理工程师复查工程延期及临时延期审批的全部情况，详细地研究评审对工程总工期的影响程度、应由建设单位承担的责任和承包单位采取缩小延期事件影响的复查结果，提出同意工期延长的日历天数或不同意延长工期的意见，报总监理工程师审批；若不符合施工合同约定的工期延长条款或经计算不影响最终工期，项目监理机构总监理工程师在不同意延长工期选项前的“□”内打“√”，需延长工期时则在暂时同意延长工期选项前的“□”内打“√”。

工程临时（最终）延期审批表如表 3-11 所示。

表 3-11　工程临时（最终）延期审批表

工程名称：________________　　　　编号：______

致：

根据施工合同条款______条的规定，我方对你方提出的______工程延期申请（第______号）要求延长工期______日历天的要求，经过审核评估：

□暂时同意工期延长______日历天，使竣工日期（包括已指令延长的工期）从原来的______年______月______日延迟到______年______月______日，请你方执行。

□不同意延长工期，请按约定竣工日期组织施工。

说明：

项目监理机构（章）：×××

总监理工程师（签字）：×××

日　　期：　　　　年　　月　　日

任务四 质量控制材料

一、工程质量控制

1. 工程质量控制的原则

（1）以《建筑工程施工质量验收统一标准》（GB 50300—2013）及专业质量验收规范等为依据，督促承包单位全面实现施工合同约定的质量目标。

（2）对工程项目施工全过程实施质量控制，以质量预控为重点。

（3）对工程项目的人员、机器、物料、方法、环境等因素进行全面的质量控制，监督承包单位的质量管理体系、技术管理体系和质量保证体系落实到位。

（4）严格要求承包单位执行有关材料、施工试验制度和设备检验制度。

（5）坚持不合格的建筑材料、构配件和设备不准在工程中使用。

（6）坚持本工序质量不合格或未进行验收不予签认，下一道工序不得进行。

2. 工程质量控制的方法

（1）质量控制应以事前控制（预防）为主。

（2）应按监理规划的要求对施工过程进行检查，及时纠正违规操作，消除质量隐患，跟踪质量问题，检验施工效果。

（3）应采用必要的检查、测量和试验手段，以验证施工质量。

（4）应对工程某些关键工序和重点部位的施工过程进行旁站，填写旁站监理记录。

（5）严格执行现场见证取样和送检制度。

（6）应建议撤换承包单位不称职的人员及不合格的分包单位。

3. 工程质量的事前控制

（1）核查承包单位的质量管理体系。

（2）审查分包单位和试验室的资质。

（3）查验承包单位的测量放线。

（4）签认材料的报验。

（5）签认建筑构配件、设备报验。

（6）检查进场的主要施工设备。

（7）审查主要分部（分项）工程施工方案。

4. 施工过程中的质量控制

（1）对施工现场有目的地进行巡视和旁站。

（2）核查工程预检。

（3）验收隐蔽工程。

（4）检验批质量验收记录。

（5）分项工程质量验收记录。

（6）分部工程质量验收记录。

二、工程质量事故报告及处理资料

1. 工程质量事故的分类

工程质量事故按直接损失金额（是指因发生质量事故造成人力、物力和财力的损失）、因质量事故造成的死亡和重伤人数及事故的严重程度，分为重大质量事故、严重质量事故和一般质量事故三种情况。

（1）重大质量事故是指在工程建设过程中，由于责任过失造成工程倒塌或报废、机械设备毁坏和安全设施失当造成人身伤亡或者重大经济损失的事故。重大质量事故分为以下四级。

① 一级重大质量事故，是指死亡 30 人以上，或者直接经济损失在 300 万元以上的质量事故。

② 二级重大质量事故，是指死亡 10 人以上、29 人以下，或者直接经济损失在 100 万以上、不满 300 万元的质量事故。

③ 三级重大质量事故，是指死亡 3 人以上、9 人以下，或者重伤 20 人以上，或者直接经济损失在 30 万元以上、不满 100 万元的质量事故。

④ 四级重大质量事故，是指残疾 1 人以上、2 人以下，或者重伤 3 人以上、19 人以下，或者直接经济损失在 10 万元以上、不满 30 万元的质量事故。

（2）严重质量事故是指直接经济损失在 5 万元（含 5 万元）以上、不满 10 万元的，或者严重影响使用功能或工程结构安全、存在重大质量隐患的，或者事故性质恶劣，或造成 2 人以下重伤的事故。

（3）一般质量事故是指直接经济损失在 1 万元（含 1 万元）以上、不满 5 万元的，或者影响使用功能和工程结构安全、造成永久性质量缺陷的事故。

凡工程发生质量事故，应及时上报，如果发生重大质量事故，应在 24 小时之内写出书面报告，逐级上报，并保护事故现场，采取措施，防止事态扩大，在 48 小时内依据规定填报建设工程质量事故报告书。

2. 处理工程质量事故应注意的问题

（1）对施工过程中出现的质量缺陷，专业监理工程师应及时下达监理工程师通知单，要求承包单位整改，并检查整改结果。

（2）监理人员发现施工存在重大质量隐患，可能造成质量事故或已经造成质量事故时，应通过总监理工程师及时下达工程暂停令，要求承包单位停工整改。整改完毕并经监理人员复查，符合规定要求后，总监理工程师应及时签署工程复工报审表。总监理工程师下达工程暂停令和签署工程复工报审表，宜事先向建设单位报告。

（3）对需要返工处理或加固补强的质量事故，总监理工程师应责令承包单位报送质量事故调查报告和经设计单位等相关单位认可的处理方案，项目监理机构应对质量事故的处理过程和处理结果进行跟踪检查及验收。

总监理工程师应及时向建设单位及本监理单位提交有关质量事故的书面报告，并应将完整的质量事故处理记录整理归档。

3. 工程质量事故报告单

当施工过程中发生工程质量问题（事故）时，施工单位应及时向项目监理机构报告，并就工程质量的有关情况填写工程质量事故报告单。工程质量事故报告单如表 3-12 所示。

表 3–12　工程质量事故报告单

工程名称：＿＿＿＿＿＿＿＿　　　　　　　　　　　　　　编号：＿＿＿

致：×××（监理单位） ××××年××月××日××时，由于××××，发生工程质量事故。报告如下： 事故经过情况、原因及初步分析： 事故损失情况： 事故发生后采取的措施： 承包单位：×××　　监理单位：××× 项目经理（签字）：×××　　监理工程师（签字）：××× 日期：　年　月　日　　日期：　年　月　日

4. 工程质量整改通知单

工程质量整改通知单是指分项工程未达到质量检验评定要求，一经检查发现，在下达监理通知单两次后，施工单位未按时限要求改正或不按专业监理工程师下达的监理通知单要求改正时，由项目监理机构下达的文件。

施工单位应按工程质量整改通知单的要求整改，并用监理通知回复单报项目监理机构复核。工程质量整改通知单见表 3–13 所示。

表 3–13　工程质量整改通知单

工程名称：＿＿＿＿＿＿＿＿　　　　　　　　　　　　　　编号：＿＿＿

致：×××（施工单位单位） 经检验，××××部位存在以下问题： 现通知你方，提出整改技术方案，经监理机构认可后进行处理。 附：检验证明 项目监理机构（章）：××× 施工单位（章）：××× 项目经理（签字）：××× 日期：　年　月　日

三、旁站监理记录

1. 填写内容

旁站监理记录是指监理人员在建筑工程施工阶段监理中，对关键部位、关键工序的施工质量，实施全过程现场跟班的监督活动所见证的有关情况的记录。

建筑工程的关键部位、关键工序包括以下几个方面。

（1）基础工程包括：土方回填，混凝土灌注桩浇筑，地下室连续墙、土钉墙、后浇带及其他混凝土、防水混凝土浇筑，卷材防水层细部构造处理，钢结构安装。

（2）主体结构工程包括：梁柱节点钢筋隐蔽过程，混凝土浇筑、预应力张拉、装配式结构安装、钢结构安装、网架结构安装和索膜安装。

2. 相关规定与要求

（1）承包单位根据项目监理机构制订的旁站监理方案，在需要实施的关键部位、关键工序进行施工前 24 小时，书面通知项目监理机构。

（2）凡旁站监理人员和承包单位现场质检人员未在旁站监理记录上签字的，不得进行下一道工序的施工。

（3）凡上述“填写内容”中第（2）条规定的关键部位、关键工序未实施旁站监理或没有旁站监理记录的，专业监理工程师或总监理工程师不得在相应文件上签字。

（4）该记录在工程竣工验收后，由监理单位归档备查。

（5）施工情况指所旁站部位（工序）的施工作业内容，主要施工机械、材料、人员和完成的工程数量等。

（6）监理情况指旁站人员对施工作业情况的监督检查。其主要内容包括承包单位现场质检人员到岗情况、特殊工种人员持证上岗，以及施工机械、建筑材料准备情况；在现场跟班监督关键部位、关键工序的施工，执行施工方案及工程建设强制性标准情况；核查进场建筑材料、建筑构配件、设备和商品混凝土的质量检验报告等。

（7）对旁站时发现的问题可先口头通知承包单位改正，然后应及时签发监理工程师通知单。

旁站监理记录如表 3–14 所示。

表 3–14　旁站监理记录表

工程名称：____________　　　　编号：______

日期： 天气：	工程地点：
旁站监理的部位或工序：	
旁站监理开始时间：　年　月　日	旁站监理结束时间：　年　月　日
施工情况：	
建立情况：	
发现问题：	
处理意见：	
备注：	
承包单位：	监理单位·
质检员：	旁站监理人员：
日期：　年　月　日	日期：　年　月　日

任务五 造价控制资料

工程造价控制资料主要包括工程款支付报审表、工程款支付证书、费用索赔报审表等内容。

一、工程款支付报审表

本表适用于施工单位工程预付款、工程进度款、竣工结算款、工程变更费用、索赔费用的支付申请，项目监理机构对申请事项进行审核并签署意见，经建设单位审批后作为工程款支付的依据。工程款支付报审表如表 3-15 所示。

表 3-15　工程款支付报审表

工程名称：________　　编号：______

致：×××（项目监理机构） 根据施工合同约定，我方已完成 ×××× 工作，建设单位应在 ×××× 年 ×× 月 ×× 日前支付该项工程款共计（大写）______（小写：______元），请予以审核。 附件： 1. 2. 施工项目经理部（章）：××× 项目经理（签字）：××× 日期：　年　月　日
审查意见： 专业监理工程师（签字）：××× 日期：　年　月　日
审核意见： 项目监理机构（章）：××× 总监理工程师（签字）：××× 日期：　年　月　日
审批意见： 建设单位（章）：××× 建设单位代表（签字）：××× 日期：　年　月　日

根据《建设工程监理规范》相关规定如下

（1）项目监理机构应按下列程序进行工程计量和付款签证

① 专业监理工程师对施工单位在工程款支付报审表中提交的工程量和支付金额进行复核，确定实际完成的工程量，提出到期应支付给施工单位的金额，并提出相应的支持性材料。

② 总监理工程师对专业监理工程师的审查意见进行审核，签认后报建设单位审批。

③ 总监理工程师根据建设单位的审批意见，向施工单位签发工程款支付证书。

（2）项目监理机构应按下列程序进行竣工结算款审核

① 专业监理工程师审查施工单位提交的竣工结算款支付申请，提出审查意见。

② 总监理工程师对专业监理工程师的审查意见进行审核，签认后报建设单位审批，同时抄送施工单位，并就工程竣工结算事宜与建设单位、施工单位协商；达成一致意见的，根据建设单位审批意见向施工单位签发竣工结算款支付证书；不能达成一致意见的，应按施工合同约定处理。

二、工程款支付证书

工程款支付证书是项目监理机构收到经建设单位签署审批意见的工程款支付报审表后，根据建设单位的审批意见，签发本表作为工程款支付的证明文件。工程款支付证书如表 3–16 所示。

表 3–16 工程款支付证书

工程名称：____________________ 编号：______

致：×××（施工单位） 根据施工合同的规定，经审核编号为 ××× 工程款支付报审表，扣除有关款项后，同意支付工程款共计（大写）________（小写________元）。 其中： 1. 施工单位申报款：（大写）________（小写________元） 2. 经审核施工单位应得款：（大写）________（小写________元）。 3. 本期应扣款：（大写________）（小写________元）。 4. 本期应付款：（大写________）（小写________元）。 项目监理机构（章）：××× 总监理工程师（签字）：××× 日期： 年 月 日

（1）施工单位申报款指施工单位向项目监理机构填报的工程款支付报审表中申报的工程款额。

（2）经审核施工单位应得款指经专业监理工程师对施工单位向项目监理机构填报工程款支付报审表审核后，核定的工程款额，包括合同内工程款、工程变更增减费用、经批准的索赔费用等。

（3）本期应扣款指施工合同约定本期应扣除的预付款、保留金及其他应扣除的工程款的总和。

（4）本期应付款指经审核施工单位应得款额减本期应扣款额的余额。

费用索赔报审表是指施工单位向建设单位提出费用索赔，报项目监理机构审查、确认和批复文件。费用索赔报审表如表 3–17 所示。

表 3–17 费用索赔报审表

工程名称：____________________ 编号：______

致：×××（项目监理机构） 根据施工合同 ×××××× 条款，由于 ×× 原因，我方申请索赔金额（大写）________（小写________元），请予批准。 索赔理由：

（续表）

附件： 1. 索赔金额计算 2. 证明材料 施工项目经理（章）：××× 项目经理（签字）：××× 日期：　　　年　　月　　日
审核意见： 附件： 索赔审查报告 项目监理机构（章）：××× 总监理工程师（签字）：××× 日期：　　　年　　月　　日
审批意见： 建设单位（章）：××× 建设单位代表（签字）：××× 日期：　　　年　　月　　日

1. 施工单位向建设单位索赔的原因

（1）合同文件内容出错引起的索赔。

（2〉由于图样延迟交出造成索赔。

（3）由于不利的实物障碍和不利的自然条件引起的索赔。

（4）由于建设单位提供的水准点、基线等测量资料不准确造成的失误与索赔。

（5）施工单位依据专业监理工程师意见，进行额外钻孔及勘探工作引起的索赔。

（6）由建设单位风险所造成的损害的补救和修复所引起的索赔。

（7）因施工中施工单位开挖到化石、文物、矿产等珍贵物品，要进行停工处理引起的索赔。

（8）由于需要加强道路与桥梁结构以承受“特殊超重荷载”而引起的索赔。

（9）由于建设单位雇佣其他施工单位，并为其他施工单位提供服务提出索赔。

（10）由于额外样品与试验而引起的索赔。

（11）由于对隐蔽工程的揭露或开孔检查引起的索赔。

（12）由于工程中断引起的索赔。

（13）由于建设单位延迟移交土地引起的索赔。

（14）由于非施工单位造成工程缺陷需要修复而引起的索赔。

（15）由于要求施工单位调查和检查缺陷而引起的索赔。

（16）由于工程变更引起的索赔。

（17）由于变更合同总价格超过有效合同价的 15% 而引起的索赔。

（18）由于特殊风险引起的工程被破坏和其他款项支出而提出的索赔。

（19）因特殊风险使合同终止后引起的索赔。

（20）因合同解除后引起的索赔。

（21）建设单位违约引起工程终止等引起的索赔。

（22）由于物价变动引起的工程成本增减引起的索赔。

（23）由于后续法规的变化引起的索赔。

（24）由于货币及汇率变化引起的索赔。

2. 费用索赔的报审程序

（1）施工单位在索赔事件发生后 28 天内，向项目监理机构提交索赔意向通知书。

（2）总监理工程师指定专业监理工程师收集与索赔有关的资料。

（3）施工单位在发出索赔意向通知书后 28 天内，向项目监理机构提交费用索赔报审表及有关资料。

（4）总监理工程师根据施工单位报送的费用索赔报审表及相关资料，安排专业监理工程师进行审查，若同时满足以下三个条件则予以受理。

① 施工单位在施工合同约定的期限内提出费用索赔。

② 索赔事件是因非施工单位造成的，且符合施工合同约定。

③ 索赔事件给施工单位造成直接经济损失。

3. 索赔批准额的审查

专业监理工程师在审查确定索赔批准额时，要审查以下三个方面。

（1）索赔事件发生的合同责任。

（2）由于索赔事件的发生，施工成本及其他费用的变化和分析。

（3）索赔事件发生后，施工单位是否采取了减少损失的措施。施工单位报送的索赔额中，是否包含让索赔事件任意发展而造成的损失额。

4. 索赔审查报告

索赔审查报告的内容主要包括受理索赔的日期、索赔要求、索赔过程、确认的索赔理由及合同依据、批准的索赔额及其计算方法等。

任务六 合同管理资料

项目实施的整个过程中都需要以合同的形式来约束参与建设的各方，合同管理将贯穿于工程建设的各个阶段。合同管理是一项涉及知识面较广、因素较多的综合管理。在建设工程施工阶段，涉及的合同大多数为建设工程勘察设计合同、建设工程施工合同、材料设备采购合同、建设工程委托监理合同，以及与建设工程相关的其他合同（如专业分包合同、委托检测合同等）。

合同管理的主要内容是工程变更、工程暂停及复工、工程延期、费用索赔、工程分包等的监理工作。

一、工程临时 / 最终延期报审表

工程临时 / 最终延期报审是指发生了非施工单位原因，施工合同约定由建设单位承担的延期责任事件后，施工单位提出的工期索赔，报项目监理机构审核确认。

总监理工程师应在施工合同约定的期限内签发工程临时 / 最终延期报审表，并依据施工合同中有关工期的约定，工期拖延和影响工期事件的事实及程度，影响工期事件对工期影响的量化程度确定工程延期的时间。

工程临时 / 最终延期报审表，如表 3-18 所示。

表 3-18　工程临时 / 最终延期报审表

工程名称：＿＿＿＿＿＿＿＿　　　　编号：＿＿＿

致：×××（项目监理机构） 　　根据施工合同××××××（条款），由于××××××原因，我方申请工程临时 / 最终延期（×天），请予批准。
附件： 1．工程延期依据及工期计算 2．证明材料 施工项目经理部（章）：××× 项目经理（签字）：××× 日期：　　年　　月　　日
审核意见： 项目监理机构（章）：××× 总监理工程师（签字）：××× 日期：　　年　　月　　日
审批意见： 建设单位（盖章）：××× 建设单位代表（签字）：××× 日期：　　年　　月　　日

二、工程最终延期审批表

工程最终延期审批表是在影响工期事件全部结束后，项目监理机构在详细研究并评审影响工期的全部事件及其对工程总工期影响的基础上，批准施工单位最终有效延期时间的资料。工程最终延期审批表如表 3-19 所示。

表 3-19　工程最终延期审批表

工程名称：＿＿＿＿＿＿＿＿　　　　编号：＿＿＿

致：×××（承包单位） 　　根据施工合同条款×××条的规定。我方对你方提出的××××××工程延期申请（第×号）要求延长工期×天的要求，经过审核评估： 　　同意工期延长×天，使竣工日期（包括已指令延长的工期）从原来的××××年××月××日延迟到××××年××月××日。 　　请你方执行。 说明： 项目监理机构：××× 总监理工程师（签字）：××× 日期：　　年　　月　　日

三、合同争议处理意见

合同争议处理意见是指在实施过程中出现合同争议时，项目监理机构为调解合同争议所达成（或提出）的处理意见。合同争议的调解应符合《建设工程监理规范》（GB50319-2013）的规定，合同争议处理意见由总监理工程师签字盖章，并在施工合同约定的时间内送达建设单位和施工单位。

合同争议处理意见书的封面如表 3-20 所示。

表 3-20　合同争议处理意见书的封面

××× 工程合同争议处理意见书   总监理工程师：××× 公司技术负责人（签字）：××× 监理单位（章）：×××× 编制日期：　　　　年　　月　　日

四、分包资质材料

在一个建设工程项目中，往往会有很多的分包工程，常见的有桩基、商品混凝土、玻璃幕墙等，还有一些水电安装、消防、火灾报警、楼宇办公自动化等系统也常有分包和转包的现象。在实际工作中，分包、转包有时候较难界定，也难以有效地遏制和管理，许多工程出现质量和安全事故，造成工期的严重滞后甚至停顿，其根源在于非法转包或分包的环节。因此，工程分包管理应该作为监理工程师合同管理中的一个不可忽视的内容。

在对工程分包的管理中，监理工程师应该掌握以下几个原则。

（1）工程分包必须是在合同中约定的非主体的工程，并经建设单位同意的部分工程。主体分部一定是不可分包的，否则为转包。

（2）施工总承包单位不得将其承包的全部工程转包给其他人，也不得将工程肢解以后以分包的名义转包给其他人。

（3）分包单位应由总监理工程师经过考查、审核后才能确定。对不满意或资格不够的分包单位有权拒绝其进入现场施工。需要注意的是，在审查一些施工分包单位的资信时，要求同时查验其资质证书（确认其可承包的工程内容与等级）、安全生产许可证（因为有时候其安全生产许可证扣证期间，原则上是不允许承揽新工程的）。

（4）施工总承包单位应与分包单位签订分包合同，并对分包单位的活动负责。为保证合同的履行，分包单位的任何违约行为或疏忽导致工程损害或给建设单位造成的其他损失，施工总承包单位承担连带责任。监理单位常常看不到分包合同，因此，对于他们双方的责任、权利、义务会缺乏了解，一定要注意向施工总承包单位催要分包合同，这也是审查分包单位资信、分包过程是否合理合法的内容之一。

（5）分包工程价款应由施工总承包单位与分包单位结算，未经施工总承包单位同意，建设单位不得以任何形式向分包单位支付工程款（合同中约定的指定分包单位除外）。

分包单位资格报审是施工总承包单位实施分包时，提请项目监理机构对其分包单位资质审查确认的批复。施工承包合同中已明确的分包单位，施工总承包单位可不再对分包单位资格进行报审。分包单位资格报审表如表 3-21 所示。

表 3-21　分包单位资格报审表

工程名称：__________　　　　　　　　　　　　编号：______

<table>
<tr><td colspan="3">致：×××（项目监理机构）
经考察，我方认为拟选择的 ×××（分包单位）具有承担下列工程的施工或安装资质和能力，可以保证本工程按施工合同第 × 条款的约定进行施工或安装。请予以审查。</td></tr>
<tr><td>分包工程名称（部位）</td><td>分包工程量</td><td>分包工程合同额</td></tr>
<tr><td>×××</td><td></td><td></td></tr>
<tr><td>×××</td><td></td><td></td></tr>
<tr><td colspan="3">附件：
1.
2.

施工项目经理（章）：×××
项目经理（签字）：×××
日期：　　年　　月　　日</td></tr>
<tr><td colspan="3">审查意见：

专业监理工程师（签字）：×××
日期：　　年　　月　　日</td></tr>
<tr><td colspan="3">审核意见：

项目监理机构（章）：×××
总监理工程师（签字）：×××
日期：　　年　　月　　日</td></tr>
</table>

任务七　单位（子单位）竣工验收资料

一、竣工验收及竣工验收资料的类别

单位（子单位）工程竣工应符合下列条件。

（1）按承包合同已完成了设计文件的全部内容，且单位（子单位）工程所含分部（子分部）工程的质量均已验收合格。

（2）质量控制材料完整。

（3）单位（子单位）工程所含分部工程有关安全和功能的检测资料完整。

（4）主要使用功能项目的抽查结果符合相关专业质量验收规范的规定。

（5）观感质量验收符合要求。

单位（子单位）工程承包单位自检符合竣工条件后，填写单位工程竣工预验收报验表，并附相应竣工资料报监理单位项目监理部，申请竣工预验收。监理单位总监理工程师组织专业监理工程师按现行的单位（子单位）工程竣工验收的有关规定逐项进行核查，并对工程质量进行预验收。对发现影响竣工验收的问题签发监理通知，要求承包单位进行整改。经验收需要对局部进行整改的，应在整改符合要求后再验收，直至符合合同要求。工程质量符合要求后，由总监理工程师会同参加验收的各方签署单位工程竣工预验收报验表及单位（子单位）工程质量竣工验收记录等竣工验收资料。

工程预验收通过后，总监理工程师应及时报告建设单位，并编写工程质量评估报告文件，整理并提供相关监理资料，工程质量评估报告必须经总监理工程师和监理单位技术负责人审核签字。竣工验收完成后，由项目总监理工程师和建设单位代表共同签署竣工移交证书，并由监理单位、建设单位盖章后，交承包单位一份。

二、单位（子单位）工程竣工预验收报验表

施工总承包单位在单位工程完工，经自检合格并达到竣工验收条件后，填写单位（子单位）工程竣工预验收报验表，并附分部（子分部）工程验收记录、单位（子单位）工程质量控制资料检查记录、单位（子单位）工程安全和功能检验资料核查及主要功能抽查记录、单位（子单位））工程观感质量检查记录等竣工资料报项目监理部，申请工程竣工预验收。总监理工程师组织专业监理工程师与总包单位根据有关规定，共同对工程进行检查验收。合格后，总监理工程师签署单位（子单位）工程竣工预验收报验表。

单位（子单位）工程竣工预验收报验表如表 3-22 所示。

表 3-22　单位（子单位）工程竣工预验收报验表

工程名称：__________　　　　编号：______

致：×××（监理单位） 我方已按合同要求完成了 ××× 工程，经自检合格，请予以检查和验收。 附件：单位工程竣工资料 施工单位（章）：××× 项目经理（签字）：×××
审查意见： 经预验收，该工程： □符合　□不符合我国现行法律、法规要求。 □符合　□不符合我国现行工程建设标准。 □符合　□不符合设计文件要求。 □符合　□不符合施工合同要求。

（续表）

综上所述，该工程预验收结论： □合格　　□不合格 可否组织正式验收： □可　　□否 监理单位（章）：××× 总监理工程师（签字）：××× 日期：　　年　　月　　日

三、工程质量评估报告

工程竣工预验收合格后，应由项目总监理工程师向建设单位提交工程质量评估报告。

工程质量评估报告应由项目总监理工程师及监理单位技术负责人签认，并加盖监理单位公章，交建设单位两份，总包单位和监理单位各存一份。表 3-23 和表 3-24 分别为某工程工程质量评估报告封面和内容。

表 3-23　工程质量评估报告封面

工程质量评估报告 监理号：××× 工程名称：××× 子项名称：××× 监理单位（章）：××× 日期：　　年　　月　　日

表 3-24　工程质量评估报告内容

××监理有限公司（监理单位）受××（建设单位）的委托，对××工程实施工程施工阶段监理，并于××××年×月×日派驻项目监理部开始对××工程进行施工阶段质量控制。通过建设单位、设计单位、承包单位、监理单位的共同努力，于××××年×月×日××工程达到竣工条件，经施工单位申请，我项目监理部于××月××日牵头组织了由建设单位、设计单位、施工单位组成的验收小组，对该工程进行了竣工预验收。我项目监理部将该工程的质量评估报告出具如下： 一、工程基本情况 本工程参建各方： 建设单位：××× 勘察单位：××× 设计单位：××× 施工单位：××× 监理单位：×××

（续表）

（一）工程概况

工程名称	工程地点	结构类型	层数	建筑面积	基础深度	总高度
计划开工日期						
计划竣工日期						
说明						

本工程为框架四层，层高均为 ××m，建筑面积为 ××m^2。依据 ×× 有限公司（设计单位）提供的《×× 工程地质勘察报告》编号 ×××，××（设计单位）基础设计，采用柱基、条基基础，上部结构形式为框架形式，抗震设防烈度为 × 度，建筑安全耐火等级为 × 级。

（二）承包单位基本情况

承包单位：××××××××××××承包范围：土建、建筑电气、给排水。

现场项目经理部全面负责 ×× 工程的施工任务，各管理人员配备基本齐全，资格符合要求，各施工专业人员持证上岗，符合要求，人员配备也基本满足施工要求。各类施工机械设计规格、型号、数量满足要求，工程原材料、构配件、设备能按使用计划落实到位，施工过程中组织有序，与项目监理部的配合也比较好。

（三）主要采取的施工方法

1. 现浇混凝土全部采用商品混凝土，基础、现浇梁板混凝土采用泵输送混凝土。

2. 框架柱、梁、板、楼梯均采用竹胶板模板。

3. 钢筋接头、框架柱均采用电渣压力焊形式。

4. 其他分部工程及各工序为常规施工做法。

（四）工程监理情况

1. 抓好事前控制，严把开工关。

在整个监理过程中，我们坚持以事前控制和主动控制为主，依据合同和设计文件编制了监理规划，制订了具体的监理工作程序，明确了工作内容、行为主体、验收标准及工作要求。

本工程开工前，依据监理规范要求，我们审查了施工单位的资质，现场质量管理、技术管理组织机构、人员、制度及特殊工种操作人员的资格、上岗证等。依据承包单位报送的施工组织设计方案报审表，对施工组织设计进行了审查，并相应编制了《监理规划》对工程的测量、定位放线，包括轴线尺寸、水平标高进行了现场复核，进一步明确了监理目标和要求，为监理工作的顺利开展创造了条件。

2. 严把原材料、半成品进场关。

凡是进场原材料、半成品首先要进行书面检查，即查验合格证、准用证、质保单等，符合要求后进行外观检查，没有异常情况后监理见证取样送市检测中心复检，做到材料进场先复检后使用，不合格的材料拒绝用于工程上。本工程建筑材料合格证、质保单齐全，其中我们共查验钢材合格证、质保单、复检报告共 × 份，水泥出厂合格证、质保单、复检报告 × 份，对钢材、水泥石子、黄沙等主要建筑结构性材料进行了进场后的抽检复验，全部达到合格要求。

3. 严格工序检查，强化过程控制。

在施工监督过程中，强化了施工工序报验手段，做到先报验后施工，上道工序未经验收不得进入下道工序的施工，对隐蔽工程的验收，我们项目监理部尤其重视，现场监理人员对重点、关键部位进行了旁站监督，如现浇钢筋混凝土、梁、板、梯、屋面等。

施工中，我们对钢筋混凝土工程，特别是楼面工程的施工质量给予了高度的重视和严格的控制，在整个施工过程中，我们把钢筋的绑扎制作质量、板的浇筑厚度、商品混凝土的配合比、坍落度和养护等方面作为重点控制，以确保混凝土的施工质量。在墙体施工中，我们抓住以下关键一是砖的湿水，二是砂浆的正确拌制，三是砌筑的质量。其中，我们将砂浆的饱满度、黏结度垂直平整度及拉结筋的设置作为关键监督。

在现场旁站监理中，共抽查送检 C25 混凝土标养试块 × 组，同条件养护试块 × 组，砂浆试块 × 组，抽查柱钢筋电渣压力焊试件 × 组，评定结果均达到合格要求。

在监理工作过程中，共发出联系单 × 份、整改通知单 × 份，由于工程小，我们实行每周次的由三方参加的现场碰头会，及时处理解决施工中的有关问题。

（续表）

4. 加强事后控制，确保施工质量符合合同要求。 （1）本工程在施工全过程中没有发生质量事故，作为一般性质量问题，施工单位通过自查、自检后内部整改；另外，通过监理检查发现后通知施工单位整改。 （2）及时督促施工单位收集整理好各种工程资料，并认真做好自己的监理资料。 （3）要求施工单位做好已完工程的成品保护工作。 总的来说，本工程通过监理的严格控制，施工质量取得了较好的效果，主体内在的质量安全可靠，外墙砖砌工程总体平整光洁，楼地面未发现明显的裂缝，墙面窗台处、卫生间、屋面未发现渗漏现象。 （五）工程地基基础和主体结构质量情况 1. 地基基础与工程质量情况。 在柱基和条基基础施工过程中，现场监理人员跟踪旁站，对柱基、条基的断面尺寸，混凝土配合比，振捣等的质量控制，作了详尽的监理旁站记录，按监理规范要求见证取样了混凝土试块。包括土方、模板、钢筋、混凝土等分项工程，对该分项工程的 × 项分部工程在认真验收及统计的基础上，承包单位自评为合格，经监理验收确认合格。 2. 主体结构的质量情况。 主体结构中对柱、梁和砖墙等在施工过程中按工序进行检查验收，从验收情况看，总体质量情况良好。其中，钢筋工程、模板工程和砼工程 × 个主要的分项工程全部达到合格，在主体结构中共查验分项工程 × 项，经承包单位自验自评和监理单位验收，全部达到合格标准。 （六）其他分部工程质量情况 1. 屋面分部工程共查验 × 项，其中平瓦屋面和细部构造各验收 × 个检验批，全部达到合格标准。 2. 建筑装饰分部工程共查验 × 项，其中砖面层分项为 × 个检验批，一般抹灰分项有 × 个检验批，饰面砖分项为 × 个检验批，木门、铝合金窗、溶剂型涂料涂饰分项各为 × 个检验批，经验收全部达到合格标准，各分项工程经验收，全部达到合格标准。 3. 建筑电气分部共查 × 项，各分项工程检验批验收合格，各分项工程经验收，全部达到合格标准。 4. 观感质量：① 建筑与结构查验了室外墙面、水落管、屋面、室内墙面、室内天棚、室内地面、楼梯、踏步、护栏等内容。② 建筑电气查验了配电箱、板、接线盒、设备器具、开关、插座、防雷、接地等内容，综合评价一般。 5. 主要功能项目的抽查结果：① 建筑与结构查验了屋面淋水试验记录，建筑物垂直、标高、全面测量记录及外室气密性、水密性耐风压检测报告等内容。② 建筑电气照明以全负荷试验记录，避雷接地电阻测试记录，线路、开关、接地、插座检验记录等内容，满足设计及规范要求。 6. 质量控制资料完整。 二、对工程质量的综合评估意见 本项目监理部根据分项、分部（子分部）单位工程的质量情况认为该工程实物质量满足设计图纸和相关规范、标准的要求。观感质量一般，质量控制资料完整，主要项目的安全和功能检测资料齐全。因此，我们认为该单位工程达到施工合同约定的工程质量合格等级。

四、竣工移交证书

工程竣工验收完成后，应由项目总监理工程师、总包单位项目经理及建设单位代表共同签署竣工移交证书，并加盖监理、施工总承包和建设单位公章。交建设单位两份，总包单位和监理单位各存一份。

课 后 实 训

实训 1：编制监理工作日志

监理工作日志

<table>
<tr><td colspan="3">监理工作日志（　　）
日期：________年____月____日　　　天气：________
星期：________气温：________
工程名称：____</td></tr>
<tr><td>监理工作情况</td><td colspan="2"></td></tr>
<tr><td rowspan="2">施工情况</td><td>承包单位</td><td>施工内容及进度</td></tr>
<tr><td colspan="2"></td></tr>
<tr><td>其他事项</td><td colspan="2"></td></tr>
<tr><td>本日现场监理人员</td><td colspan="2"></td></tr>
<tr><td colspan="2">记录人：</td><td>总监（总监代表）：</td></tr>
</table>

实训 2：编制工作联系单

工作联系单

工程名称：________________________________　　　　　　编号：________

<table>
<tr><td>致：________________________（施工单位）
事由：
内容：

单位：×××
负责人（签字）：×××
年　　月　　日</td></tr>
</table>

实训 3：监理工程师通知回复单

监理工程师通知回复单

工程名称：________________________________　　　　　　编号：________

<table>
<tr><td>致：________（项目经理机构）
我方接到编号为________的监理通知单后，已按要求完成了相关整改工作，请予以复查。
附件：需要说明的情况。
1. ____；
2. ____；
3. ____；

施工项目经理部：×× 建筑安装有限公司 ×× 项目经理部
项目经理（签字）：×××
年　　月　　日</td></tr>
<tr><td>复查意见：
××× 建筑安装有限公司 ×× 项目经理部所报 ××× 工程整改方案有效，准予继续施工。

项目监理机构（盖章）：×× 监理有限责任公司
总 / 专业监理工程师（签字、加盖执业印章）：×××
年　　月　　日</td></tr>
</table>

实训 4：编制旁站监理记录

旁站监理记录

工程名称：________________　　　　编号：________

旁站的关键部位、关键工序	屋面____/____轴混凝土浇筑	施工单位	××建筑工程有限公司
旁站开始时间	××年×月×日×时××分	旁站结束时间	××年×月×日×时×分
旁站的关键部位、关键工序施工情况：			
发现问题及处理情况： 旁站监理人员（签字）：××× 日期：　　年　月　日			

实训 5：编制工程延期审批表

工程延期审批表

工程名称：________________　　　　编号：________

致：××建筑发展有限公司（施工单位）

根据施工合同××条规定，我方对你方提出的第（××）号关于××商住楼工程延期申请，要求延长工期____日历天，经过我方审核评估：

☑同意工期延长____日历天，竣工日期（包括已指令延长的工期）从原来的××年×月×日延长到××年×月×日。请你方执行。

☐不同意延长工期，请按约定竣工日期组织施工。

说明：工程延期事件发生在被批准的网络进度计划的关键线路上，经甲、乙方协商，同意延长工期。

监理单位（盖章）：××建筑监理有限公司

总监理工程师（签字）：×××

日期：　　年　月　日

实训 6：单位（子单位）工程竣工预验收报验表

单位（子单位）工程竣工预验收报验表

工程名称：________________　　　　编号：________

致：

附件：

施工单位（章）：×××

项目经理（签字）：×××

（续表）

审查意见： 经预验收，该工程： □符合　□不符合我国现行法律、法规要求； □符合　□不符合我国现行工程建设标准； □符合　□不符合设计文件要求； □符合　□不符合施工合同要求。 综上所述，该工程预验收结论： □合格　□不合格 可否组织正式验收： □可　□否 监理单位（章）：××× 总监理工程师（签字）：××× 年　月　日

思考练习

一、填空题

1. 凡工程发生质量事故，应及时上报，如果发生重大质量事故，应在________小时之内写出书面报告，逐级上报，并保护事故现场，采取措施，防止事态扩大，在________小时内依据规定填报建设工程质量事故报告书。

2. ________是指监理人员在建筑工程施工阶段监理中，对关键部位、关键工序的施工质量，实施全过程现场跟班的监督活动所见证的有关情况的记录。

3. 因质量事故造成的死亡和重伤人数及事故的严重程度，分为________、________和一般质量事故三种情况。

4. 工程造价控制资料主要包括工程款支付报审表、________、________等内容。

5. 合同管理的主要内容是工程变更、工程暂停及复工、________、________、________等的监理工作。

二、思考题

1. 监理资料的特点有哪些?

2. 简述监理资料管理的重要性。

3. 监理工作日志的编制内容有主要有哪些?

项目四

建筑工程施工资料管理

学习目标

知识目标

熟悉施工资料管理流程。

掌握施工管理资料的内容。

掌握质量控制材料的内容和填写要求。

掌握质量验收资料的填写要求。

掌握竣工验收资料的内容和填写要求。

能力目标

学会施工管理资料的填写和编制。

学会质量控制材料的填写和编制。

学会安全和使用功能管理资料的填写。

学会质量验收资料的填写和编制。

学会质量验收资料的填写和编制。

素质目标

教授学生能够对施工资料进行熟练填写和编制，坚持把工程规范等问题放在第一位。

思政目标

培养学生做好施工现场的资料管理工作，严格按要求施工，时刻对施工现场存在的隐患加以整理。

项目导入

施工资料是对施工工作开展情况的有效凭据，为工程质量问题追责提供依据。如果施工单位在项目管理中没有保存相关资料，对于施工开展缺乏原始记录与具有实际意义的数据信息留存，但出现工程问题时则无法查明对应问题引发原因、解决措施。

任务一　施工资料管理流程

施工资料的管理是工程项目管理的重要组成部分，也是检验工程施工过程和质量安全的依据，反映了工程项目施工过程资料管理的全貌。工程施工资料在一定程度上可以在监督中发挥参考凭据价值，有效地反馈工程开展状况，包括工程进度、工程质量检测情况等，达到有的放矢地展开工程目标管理。如果在施工进程中无法有效及时地反馈精准的信息资料，则会影响相关管理工作的分析研究，无法提出行之可效的管理对策。

一、施工资料管理的总流程

施工测量资料

施工资料管理的总流程如图 4-1 所示。

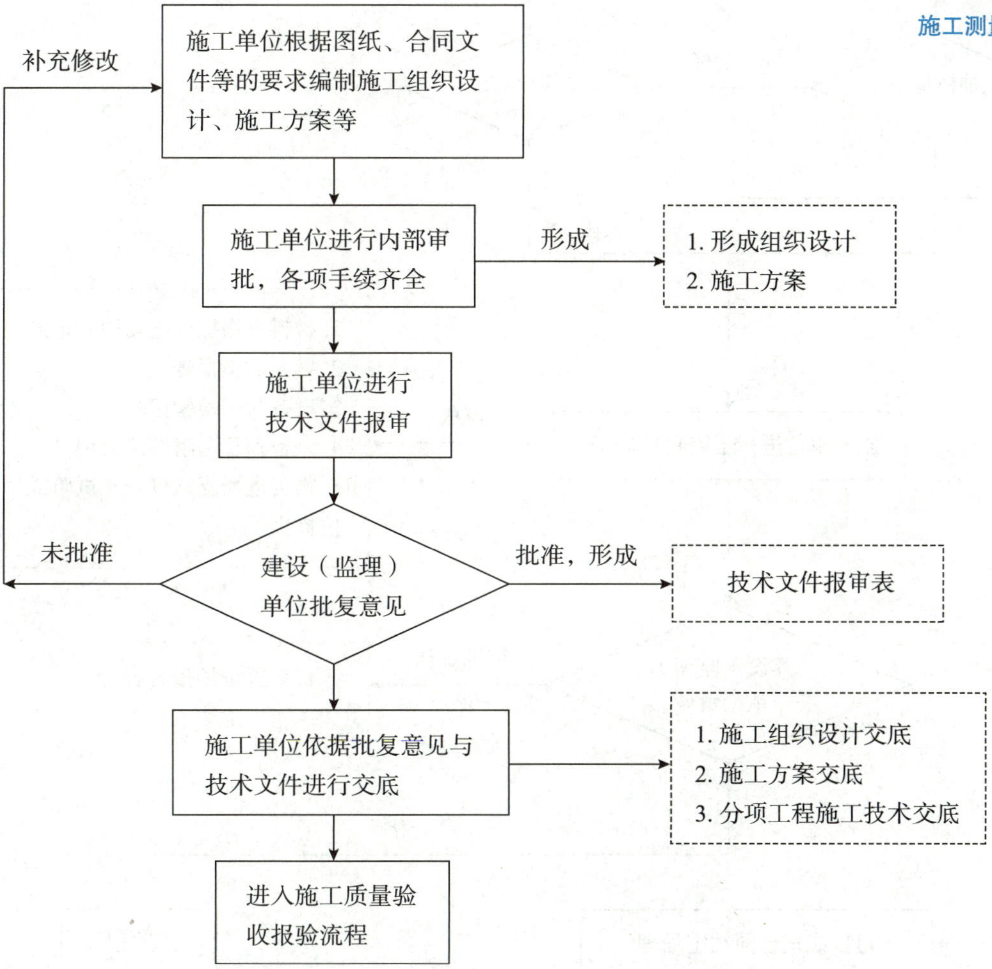

图 4-1　施工资料管理的总流程

二、施工物资资料管理流程

施工物资资料管理流程如图 4–2 所示。

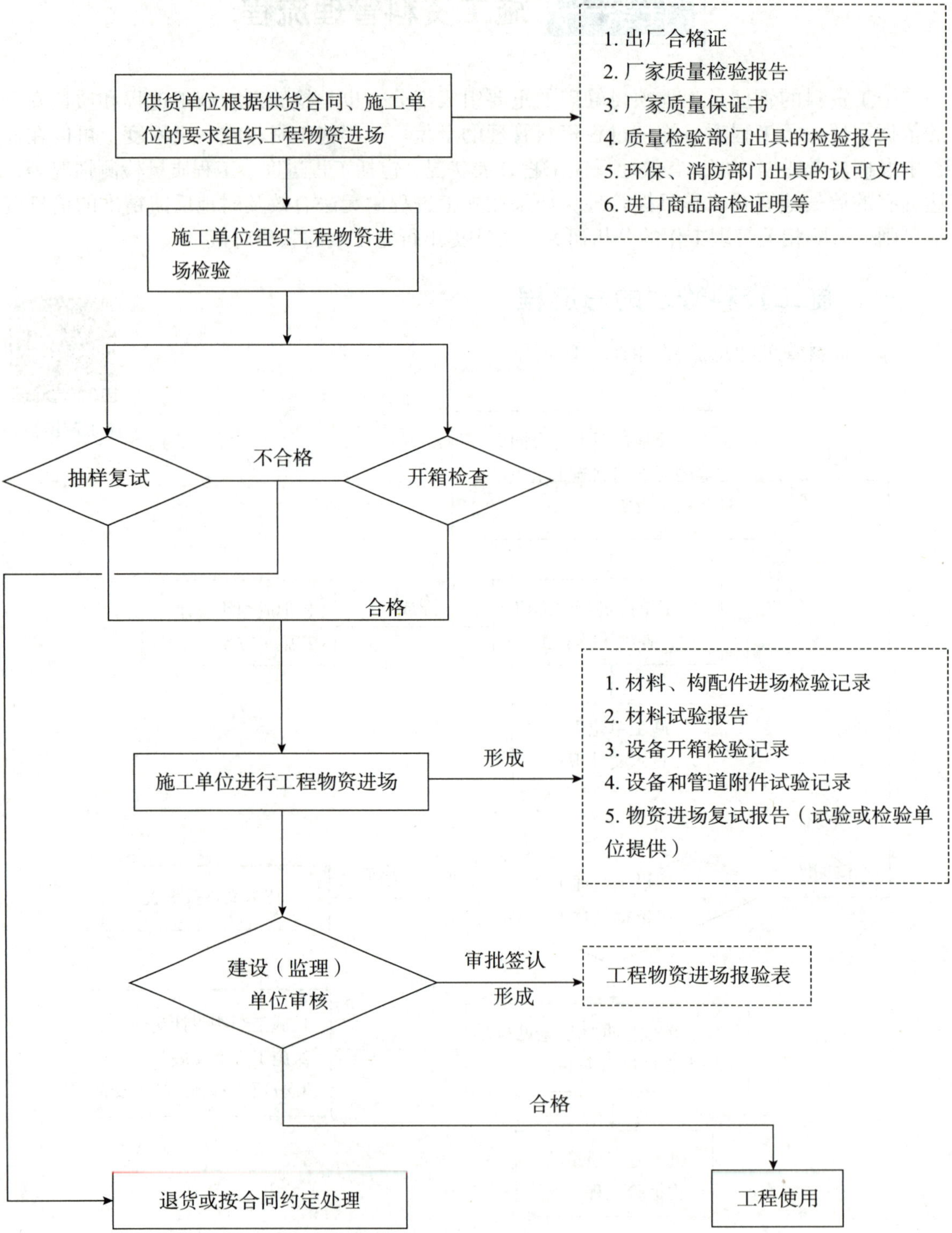

图 4–2　施工物资资料管理流程

三、检验批质量验收资料管理流程

检验批质量验收资料管理流程如图 4–3 所示。

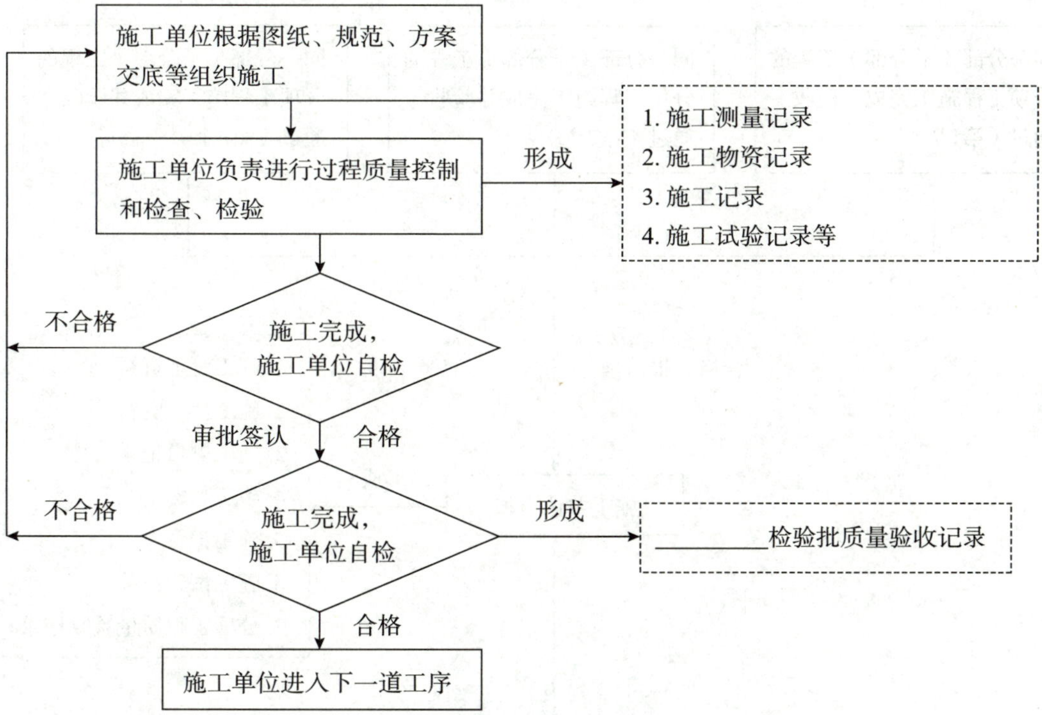

图 4–3　检验批质量验收资料管理流程

四、分项工程质量验收资料管理流程

分项工程质量验收资料管理流程如图 4–4 所示。

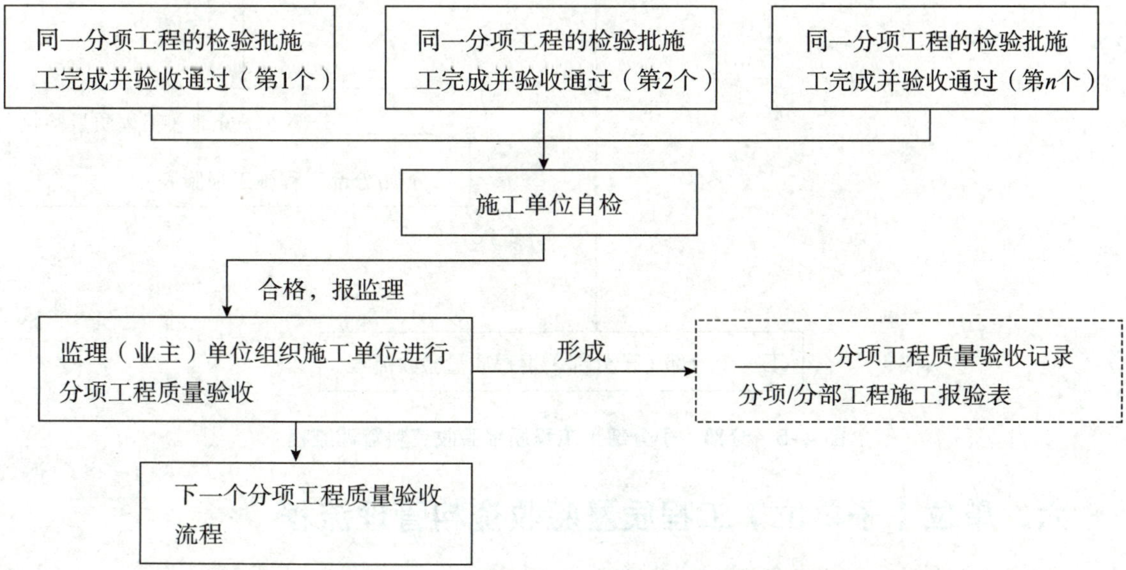

图 4–4　分项工程质量验收资料管理流程

五、分部（子分部）工程质量验收资料管理流程

分部（子分部）工程质量验收资料管理流程如图 4-5 所示。

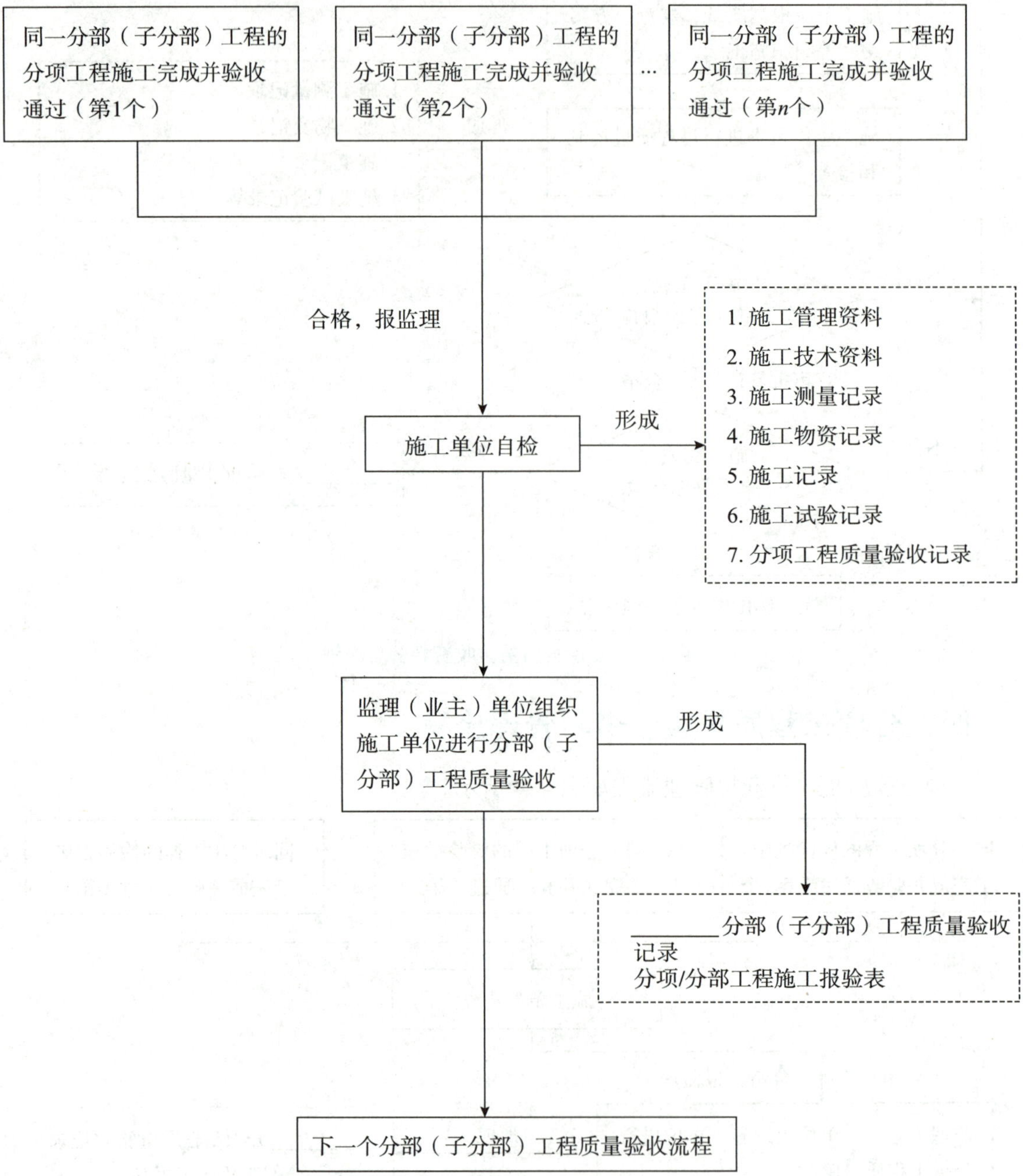

图 4-5　分部（子分部）工程质量验收资料管理流程

六、单位（子单位）工程质量验收资料管理流程

单位（子单位）工程质量验收资料管理流程如图 4-6 所示。

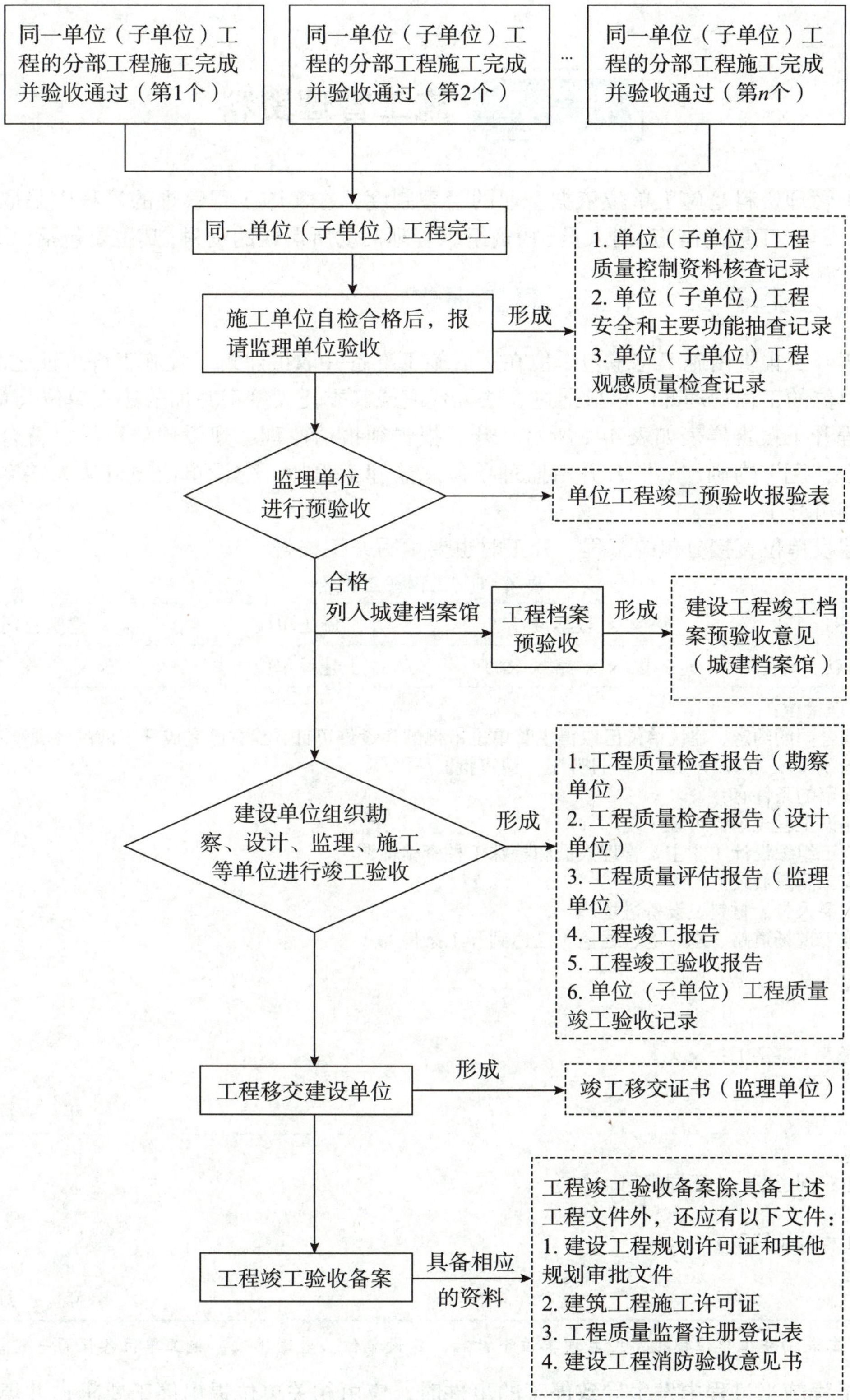

图 4-6 单位（子单位）工程质量验收资料管理流程

任务二 施工管理资料

施工管理资料是施工单位依据企业的管理制度，在实施工程管理的过程中采取控制投资、质量安全、工期的措施，对人员、物资组织管理活动所形成的资料，其主要包括以下内容。

一、工程开工、停工、复工报告

工程开工报告由施工总承包单位在完成施工准备并取得建筑工程施工许可证之后填写，经施工单位的工程管理部门审核通过，法人代表或其委托人签字并加盖法人单位公章。

工程开工报告样表如表 4–1 所示。开工报告须报请监理、建设单位审批，符合开工条件的，在“□”内画“√”，并由监理单位总监理工程师、建设单位项目法人签字，加盖公章后即可开工。

由建设单位直接分包的工程，开工时也要填写开工报告。

表 4–1 工程开工报告

<table>
<tr><td>工程名称</td><td>× × 教学楼</td><td>施工单位</td><td>× × 建筑公司</td></tr>
<tr><td>工程地点</td><td>× × 区 × × 路 × × 街</td><td>建设单位</td><td>× × 学校</td></tr>
<tr><td colspan="4">致 ×× 监理单位：
根据合同的约定，建设单位已取得主管单位审批的建设许可证，我方已完成开工前的各项准备工作，计划于 × × × × 年 × × 月 × × 日开工，请审批。
已完成报审的条件有：
□建设工程规划许可证（复印件）。
□施工组织设计（含主要管理人员和特殊工种资格证明）。
□施工测量放线。
□主要人员、材料、设备进场。
□施工现场道路、水、电、通信等已达到开工条件。

项目负责人（签字）：× ×
施工单位（章）：
年　月　日</td></tr>
<tr><td colspan="4">审批意见：
审批结论：同意□　不同意□

总监理工程师（签字）：× ×

年　月　日</td></tr>
</table>

注：本表由施工单位填报，经监理单位审批后，建设单位、监理单位、施工单位各保存一份。

在工程施工过程中发生导致停工的事件时，应由相关单位提出停工要求，并填写工程停工报告，样表如表 4–2 所示。

表 4-2　工程停工报告

<table>
<tr><td>工程名称</td><td>× × 教学楼</td><td>施工单位</td><td>× × 建筑公司</td></tr>
<tr><td>停工日期</td><td>年　月　日</td><td>建设单位</td><td>× ×</td></tr>
<tr><td colspan="4">致 × × 监理单位：
× × 工程于 × × × × 年 × × 月 × × 日开工。目前由于以下原因，要求停止施工，特此报告，请批复。
停工原因：
设计单位提出对该五层结构的施工图样进行修改，待设计变更通知单下发后，才能组织有关人员继续施工。

项目负责人（签字）：× ×

施工单位（章）：
年　月　日</td></tr>
<tr><td colspan="4">审批结论：同意□　不同意□

总监理工程师（签字）：× ×
年　月　日</td></tr>
</table>

注：本表由施工单位填报，经监理单位审批后，建设单位、监理单位、施工单位各保存一份。

与此同时，建设单位或建设主管单位批准备案。当具备复工条件时填写工程复工报告申请复工，样表如表 4-3 所示。

表 4-3　工程复工报告

<table>
<tr><td>工程名称</td><td>× × 教学楼</td><td>施工单位</td><td>× × 建筑公司</td></tr>
<tr><td>复工日期</td><td>年　月　日</td><td>实际停工天数</td><td>× ×</td></tr>
<tr><td colspan="4">致 × × 监理单位：
× × 工程于 × × × × 年 × × 月 × × 日停工。目前具备复工条件，特此报告，请批复。
复工具备的条件：
设计单位已修改完施工图样，并下发了变更通知单和设计交底，已具备组织有关人员继续施工的全部条件。

项目负责人（签字）：× ×
施工单位（章）：
年　月　日</td></tr>
<tr><td colspan="4">审批意见：</td></tr>
<tr><td colspan="4">审批结论：同意□　不同意□

总监理工程师（签字）：× ×
年　月　日</td></tr>
</table>

注：本表由施工单位填报，经监理单位审批后，建设单位、监理单位、施工单位各保存一份。

二、施工现场质量管理检查记录

施工单位应该按照《建筑工程施工质量验收统一标准》（GB50300—2013）的规定填写施工现场质量管理检查记录（表 4-4）。一个工程的一个标段或一个单位工程通常在开工时检查，由施工单位的工程负责人填写，填写时间是开工之前。施工现场质量管理检查记录应附上有关文件的原件或复印件，表中可以直接写上有关资料的名称，当资料较多时，也可将有关资料编号，填写编号，注明份数。监理单位的总监理工程师（建设单位的项目负责人）应对施工现场进行检查，验收合格后，签字认可准许开工；如验收不合格，则必须令施工单位限期改正，否则不许开工。

表 4-4　施工现场质量管理检查记录

开工日期：

<table>
<tr><td>工程名称</td><td colspan="2"></td><td>建筑工程施工许可证号</td><td colspan="2"></td></tr>
<tr><td>建设单位</td><td colspan="2"></td><td>项目负责人</td><td colspan="2"></td></tr>
<tr><td>设计单位</td><td colspan="2"></td><td>项目负责人</td><td colspan="2"></td></tr>
<tr><td>监理单位</td><td colspan="2"></td><td>总监理工程师</td><td colspan="2"></td></tr>
<tr><td>施工单位</td><td></td><td>项目负责人</td><td></td><td>项目技术负责人</td><td></td></tr>
<tr><td>序号</td><td colspan="2">项目</td><td colspan="3">主要内容</td></tr>
<tr><td>1</td><td colspan="2">项目部质量管理体系</td><td colspan="3"></td></tr>
<tr><td>2</td><td colspan="2">现场质量责任制</td><td colspan="3"></td></tr>
<tr><td>3</td><td colspan="2">主要专业工种操作上岗证书</td><td colspan="3"></td></tr>
<tr><td>4</td><td colspan="2">分包单位管理制度</td><td colspan="3"></td></tr>
<tr><td>5</td><td colspan="2">图纸会审记录</td><td colspan="3"></td></tr>
<tr><td>6</td><td colspan="2">地质勘察资料</td><td colspan="3"></td></tr>
<tr><td>7</td><td colspan="2">施工技术标准</td><td colspan="3"></td></tr>
<tr><td>8</td><td colspan="2">施工组织设计、施工方案编制和审批</td><td colspan="3"></td></tr>
<tr><td>9</td><td colspan="2">物资采购管理制度</td><td colspan="3"></td></tr>
<tr><td>10</td><td colspan="2">施工设施和机械设备管理制度</td><td colspan="3"></td></tr>
<tr><td>11</td><td colspan="2">计量设备配备</td><td colspan="3"></td></tr>
<tr><td>12</td><td colspan="2">检测试验管理制度</td><td colspan="3"></td></tr>
<tr><td>13</td><td colspan="2">工程质量检查验收制度</td><td colspan="3"></td></tr>
<tr><td colspan="3">自检结果：

施工单位项目负责人（签字）：
年　　月　　日</td><td colspan="3">检查结论：

总监理工程师（签字）：
年　　月　　日</td></tr>
</table>

施工现场质量管理检查记录主要包括以下几项。

1. 项目部质量管理体系

项目部质量管理体系主要包括图纸会审、设计交底、技术交底、施工组织设计编制和审批、工序交接、质量检查评定制度以及质量例会制度、质量问题处理制度等。

2. 现场质量责任制

现场质量责任制指质量检查负责人的分工，各项质量责任的落实，定期检查和有关人员的奖罚制度等。

3. 主要专业工种操作上岗证书

主要专业工种操作上岗证书指电工、架子工、测量工、起重、塔吊等垂直运输司机，钢筋工、混凝土工、机械工、焊接工、瓦工、防水工等工种的操作上岗证书。

4. 分包单位管理制度

分包单位管理制度指施工总承包单位管理分包单位的制度，主要是质量、技术管理制度等。

5. 图纸会审记录

图纸会审记录是指检查施工图审查批准书和审查机构出具的审查报告。

6. 地质勘察资料

地质勘察资料指有勘察资质的单位出具的正式地质勘察报告。

7. 施工技术标准

施工技术标准是操作的依据和保证工程质量的基础，施工单位编制应不低于国家质量验收规范的操作规程等企业标准。

8. 施工组织设计、施工方案编制和审批

施工组织设计、施工方案编制和审批指检查编写内容是否有针对性和可实施性，编制单位、审核单位、批准单位是否齐。

9. 计量设备配备

计量设备配备主要是检查设置在工地现场的搅拌站计量设施的精度、管理制度等内容。全部采用预拌混凝土时此项目不检查。

10. 工程质量检查验收制度

工程质量检查验收制度包括原材料、设备进场检验制度，施工过程中的试验报告，竣工后的抽查检测，应专门制订抽测项目、抽测时间、抽测单位等计划，使监理、建设单位人员等都心中有数。

11. 现场材料、设备存放与管理

现场材料、设备存放与管理是为保证材料、设备的质量必须采取的措施。要根据规定制定现场材料、设备存放与管理制度，要有符合要求的库房或料房等。

三、施工日志

施工日志是记录项目实施过程中的技术质量管理和生产经营活动的日志，要求从工程开工之日起至竣工之日止逐日记录，内容完整，能全面反映工程情况，一般由项目经理部确定施工日志的主要内容。其主要内容如下。

（1）生产情况。包括现场准备情况，材料进场情况，施工部位、施工内容，机械作业情况，安全技术交底情况，班组工作和生产存在的问题等。

（2）技术、质量、安全工作记录。其包括技术质量安全措施的贯彻实施、质量检查评定验收及发生的技术质量安全问题及处理情况记录；原材料检验结果、施工检验结果的记

录；质量、安全、机械事故的记录；有关洽商、变更情况交代的方法、对象、结果的记录；有关单位业务往来的记录；有关新工艺、新材料的推广使用情况的记录；气候、气温、地质和停电、停水、停工待料的记录；混凝土试块、砂浆试块的留置组数、时间和 28 天的强度试验报告结果的记录等。

施工日志样表如表 4–5 所示。

表 4–5　施工日志样表

<table>
<tr><td>日期</td><td>××</td><td>星期</td><td>××</td><td colspan="3">气温 /℃</td></tr>
<tr><td rowspan="2">施工单位</td><td rowspan="2">××教学楼主体×层</td><td>出勤人数</td><td>操作负责人</td><td>上午</td><td>下午</td><td>平均</td></tr>
<tr><td>××</td><td>××</td><td>××</td><td>××</td><td>××</td></tr>
<tr><td colspan="7">施工内容</td></tr>
<tr><td colspan="7">（应写明当日施工部位、施工内容、施工进度、作业动态、隐蔽工程验收、材料进出场、设计变更、技术经济签证、材料取样检验、劳动力安排、机械安排等情况）
1. 今天部位为主体第 4 层（可写明标高）④、⑧轴线，①、⑨轴线柱子钢筋与模板。
2. 今天购进××牌 42.5R 普通水泥 150 t，由现场监理人员按规范进行了见证取样，并立即送到了实验室进行检测。下午进场支模钢管 20 t。
3. 今天现场总监理工程师转发了“关于地下室部分填充墙体设计变更”的通知，变更通知号为××××年××月××日第××号，具体内容见该设计变更。目前该部位墙体未施工。
4. 上午现场钢筋工长和模板工长分别对钢筋班和模板班进行了质量安全技术交底，主要对前期出现的一些影响质量的因素进行了分析并提出了具体控制措施。
5. 下午从实验室取回了 5 层混凝土试压报告 6 份，经查混凝土强度等级均达到了设计要求，已将报告送达监理部。
6. 公司质量安全部对工地进行了全面检查，主要针对目前现场材料堆放、主体混凝土质量提出了具体要求，详细内容见会议纪要。
7. 劳动力安排情况：
（1）34 名钢筋工安装柱和剪力墙钢筋；
（2）53 名模板工搭设满堂脚手架；
（3）10 名钢筋车间人员加工 12 层板钢筋；
（4）15 名普工搬运材料，5 名普工清扫楼面。</td></tr>
<tr><td colspan="7">技术质量安全工作记录（技术质量安全活动、质量检查评定验收、技术质量安全问题等）</td></tr>
<tr><td colspan="7">1. 监理进行钢筋质量检查。
2. 监理召开监理例会，确定 5 层结构工程于××月××日前完成。
3. 安全生产：由公司安全部部长带领安全员对工地进行安全防火大检查。</td></tr>
<tr><td colspan="2">填写人</td><td>××</td><td colspan="2"></td><td colspan="2"></td></tr>
</table>

注：本表由施工单位填写并保存。

四、施工组织设计（方案）报审表

施工组织设计（方案）是承包单位根据所承接的工程的特点编制的指导施工的纲领性技术文件，施工组织设计（方案）报审表是施工单位提请项目监理单位对施工组织设计（方案）进行批复的文件。施工组织设计（方案）分为单位工程施工组织设计（方案）和施工组织总设计（方案）。《建筑施工组织设计规范》（GB/T50502—2009）中对单位工程施工组织设计的概念进行了明确的定义：以单位（子单位）工程为对象编制的施工组织设计，对单位（子单位）工程的施工过程起指导和制约作用。

1. 编制施工组织设计（方案）的基本要求

在认真进行图纸会审的基础上，开工前由预算、施工、技术、质量、安全、物资等各管理部门共同编制施工组织设计（方案），内容要齐全、科学、合理，对本工程要具有针对性。施工组织设计（方案）应由编制人、审批人签字和主管部门盖章。要求施工组织设计（方案）编制及时，审批及时，真正起到指导现场施工的作用。

2. 施工组织设计（方案）的基本内容

施工组织设计（方案）的基本内容包括工程概况，施工部署，施工进度计划和施工进度表，施工平面布置图，施工准备工作计划，施工方案（主要项目的施工方法），季节性施工方案，质量、安全、文明施工的各项保证措施。

3. 施工组织设计（方案）报审表

承包单位提交施工组织设计（方案）报审表如表 4–6 所示，应满足以下条件。

（1）承包单位编制的施工组织设计（方案），文件内容必须具有全面性、针对性和可操作性，编制人、单位技术负责人必须签字，报送单位必须加盖公章。

（2）施工组织设计（方案）报审表必须加盖承包单位公章，项目经理必须签字。

（3）施工组织设计（方案）报审必须在工程项目开工前完成。

（4）施工组织设计（方案）报审表由施工单位填报，由项目监理机构的专业监理工程师审查，由总监理工程师签发。经总监理工程师审核同意的施工组织设计（方案）应报送建设单位确认。

承包单位应按审定的施工组织设计（方案）组织施工。在施工过程中，如需对其内容进行调整、补充或作较大的变更，应在实施前将其内容书面报送项目监理机构，按程序重新审定。

表 4–6　施工组织设计（方案）报审表

<table>
<tr><td>工程名称</td><td>× × 教学楼</td><td>编号</td><td>× ×</td></tr>
<tr><td>施工单位</td><td>× × 建设公司</td><td>监理单位</td><td>× × 监理公司</td></tr>
<tr><td colspan="4">致 × × 监理工程有限公司（监理单位）：
我方已根据施工合同的有关规定完成了 × × 教学楼工程施工组织设计（方案）的编制，并经我单位上级技术负责人审查批准，请予以审查。
附：施工组织设计（方案）

承包单位（章）：× × 建筑工程公司
项目经理（签字）：× ×
日期：　　　年　　月　　日</td></tr>
</table>

（续表）

<table>
<tr><td>专业监理工程师审查意见：
施工组织设计（方案）合理、可行，且审批手续齐全，拟同意承包单位按该施工组织设计（方案）组织施工，请总监理工程师审核。

专业监理工程师（签字）：
日期：　　年　　月　　日</td></tr>
<tr><td>总监理工程师审核意见：
同意专业监理工程师审查意见，同意承包单位按该施工组织设计（方案）组织施工。

项目监理机构：× × 监理公司 × × 项目监理部　　日期：　　年　　月　　日
总监理工程师（签字）：× ×　　日期：　　年　　月　　日</td></tr>
</table>

注：本表由施工单位填报，一式四份，经项目监理机构审核后，施工单位留存一份，项目监理机构保存三份。

五、施工技术交底记录

施工技术交底记录能使参与项目施工的技术人员与工人熟悉和了解所承担项目的设计意图、特点、技术要求、施工工艺和应注意的问题。

1. 填写要求

（1）执行标准、编号指施工单位自行制定的企业标准（如施工操作工艺标准、工法等）的名称、编号。

（2）企业标准应有编制人、批准人、批准时间、执行时间、名称和编号。

（3）企业标准的质量水平不得低于国家现行施工质量验收规范的要求。

（4）施工单位当前如无企业标准，可选用国家有关部委、省市、其他企业公开发布的标准，但选用的标准的质量水平不得低于国家现行施工质量验收规范的要求。

（5）交底提要只填写已交代的执行标准的章、节标题和补充内容概要。

2. 表格形式

施工技术交底记录样表如表 4–7 所示。

表 4–7　施工技术交底记录

<table>
<tr><td>工程名称</td><td>× × 教学楼</td><td>编号</td><td colspan="3">× ×</td></tr>
<tr><td>施工单位</td><td>× × 建设公司</td><td>交底时间</td><td colspan="3">年　　月　　日</td></tr>
<tr><td>交底提要</td><td>× ×</td><td>分项工程名称</td><td colspan="3">× ×</td></tr>
<tr><td colspan="6">交底内容：
（包括工程中的关键性施工技术问题：保证施工质量的施工方法、技术措施和安全措施，施工质量标准和验收规范的有关条文；施工图中必须注意的尺寸、标高、轴线和预埋件、预留孔位置；设计变更的具体情况；质量和安全操作要求等）</td></tr>
<tr><td>技术负责人</td><td>× ×</td><td>交底人</td><td>× ×</td><td>接受交底人</td><td>× ×</td></tr>
</table>

注：本表由施工单位填写，交底单位与接受交底单位各保存一份。

六、工程施工总结

工程施工总结是施工单位在工程竣工验收前，根据工程的特点、性质对施工组织和管理做出的全面总结。其主要包括以下内容。

（1）根据工程的难点与特点，对项目的现场安全文明施工管理、质量管理、工期控制、合同管理、成本控制等做出的全面总结。

（2）工程采用的主要技术措施。

（3）工程施工过程中的经验、教训。

任务三　质量控制管理资料

二、防水工程试水检查记录

防水工程试水检查记录如表 4-8 所示，其填写要求如下。

（1）本表应由施工单位填写，报送建设单位、监理单位，由各相关单位保存。

（2）应收集背水内表面的结构工程展开图，相关图片、照片和说明文件等。

（3）在进行地下工程验收时，应对渗漏现象进行检查，主要检查内容应包括裂缝、渗漏部位和处理意见等。发现渗漏现象时应制作并标示好背水内表面的结构工程展开图。

表 4-8　防水工程试水检查记录

工程名称			编号	
检查部位			检查日期	
检查方法	□第一次蓄水	□第二次蓄水	蓄水时间	从　年　月　日 至　年　月　日
	□淋水	□雨期观察		
检查方法和内容：				
检查结论：				
复查结论：	复查人：		复查日期：	
签字栏	施工单位	专业技术负责人	专业质检员	专业工长
	监理建设单位		专业工程师	

一、施工技术资料

1. 图纸会审记录

图纸会审记录如表 4-9 所示，是在图纸会审过程中各方达成一致的意见、决定、标准、变更等的原始记录，经各方签字认可的图纸会审记录应视为设计文件的一部分或补充，与正式设计文件具有同等效力。其填写要求如下。

（1）图纸会审前，各方应先进行内部预审，目的有两个：一是熟悉施工图纸；二是将提出的问题整理归类，以便会审时一并提出。

（2）图纸会审应由建设单位组织设计、监理、施工单位技术负责人和有关人员参加。设计单位对各专业问题进行交底，施工单位负责将设计交底内容按专业汇总、整理，形成图纸会审记录。

（3）监理、施工单位应将各自提出的问题和意见按专业整理、汇总后报建设单位，由建设单位提交设计单位作交底准备。

（4）图纸会审记录应由建设、设计、监理和施工单位的项目相关负责人签认，形成正式的图纸会审记录。任何一方都不得擅自在图纸会审记录上涂改或变更其内容。

（5）图纸会审记录应根据专业（建筑、结构、给排水和采暖、电气、通风空调、智能系统等）进行整理、汇总。图纸会审记录一经各方签字确认即成为设计文件的一部分，并可作为现场施工的依据。

表 4–9　图纸会审记录

<table>
<tr><td>工程名称</td><td colspan="2">××教学楼</td><td>会审范围</td><td>××</td></tr>
<tr><td>主持人</td><td colspan="2">××</td><td>日期</td><td>年　月　日</td></tr>
<tr><td rowspan="2">参加人员</td><td>建设单位</td><td>××</td><td>设计单位</td><td>××</td></tr>
<tr><td>监理单位</td><td>××</td><td>施工单位</td><td>××</td></tr>
<tr><td>序号</td><td>图号</td><td>提出问题</td><td colspan="2">会审意见</td></tr>
<tr><td>1</td><td>结 -8</td><td>结构是圆形，建筑是八角形，以哪个为准?</td><td colspan="2">以建筑为准</td></tr>
<tr><td>2</td><td>结 -8</td><td>建筑的八个角怎么定位?</td><td colspan="2">等待设计院处理</td></tr>
<tr><td>3</td><td>结 -7</td><td>防冻胀做法处为苯板还是挤塑板?容重为多少?回填砂采用什么做法?可以采用水撼砂吗?</td><td colspan="2">100 mm 厚挤塑板，双层错缝搭接，容重为 30 kN/m^3。回填砂不能采用水撼砂，必须夯实</td></tr>
<tr><td>4</td><td>结 -5</td><td>16 轴交 A 轴处的两个 LL1（1）怎么定位?</td><td colspan="2">梁中为柱中，即两桩承台中心</td></tr>
<tr><td>5</td><td>结 -6</td><td>地沟与承台冲突处怎么处理?地沟与梁交接处净高只剩 800 mm，是否满足使用要求?</td><td colspan="2">地沟按现场情况移位承台边为地沟外墙边，净高达到 800 mm 就能够满足使用要求</td></tr>
<tr><td>6</td><td>结 -6</td><td>5、6 轴交 A 轴处的 KZ4 怎么定位?</td><td colspan="2">等待回复</td></tr>
<tr><td>7</td><td>结 -6</td><td>没有电梯构造柱详图和楼梯图，TZ 在哪生根?</td><td colspan="2">构造柱和 TZ 在梁上生根，电梯中客梯有基坑，食梯无基坑，电梯、楼梯图由设计院出图</td></tr>
<tr><td>8</td><td>结 -6</td><td>楼梯与地沟冲突处怎么做?</td><td colspan="2">正常做法：梯梁横跨地沟，上 2ϕ18，下 2Φ18，箍筋为 ϕ10@150</td></tr>
<tr><td>9</td><td>结 -3</td><td>承台中未标注的拉筋怎么做?</td><td colspan="2">拉筋直径同箍筋，间距为箍筋的 2 倍</td></tr>
<tr><td>10</td><td>结 -5</td><td>LL 与 CT 交接处怎么做?有何构造要求?</td><td colspan="2">LL 的钢筋锚入柱中心，通过承台</td></tr>
<tr><td>11</td><td>结 -6</td><td>地沟垫层混凝土为 C15 还是 C10 ?地沟盖板是否可现浇?地沟盖板混凝土强度是多少?</td><td colspan="2">地沟垫层混凝土为 C15。地沟盖板可以现浇，混凝土强度为 C20</td></tr>
</table>

（续表）

12	结 -5	ZSZ1 表中的截面尺寸为 100 mm×1200 mm，与截面相符吗？	截面尺寸为 100 mm×200 mm
13	结 -3	土方开挖后垫层底是否夯实？	垫层底必须夯实
监理单位（盖章）： 施工单位（盖章）：		设计单位（盖章）： 建设单位（盖章）：	

注：本表由监理单位、施工单位、建设单位、城建档案馆各保存一份。

2. 工程洽商记录

工程洽商记录如表 4–10 所示，是建筑工程施工过程中协调业主和施工方、施工方和设计方的记录，它是工程施工、验收、改扩建和维修的重要基本资料，也是竣工图的重要依据。其填写要求如下。

（1）洽商可以分为技术洽商和经济洽商两种，由施工方提供。

（2）应附有图纸、说明文件等。

（3）工程洽商记录由施工单位、建设单位、监理单位其中一方发出，经各方签认后存档。

（4）工程洽商记录应分专业办理，内容翔实，必要时应附图，并逐条注明应修改图纸的图号。

（5）工程洽商记录应由设计单位的专业负责人和建设、监理、施工单位的相关负责人签认。

（6）不同专业的工程洽商应分别办理，不得办理在同一份工程洽商记录上。

（7）签字应齐全，签字栏内只能填写人员姓名，不得另写其他意见。

（8）设计单位如委托建设（监理）单位签认，应办理委托手续。

表 4–10　工程洽商记录

工程名称		××教学楼	专业名称	建筑	编号		××
提出单位名称		××有限公司		日期	年　月　日		
内容摘要		D 区健身活动管理房基础超深处理					
序号	图号	洽商内容					
1	D–06/21	D 区健身活动管理房基槽开挖后发现部分地基出现软弱土层，与图纸设计不符，需作技术处理，经会同勘察、设计、监理、建设单位现场协商，达成一致意见，方案如下。 原图纸 ±0.000 绝对标高为 30.2 m，考虑周边的地形后，确定 ±0.000 绝对标高为 30.05 m，基础底标高为 27.9 m，经基础处理后基础底标高为 27.3 m，柱高相应增大了 0.6 m。 超深部分采用质量比为 3∶7 的砂石夯填至 27.3 m，砂石采用机械搅拌，每次回填深度不超过 25 cm，砂石垫层外边线宽度不小于 50 cm。在施工过程中必须保证地下水水位降至 26.3 m 以下。 超深详见附图。					
签字栏	建设单位		设计单位	监理单位		施工单位	
	××		××	××		××	

注：1. 本表由建设单位、监理单位、施工单位、城建档案馆各保存一份。
2. 涉及图纸修改的必须注明图纸的图号。
3. 不可将不同专业的工程洽商办理在同一份工程洽商记录表上。
4. “专业名称”栏应按专业填写，如建筑、结构、给排水、电气、通风空调等。

3. 设计变更单

设计变更单如表 4–11 所示，是由于各种原因需要对设计文件的部分内容进行修改而办理的变更设计文件。其填写要求如下。

（1）在施工过程中，建设单位、承包单位提出工程变更要求报项目监理机构审核、确认。

（2）附件应包括工程变更的详细内容和依据，工程变更对工程造价、工期的影响分析和影响程度，对工程项目功能、安全的影响分析，必要的附图等。

表 4–11 设计变更单

<table>
<tr><td>工程名称</td><td>× × 教学楼</td><td>编号</td><td colspan="3">× ×</td></tr>
<tr><td colspan="6">致 × × 建设监理公司（监理单位）：
由于设计院为实现美观的效果等原因，兹提出二层前台背景墙的材料改为橡木实木条等工程变更（内容见附件），请予以审批。
附件：
1. 市建筑工务署工程变更申报表
2. 市建筑工务署工程变更发包人审批表
3. 工程报价表
4. 设计变更通知单
5. 原有工程量清单
6. 工程变更估算表

提出单位：× × × 工程有限公司
代表人（签字）：× × ×
日期：　　年　　月　　日</td></tr>
<tr><td colspan="6">一致意见：</td></tr>
<tr><td colspan="2">项目监理机构代表
（签字）：× ×
日期：
年　　月　　日</td><td colspan="2">设计单位代表
（签字）：× ×
日期：
年　　月　　日</td><td colspan="2">建设单位代表
（签字）：× ×
日期：
年　　月　　日</td></tr>
</table>

二、施工测量资料

1. 工程定位测量记录

工程定位测量记录如表 4–12 所示，是施工方依据测绘部门提供的放线成果、红线桩、场地控制网（或建筑物控制网）测定建筑物位置、主控轴线等，标明现场标准水准点、坐标点位置的施工测量记录。其填写要求如下。

（1）在工程定位测量前，应先由城建规划部门根据建筑红线和城市规划要求确定方位，提供给建设各方以测量标志。

（2）附件可附水准点原始记录。

（3）本表由施工单位填写，随相应部位的施工测量放线报验表进入资料流程。

（4）测绘部门根据建设工程规划许可证（附件）批准的建筑工程位置及标高依据测定出建筑的红线桩。

（5）施工方应依据测绘部门提供的放线成果、红线桩、场地控制网（或建筑物控制网）测定建筑物位置、主控轴线及其尺寸、建筑物 ±0.000 绝对高程，并填写工程定位测量记录报监理单位审核。

（6）工程定位测量完成后，应由建设单位填写建设工程验线申请表报请具有相关资质的测绘部门验线。

（7）“委托单位”栏中填写建设单位或总承包单位。

（8）平面坐标依据和高程依据由测绘院或建设单位提供，应以市规划委员会钉桩坐标为标准，在填写时应注明点位编号，要与交桩资料中的点位编号一致。

（9）工程定位测量记录必须附计算成果、依据资料、标准轴线桩、平面控制网示意图。

表 4-12 工程定位测量记录

工程名称	×× 教学楼	编号	××
		图纸编号	ZT-001，S110
委托单位	×× 有限公司测量中心	施测日期	年 月 日
复测日期	年 月 日	平面坐标依据	××
高程依据	已审核的教学楼一级控制网	使用仪器	××
提出单位	×× 有限公司	日期	年 月 日
允许误差	±3 mm	仪器检定日期	年 月 日

电位抄测示意图：

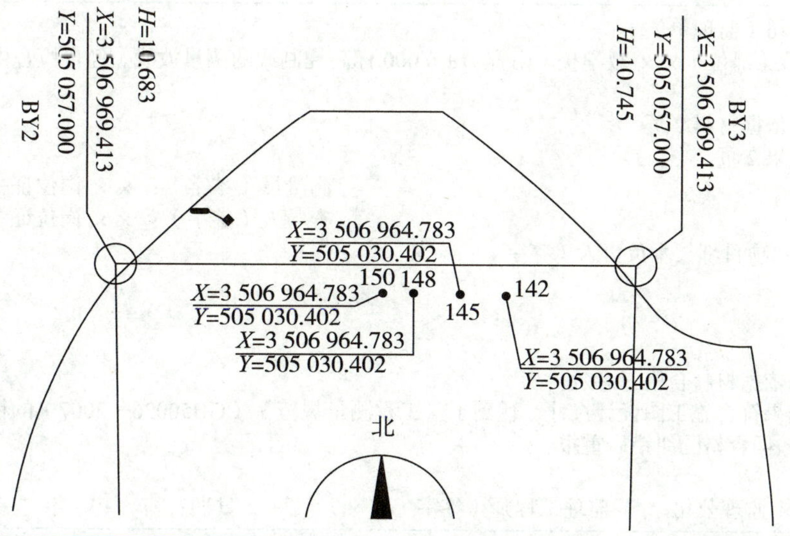

抄测结果：经现场复核，实测结果在允许的范围以内，符合规范的要求。

（续表）

<table>
<tr><td rowspan="3">签字栏</td><td>施工单位</td><td>× ×</td><td>测量人员岗位证书号</td><td>× ×</td><td>专业技术负责人</td><td>× ×</td></tr>
<tr><td>技术负责人</td><td>× ×</td><td>复测人</td><td>× ×</td><td>施测人</td><td>× ×</td></tr>
<tr><td>建设（监理）单位</td><td colspan="3">× ×</td><td>专业工程师</td><td>× ×</td></tr>
</table>

注：本表由测量单位提供，城建档案馆、建设单位、监理单位、施工单位各保存一份。

2. 施工测量放线报验表

施工测量放线报验表，如表 4–13 所示。是施工单位在完成施工测量方案、红线桩校核成果、水准点引测成果和施工过程中的各种测量记录后填写的报请监理单位审核的施工测量记录。其填写要求如下。

（1）承包单位施工测量放线完毕，自检合格后报项目监理机构复核确认。

（2）测量放线的专职测量人员的资格和测量仪器应是已被项目监理机构确认的。

（3）放线的依据材料（依据材料应是已被项目监理机构确认的）指施工测量方案、建设单位提供的红线桩、水准点等材料；放线成果指承包单位测量放线所放出的控制线和施工测量放线记录。

（4）根据现场的具体条件，核查施工场地的控制点、水准点、平面控制网点和高程控制点的布设是否稳定、可靠。

（5）核查测量仪器的精度是否符合规定，测量仪器是否校验。

（6）专业监理工程师审查意见由专业监理工程师根据对测量放线资料的审查和现场实际复测情况签署。

表 4–13　施工测量放线报验表

<table>
<tr><td>工程名称</td><td>× × 教学楼</td><td>编号</td><td>01–B2–002</td></tr>
<tr><td>工程部位</td><td>× ×</td><td>日期</td><td>年　　月　　日</td></tr>
<tr><td>施工单位</td><td>× × 建设工程有限公司</td><td>监理单位</td><td>× × 监理公司</td></tr>
<tr><td colspan="4">致 × × 监理公司（监理单位）：
我方已完成（部位）× × 教学楼（内容）± 0.000 标高控制线的测量放线，经自检合格，请予查验。
附件：
1. 放线的依据材料 2 页
2. 放线成果 2 页
测量员（签字）：× × 岗位证书号：× ×
查验人（签字）：× × 岗位证书号：× ×
施工单位：× × 项目部技术负责人（签字）：× ×

检验结果：
经查验：
1. 放线的依据材料合格、有效。
2. 放线结果符合施工图设计尺寸，达到了《工程测量规范》（GB50026—2007）的精度要求。
检验结论：☑合格☐纠错后重报

监理单位：× × 监理公司　　监理工程师（签字）：× ×　　日期：　　年　　月　　日</td></tr>
</table>

注：本表由施工单位填报，一式四份，经项目监理机构审核后，施工单位留存一份，项目监理机构收存三份。

3. 基槽验线记录

施工单位根据主控轴线和基底平面图检查建筑物基底外轮廓线、集水坑、电梯井、设备坑、垫层底标高、基槽断面尺寸和坡度等，填写基槽验线记录如表 4–14 所示，报监理单位审核。其填写要求如下。

（1）附件应包括普通测量成果和基础平面图等。

（2）本表由施工单位填写，随相应部位的施工测量放线报验表进入资料流程。

（3）检查内容包括建筑物基底外轮廓线、集水坑、电梯井、设备坑、垫层底标高（高程）、基槽断面尺寸和坡度等。

（4）基槽平面、剖面简图应标明平面、剖面和指北针，同时说明集水坑、电梯井、设备坑等的具体位置。

（5）检查意见由施工单位根据监理的要求手写或用计算机录入。

（6）“签字栏”中的专业技术负责人为项目总工，专业质检员为现场质检员，施测人为施测单位主管。

（7）“施工单位”栏填写施工方。

（8）重点工程或大型工业厂房应有测量的原始记录。

表 4–14 基槽验线记录

<table>
<tr><td>工程名称</td><td colspan="2">× × 教学楼</td><td>编号</td><td colspan="2">× ×</td></tr>
<tr><td>验线部位</td><td colspan="2">基槽</td><td>日期</td><td colspan="2">年 月 日</td></tr>
<tr><td colspan="6">验线依据和内容：
规划局委托的防线单位测设的定位点 1 ～ A、1 ～ L、29 ～ A、29 ～ L 和结施基础结构总平面图。</td></tr>
<tr><td colspan="6">基槽平面、剖面简图：
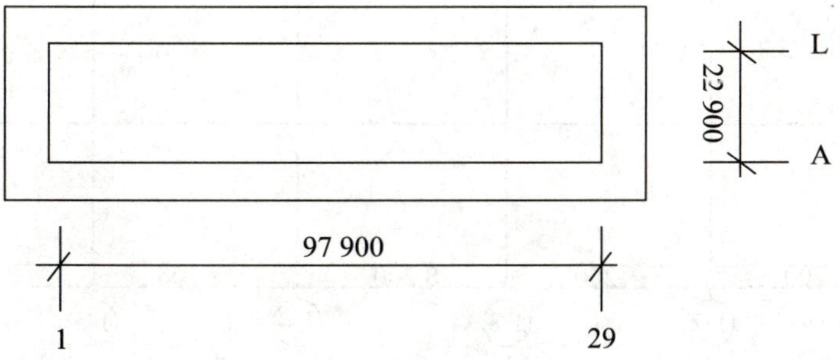
</td></tr>
<tr><td colspan="6">检查意见：
符合要求。</td></tr>
<tr><td rowspan="3">签
字
栏</td><td rowspan="2">建设（监理）单位</td><td>施工单位</td><td colspan="3">× × 建筑公司</td></tr>
<tr><td>专业技术负责人</td><td>专业质检员</td><td colspan="2">施测人</td></tr>
<tr><td>× ×</td><td>× ×</td><td>× ×</td><td colspan="2">× ×</td></tr>
</table>

注：本表由建设单位、施工单位、城建档案馆各保存一份。

4．楼层平面放线记录

楼层平面放线记录如表 4–15 所示，在完成楼层平面放线后，由施工单位按照相关要求填写并报监理单位审核。其填写要求如下。

（1）可附平面图。

（2）本表由施工单位填写，随相应部位的施工测量放线报验表进入资料流程。

（3）楼层平面放线内容包括轴线、墙柱轴线、墙柱边线、门窗洞口位置线、垂直度偏差等。

（4）放线内容和放线依据应详细、准确。

（5）放线简图应标明楼层轮廓线，楼层重要控制轴线、尺寸，分楼层段的具体图名等，同时要注明墙柱轴线、墙柱边线、门窗洞口位置线。

（6）检查意见由施工单位根据监理单位的要求手写或用计算机录入，应有测量的具体数据误差。

（7）“签字栏”中的技术负责人为项目总工，专业质检员为现场质检员，测量负责人为施测单位主管。

表 4–15　楼层平面放线记录

<table>
<tr><td rowspan="2">工程名称</td><td rowspan="2" colspan="2">教学楼 1–1 ～ 1–6/1–A ～ 1–C 轴</td><td>编号</td><td colspan="2">× ×</td></tr>
<tr><td>日期</td><td colspan="2">年　　月　　日</td></tr>
<tr><td>放线部位</td><td colspan="2">基础垫层</td><td>防线内容</td><td colspan="2">轴线、墙柱线、门窗洞口位置线</td></tr>
<tr><td colspan="6">防线依据：
1．《建筑施工测量技术规程》（DB11/T 446—2015）；
2．S3–1 施工测量方案；
3．结构施工图（结 –01），建筑施工图（建 –101）。</td></tr>
<tr><td colspan="6">放线简图：
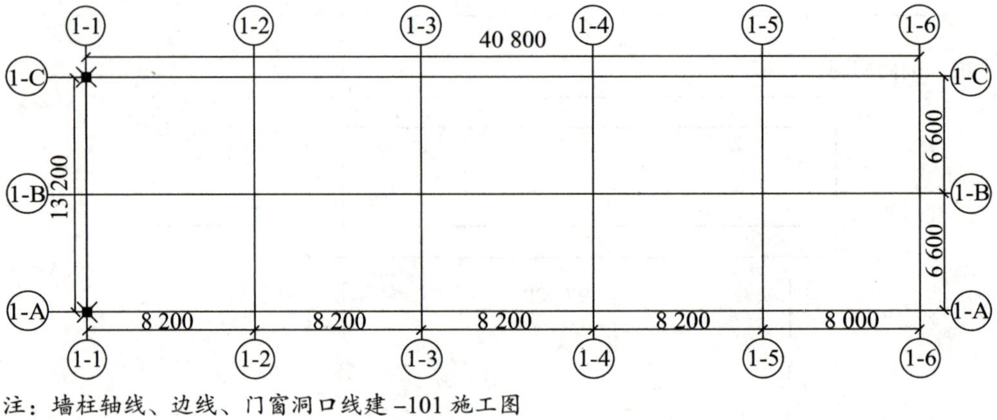
注：墙柱轴线、边线、门窗洞口线建 –101 施工图</td></tr>
<tr><td colspan="6">检查意见：
符合要求。</td></tr>
<tr><td rowspan="3">签字栏</td><td rowspan="2">施工单位</td><td>× ×</td><td>技术负责人</td><td>专业质检员</td><td>测量负责人</td></tr>
<tr><td>× ×</td><td>× ×</td><td>× ×</td><td></td></tr>
<tr><td>建设（监理）单位</td><td>× ×</td><td>× ×</td><td>× ×</td><td>× ×</td></tr>
</table>

注：本表由施工单位填写并保存。

5. 建筑物垂直度、标高测量记录

施工单位应在结构工程完成和工程竣工时对建筑物进行垂直度测量，对标高、全高进行实测并记录，填写建筑物垂直度、标高测量记录如表 4–16 所示，报监理单位审核。其填写要求如下。

（1）本表由施工单位填写，随相应部位的施工测量放线报验表进入资料流程。

（2）超过允许的偏差且影响结构性能的部位，应由施工单位提出技术处理方案并经建设（监理）单位认可后进行处理。

（3）房屋结构层和顶面标高指结构层的楼板顶和主要屋面板板顶的标高（不考虑局部突出屋顶的部分）。

（4）层高指结构层上楼板的板底至下楼板的板顶的距离，总高指室外地坪面至结构施工层楼板顶的高度。

（5）层高、总高的高度、垂直偏差、垂直度等的测量应在结构层完工时进行；全高顶面标高、垂直度的测量应在主体完工时进行。

（6）施工单位应根据建筑测量定位放线的规定另附详细的平面布置图和观测测量手簿。

表 4–16　建筑物垂直度、标高测量记录

工程名称	×× 教学楼	编号	××
施工阶段	结构工程完工	日期	年　　月　　日

观测说明（附观测示意图）：

天气：晴

风力：2 ～ 3 级风向：南温度：32 ℃

观测时间：10 : 00AM

观测员：×× 记录员：××

使用仪器：经纬仪 DJD2E（J2000352）

水准仪 DSZ2.5（S2000564）

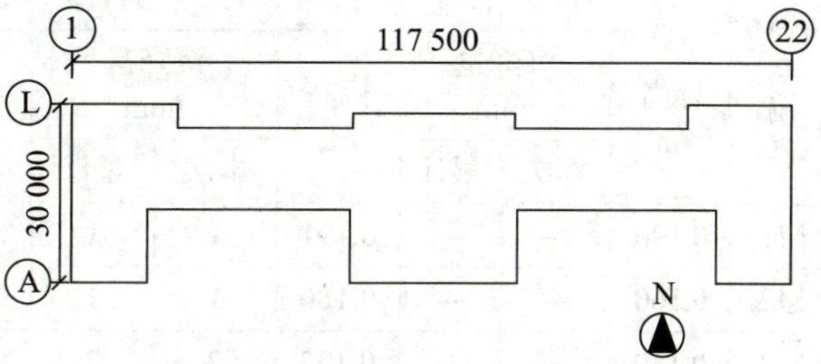

垂直度测量（全高）7.50 m		标高测量（全高）7.50 m	
观测部位	实测偏差 /mm	观测部位	实测偏差 /mm
1/	偏北 4	1/	5
1/	偏北 3		
1/	偏南 5	1/	- 3
1/	偏南 4		
8/	偏北 4	8/	- 6
8/	偏西 5		
8/	偏东 3	8/	- 8
8/	偏南 5		

结论：

本次观测建筑物垂直度（全度）偏差最大为 5 mm，标高（全高）偏差最大为 8 mm，符号《混凝土结构工程施工质量验收规范》（GB 50204—2015）的规定和设计要求。

（续表）

签字栏	施工单位	××	专业技术负责人	专业质检员	施测人
			××	××	××
	建设（监理）单位		××	专业工程师	××

注：本表由施工单位填写，监理单位、建设单位、施工单位各保存一份。

6．沉降观测记录

沉降观测记录（表 4–17）是为保证建（构）筑物的质量满足设计对建筑使用年限的要求而对建筑物进行沉降观测的施工测量记录。其填写要求如下。

（1）根据设计要求和规范规定，凡需进行沉降观测的工程，应由建设单位委托有资质的测量单位进行施工过程中和竣工后的沉降观测工作。

（2）测量单位应按设计要求、规范规定和监理单位批准的沉降观测方案设置沉降观测点，绘制沉降观测点布置图，定期进行沉降观测记录，并应附沉降观测点的沉降量与时间、荷载的关系图和沉降观测技术报告。

表 4–17　沉降观测记录

工程名称				××教学楼			水准点（BM）相对标高			0．150m		
观测点编号	第 1 次			第 2 次			第 3 次			第 4 次		
	年 月 日			年 月 日			年 月 日			年 月 日		
	标高/m	沉降量/mm		标高/m	沉降量/mm		标高/m	沉降量/mm		标高/m	沉降量/mm	
		本次	累计		本次	累计		本次	累计		本次	累计
M1	0.190	—	—	0.191	1	1	0.192	1	2	0.192	0	2
M2	0.160	—	—	0.160	1	1	0.162	1	2	0.163	1	3
M3	0.130	—	—	0.132	2	2	0.132	0	2	0.132	0	2
M4	0.140	—	—	0.141	1	1	0.142	1	2	0.143	1	3
M5	0.180	—	—	0.182	2	2	0.182	0	2	0.183	1	3
M6	0.220	—	—	0.222	2	2	0.223	1	3	0.224	1	4
M7	0.210	—	—	0.211	1	1	0.212	1	2	0.213	1	3
M8	0.160	—	—	0.160	0	0	0.161	1	1	0.163	2	3
M9	0.200	—	—	0.201	1	1	0.202	1	2	0.203	1	3
M10	0.170	—	—	0.171	1	1	0.171	0	1	0.172	1	2
M11	0.230	—	—	0.230	0	0	0.231	1	1	0.233	2	3
M12	0.200	—	—	0.202	2	2	0.202	0	2	0.202	0	2
工程部位		底柱混凝土		二层板混凝土			三层板混凝土			四层板混凝土		
观测者		××		××			××			××		
检测者		××		××			××			××		
填表单位：××				负责人：××			制表人：××					

三、施工物资资料

1. 通用记录

（1）工程物资的分类

工程物资按验收管理的要求分为三类。

① Ⅰ类物资。Ⅰ类物资指仅须有出厂质量证明文件的工程物资，如防火涂料、管材等。

② Ⅱ类物资。Ⅱ类物资指除必须有出厂质量证明文件外，还必须通过复试才能认可其质量的物资，如水泥、钢筋等。

此类物资主要是涉及安全、功能的物资，因此出厂后应按规定进行复试。验收批量的划分和必试项目均应符合有关规定，也可根据工程的特殊需要增加试验项目。水泥出厂超过 3 个月，快硬硅酸盐水泥出厂 1 个月后必须进行复试并提供复试检验（试验）报告，复试结果的有效期限同出厂有效期限。在钢筋混凝土结构、预应力混凝土结构中，严禁使用含氯化物的水泥；在工程物资试验中，按规定允许重新取样加次复试的物资，两次试验报告都要保留。

根据《混凝土结构工程施工质量验收规范》（GB 50204—2015），有抗震设防要求的框架结构纵向受力钢筋的强度应满足设计要求。当设计无具体要求时，对一、二级抗震等级，纵向受力钢筋检验所得的强度实测值应符合以下规定：钢筋的抗拉强度实测值与屈服强度实测值的比值不应小于 1.25；钢筋的屈服强度实测值与标准值的比值不应大于 1.3。

③ Ⅲ类物资。Ⅲ类物资指除须有出厂质量证明文件、复试检验（试验）报告外，在施工完成后，还需在规定的龄期后经检验（试验）方能认可其质量的物资，如混凝土、砌筑砂浆等。

（2）工程物资资料的相关要求

① 出厂质量证明文件的复印件应与原件内容一致，加盖原件存放单位的公章，注明原件存放处，并有经办人签字和签字时间。

② 使用的新材料、新产品应由具备鉴定资格的单位或部门出具鉴定证书，同时应有质量标准和试验要求，还应有安装、维修、使用和工艺标准等相关技术文件。

③ 涉及安全、卫生、环保的物资，如压力容器、消防设备、生活供水设备、卫生洁具等，应有相应等级资质的检测单位出具的检测报告。

④ 进口材料和设备应具有商检证明、中文版的出厂质量证明文件、性能检测报告以及中文版的安装、维修、使用和工艺标准等相关技术文件。

⑤ 被列入《实施强制性产品认证的产品目录》的建筑电气产品必须经过中国国家认证认可监督管理委员会认证，认证标志为“中国强制认证（CCC）”，并且在认证有效期内符合认证要求方可使用。

（3）材料、构配件进场检验记录

材料、构配件进场检验记录如表 4–18 所示，其填写要求如下。

① 材料、构配件进场后，应由建设、监理单位会同施工单位共同对进场物资进行检查验收。

② 对进场物资进行检查验收的主要项目有：物资出厂质量证明文件和检测报告是否齐全；实际进场物资的数量、规格和型号等是否满足设计和施工计划要求；物资的外观质量

是否满足设计要求或规范规定；按规定须抽检的物资是否及时抽检。

③ 建筑工程采用施工总承包管理模式的，签字人员应为施工总承包单位的相关人员。

④ 按规定应进场复试的工程物资必须在进场检查验收合格后取样复试。

表 4–18　材料、构配件进场检验记录

工程名称				编号			
施工单位				检验日期			
序号	名称	规格、型号	进场数量	生产厂家 合格证号	外观检验项 目检验结果	证件编号 复试结果	备注
检查意见（施工单位）：							
验收意见（监理 / 建设单位）：							
签字栏	施工单位			专业质检员	专业工长	检验员	
	建设（监理）单位				专业工程师		

注：本表由施工单位填写，监理单位、建设单位、施工单位各保存一份。

（4）材料试验报告

通用的材料试验报告如表 4–19 所示。

表 4–19　材料试验报告

工程名称和部分			试验编号		
委托单位			试验委托人		
材料名称和规格			产地、厂别		
代表数量		来样日期		试验日期	
要求的试验项目及其说明：					
批准人		审核人		试验人	
试验单位					
报告日期					

注：本表由试验单位、施工单位、建设单位各保存一份。

（5）设备开箱检验记录

设备开箱检验记录如表 4–20 所示，其填写要求如下。

① 设备进场后，由建设（监理）单位、施工单位、供货单位共同开箱检验。

② 设备必须具有出厂质量证明文件，规格、型号和性能检测报告应符合国家技术标准或设计要求，进场时应进行检查验收。

③ 主要器具和设备必须有完整的安装使用说明书。

④ 在运输、保管和施工过程中，应采取有效的措施防止设备被损坏或腐蚀。

⑤ 对检验中发现的缺损附件、备件要列出明细，待供货单位更换后重新验收。

⑥ 测试情况的填写应以专项施工及验收规范的相关条款为依据。

表 4–20　设备开箱检验记录

<table>
<tr><td>工程名称</td><td colspan="2"></td><td>编号</td><td colspan="2"></td></tr>
<tr><td>设备名称</td><td colspan="2"></td><td>规格、型号</td><td colspan="2"></td></tr>
<tr><td>生产厂家</td><td colspan="2"></td><td>产品合格证编号</td><td colspan="2"></td></tr>
<tr><td>总数量</td><td colspan="2"></td><td>检验数量</td><td colspan="2"></td></tr>
<tr><td colspan="6">进场检验记录</td></tr>
<tr><td>包装情况</td><td colspan="5"></td></tr>
<tr><td>随机文件</td><td colspan="5"></td></tr>
<tr><td>附件与设备</td><td colspan="5"></td></tr>
<tr><td>外观情况</td><td colspan="5"></td></tr>
<tr><td>测试情况</td><td colspan="5"></td></tr>
<tr><td colspan="6">缺损附（备）件明细</td></tr>
<tr><td>序号</td><td>附（备）件名称</td><td>规格</td><td>单位</td><td>数量</td><td>备注</td></tr>
<tr><td></td><td></td><td></td><td></td><td></td><td></td></tr>
<tr><td></td><td></td><td></td><td></td><td></td><td></td></tr>
<tr><td colspan="6">检查意见（施工单位）：

附件：共　　页</td></tr>
<tr><td colspan="6">验收意见（监理 / 建设单位）：

☐同意　　☐重新检验　　☐退场　　验收日期：</td></tr>
<tr><td rowspan="3">签字栏</td><td>供货单位</td><td></td><td>责任人</td><td colspan="2"></td></tr>
<tr><td>施工单位</td><td></td><td>专业工长</td><td colspan="2"></td></tr>
<tr><td>监理或建设单位</td><td></td><td>专业工程师</td><td colspan="2"></td></tr>
</table>

注：本表由施工单位填写，监理单位、施工单位各保存一份。

（6）设备和管道附件试验记录

设备和管道附件试验记录如表 4-21 所示。

表 4-21　设备和管道附件试验记录

工程名称					编号	
使用部位					试验日期	
试验要求						
设备 / 管道附件名称						
材质、型号						
规格						
试验数量						
试验介质						
公称压力或工作压力 /MPa						
强度试验	试验压力 /MPa					
	试验持续时间 /s					
	试验压力降 /MPa					
	渗漏情况					
	试验结论					
严密性试验	试验压力 /MPa					
	试验持续时间 /s					
	试验压力降 /MPa					
	渗漏情况					
	试验结论					
签字栏	施工单位		专业质检员	专业工长	检验员	
	建设或监理单位			专业工程师		

注：本表由施工单位填写，建设单位、监理单位、施工单位各保存一份。

2. 建筑与结构工程物资资料

建筑与结构工程物资资料包括半成品钢筋出厂合格证，预制混凝土构件出厂合格证，钢构件出厂合格证，预拌混凝土出厂合格证，钢筋力学（原材料、焊接）性能检测报告，钢材合格证和复试报告汇总表，钢材检验报告，水泥检测报告，水泥试验报告，水泥复试报告，砂、石检测报告，砂子试验报告，石子试验报告，外加剂检测报告，混凝土外加剂（及其他材料）产品合格证、出厂检验报告和进场复检报告汇总表，混凝土外加剂试验报告，掺和料检测报告，混凝土掺和料试验报告，防水材料检测报告，防水材料合格证、复试报告汇总表，防水卷材试验报告，沥青试验报告，防水涂料试验报告，砖与砌块检验报告汇总表，烧结普通砖试验报告，加气混凝土砌块试验报告，混凝土空心砌块检验报告，轻集料试验报告，装饰、装修物资检测报告，陶瓷彩色釉面砖试验报告等。

（1）各种物资的出厂合格证、质量保证书和商检证等

①半成品钢筋出厂合格证。半成品钢筋出厂合格证如表 4–22 所示。

表 4–22　半成品钢筋出厂合格证

<table>
<tr><td colspan="4">半成品钢筋出厂合格证</td><td colspan="2">编号</td><td colspan="2"></td></tr>
<tr><td colspan="2">工程名称</td><td></td><td>委托单位</td><td colspan="2"></td><td>合格证编号</td><td></td></tr>
<tr><td colspan="2">供应总量 /t</td><td></td><td>加工日期</td><td colspan="2"></td><td>供货日期</td><td></td></tr>
<tr><td>序号</td><td>级别、规格</td><td>供应数量 /t</td><td>供货日期</td><td>生产厂家</td><td>原材料报告编号</td><td>复试报告编号</td><td>使用部位</td></tr>
<tr><td></td><td></td><td></td><td></td><td></td><td></td><td></td><td></td></tr>
<tr><td></td><td></td><td></td><td></td><td></td><td></td><td></td><td></td></tr>
<tr><td></td><td></td><td></td><td></td><td></td><td></td><td></td><td></td></tr>
<tr><td></td><td></td><td></td><td></td><td></td><td></td><td></td><td></td></tr>
<tr><td></td><td></td><td></td><td></td><td></td><td></td><td></td><td></td></tr>
<tr><td colspan="3">供货单位技术负责人</td><td colspan="3">填表人</td><td colspan="2" rowspan="3">供货单位（公章）</td></tr>
<tr><td colspan="3"></td><td colspan="3"></td></tr>
<tr><td colspan="3">申报日期</td><td colspan="3"></td></tr>
</table>

②预制混凝土构件出厂合格证。预制混凝土构件出厂合格证如表 4–23 所示。

表 4–23　预制混凝土构件出厂合格证

<table>
<tr><td colspan="2">构件名称</td><td colspan="2"></td><td colspan="2">合格证编号</td><td></td><td></td></tr>
<tr><td colspan="2">构件型号</td><td colspan="2"></td><td>构件规格</td><td></td><td>供应数量</td><td></td></tr>
<tr><td colspan="2">制造厂</td><td colspan="4"></td><td>企业级别</td><td></td></tr>
<tr><td colspan="2">标准图号或设计图纸号</td><td colspan="4"></td><td>混凝土设计强度等级</td><td></td></tr>
<tr><td colspan="2">混凝土浇筑日期</td><td colspan="4"></td><td>构件出厂日期</td><td></td></tr>
<tr><td rowspan="6">性能检验评定结果</td><td colspan="4">混凝土</td><td colspan="3">土筋</td></tr>
<tr><td colspan="4">2d 抗压强度</td><td>试验编号</td><td>力学性能</td><td>工艺性能</td></tr>
<tr><td colspan="4"></td><td></td><td></td><td></td></tr>
<tr><td colspan="7">外观</td></tr>
<tr><td colspan="3">质量状况</td><td colspan="4">规格、尺寸</td></tr>
<tr><td colspan="3"></td><td colspan="4"></td></tr>
<tr><td rowspan="3">性能检验评定结果</td><td colspan="7">结构性能</td></tr>
<tr><td colspan="2">承载力</td><td>挠度</td><td colspan="2">抗裂检验</td><td>裂缝宽度</td><td>试验编号</td></tr>
<tr><td colspan="2"></td><td></td><td colspan="2"></td><td></td><td></td></tr>
<tr><td colspan="3">结论</td><td></td><td colspan="2">备注</td><td colspan="2"></td></tr>
<tr><td colspan="2">填表日期</td><td colspan="2">技术负责人</td><td colspan="2">质检员</td><td colspan="2" rowspan="2">生产单位（公章）</td></tr>
<tr><td colspan="2">年　月　日</td><td colspan="2"></td><td colspan="2"></td></tr>
</table>

③ 钢构件出厂合格证。钢构件出厂合格证如表 4–24 所示。

表 4–24 钢构件出厂合格证

构件厂（公章）	企业级别		营业执照注册号		
工程名称		委托加工单位		合同编号	
构件名称、型号	单位	数量	构件形式（图示）		
质量鉴定情况		钢材材质检验合格证编号			
1. 采用图号 2. 焊条（焊剂）牌号 3. 焊件编号 4. 制品外观、尺寸检验情况 5. 焊缝探伤记录编号		规格	编号	规格	编号
进场后验收意见：			施工单位： 建设或监理单位： 填表时间：		

④ 预拌混凝土出厂合格证。预拌混凝土出厂合格证如表 4–25 所示。

表 4–25 预拌混凝土出厂合格证

工程名称				合格证编号			
供货单位				准用证编号			
订货单位				合同编号			
使用部位				强度等级			
本次供应数量				供应日期	××年×月×日至××年×月×日		
原材料							
材料名称	水泥	砂	石	掺合料	外加剂（厂名、准用证编号）		
品种与规格							
试验编号							
设计配合比			配合比试验编号				
水胶比			砂率			坍落度	
混凝土标准养护强度							
序号	成型日期		试验编号		强度代表值 /MPa		
1							
2							
3							
4							

（续表）

5			
混凝土抗渗等级		试验编号	
技术负责人（签字）：×××	填表人（签字）：×××		填表时间：×××

（2）钢筋力学（原材料、焊接）性能检测报告

① 资料准备：钢筋（材）和相关材料（如钢筋连接用机械连接套筒）必须有出厂质量证明文件；钢筋和重要钢材应按现行规范的规定取样做力学性能的复试，承重结构钢筋和重要钢材应实行有见证取样和送检；当使用的进口钢材、钢筋脆断、焊接性能不良或力学性能显著不正常时，应进行化学成分检验或其他专项检验，并应有检验报告。

② 注意事项：钢筋对混凝土结构的承载力至关重要，应加强进场物资的验收和复验，有下列情况之一的钢筋应视为不合格品：出厂质量证明文件不齐全；品种、规格与设计文件中的品种、规格不一致；机械性能检验项目不齐全或某一机械性能指标不符合标准的规定；进口钢材在使用前未做化学成分检验和可焊性试验。《混凝土结构工程施工质量验收规范》（GB50204—2015）中规定，有抗震设防要求的框架结构纵向受力钢筋的强屈比应满足设计要求。当设计无具体要求时，对一、二级抗震等级，检验所得的强度实测值应符合下列规定：钢筋的抗拉强度实测值与屈服强度实测值的比值不应小于 1.25；钢筋的屈服强度实测值与标准值的比值不应大于 1.3。其目的是保证钢筋在地震力作用下具有足够的变形能力。该规定为强制性条文，应严格执行。在施工过程中，若发现钢筋性能异常，应立即停止使用，并对同类钢筋进行专项检验。

（3）钢材合格证和复试报告汇总表

钢材合格证和复试报告汇总表如表 4–26 所示。

表 4–26　钢材合格证和复试报告汇总表

序号	钢材品种、级别	生产厂家	进场数量	合格证编号	复试报告	主要使用部位和有关说明
1						
2						
3						
4						
5						
6						
7						
8						
9						
10						
技术负责人（签字）：×××				质量检验员（签字）：×××		

（4）钢材检验报告

钢材检验报告如表 4–27 所示。

表 4–27　钢材检验报告

委托单位					送样日期		年　月　日			
报告编号					报告日期		年　月　日			
工程名称					使用部位					
证件编号	种类		牌号	等级	规格		生产厂家			
质量证明书编号	代表数量		检验日期		检验依据		检验条件			
检验项目	直径（厚度）/mm	屈服强度 /MPa	抗拉强度 /MPa	伸长率 /%	总伸长率 /%	冷弯弯心直径 d，弯曲角度	结果	强屈比	超屈比	重量负偏差 %
标准要求		≥ 335	≥ 455	≥ 17	≥ 9	$d = 3a$，180°	合格	≥ 1.25	≤ 1.30	≤ 8
检验结果										
检验项目	碳（C）/%		硅（Si）/%		锰（Mn）/%		磷(P)/%	硫（S）/%		氧(O)/%
标准要求										
检验结果										
结论										
备注										
施工单位： 建设（监理）单位：										
试验单位：×××	负责人（签字）：×××			审核人（签字）：×××			试验人（签字）：×××			

（5）水泥检测报告

① 资料准备：水泥生产厂家必须提供出厂质量证明文件，内容应包括厂别、出厂日期、出厂编号和必要的试验数据；水泥生产厂家应在水泥出厂 7 天内提供 28 天强度以外的各项试验结果，28 天强度应在水泥出厂 32 天内补报；用于承重结构的水泥、用于使用部位有强度等级要求的水泥、出厂超过 3 个月的水泥（快硬硅酸盐水泥为 1 个月）和进口水泥在使用前必须进行复试，并应具有试验报告。

② 注意事项：用于钢筋混凝土结构、预应力混凝土结构的水泥，其检测报告中应包括有害物含量检测的内容；混凝土和砌筑砂浆用水泥应实行有见证取样和送检。

（6）水泥试验报告

水泥试验报告如表 4–28 所示。

表 4–28　水泥试验报告

委托单位：________　报告编号：________
工程名称：________　委托编号：________
厂名、牌号：________　试验日期：________
品种、标号：________　报告日期：________
出厂批号：________　代表数量：________
使用部位：________　取样地点：________

试验项目		标准规定值		试验结果
细度 /%				
标准稠度用水量 /%				
凝结时间	初凝			
	终凝			
安定性				
胶砂强度				
类别	龄期		标准规定值	实测值
抗折强度 / MPa				
抗压强度 / MPa				
检测评定依据：			试验意见：	
试验人（签字）：××　复核人（签字）：××　技术负责人（签字）：××　单位（公章）：×××				

（7）水泥复试报告

水泥复试报告如表 4–29 所示。

表 4–29　水泥复试报告

委托单位：________　取样日期：________
检验编号：________　报告日期：________

工程名称				使用部位	
试样编号	水泥品种	商标	强度等级	生产厂家	质量证明书编号
出厂日期	进场日期	代表数量	检验日期	检验依据	检验条件
检验项目		标准要求		检验结果	
凝结时间	初凝				
	终凝				
安定性（试饼法）					
龄期 /d	抗压强度 /MPa			抗折强度 /MPa	

（续表）

	个别值	平均值	个别值	平均值
3				
28				
细度 /%				
标准稠度 /%				
结论				
备注				
施工单位： 建设（监理）单位：				
试验单位：××× 负责人（签字）：××× 审核人（签字）：××× 试验人（签字）：×××				

（8）砂、石检测报告

① 资料准备：砂、石在使用前应按规定取样复试，并应具有试验报告。

② 注意事项：受地下水影响较大的地下结构，按规定应预防碱集料反应的结构部位所使用的砂、石还应进行碱活性检验，由供货单位提供碱活性检测报告。

（9）砂子试验报告

砂子试验报告如表 4-30 所示。

表 4-30　砂子试验报告

委托单位：______________　　取样日期：______________

检验编号：______________　　报告日期：______________

工程名称				使用部位	
试样编号	种类	产地	代表数量	检验日期	检验依据

筛分析										
筛孔尺寸 /mm		10.00	5.00	2.50	1.25	0.63	0.315	0.16	细度模数	粗细程度
种类	Ⅰ区									
	Ⅱ区									
	Ⅲ区								级配区域	
累计筛余 /%										

检验项目	标准要求	检验结果	检验项目	标准要求	检验结果
含泥量 /%			坚固性 /%		
泥块含量 /%			体积密度 /（kg/m^3）		
云母含量 /%			空隙率 /%		
有机物含量 /%			密度 /（kg/m^3）		
氧化物含量 /%			碱集料反应		

（续表）

碱化物含量 /%			
结论			
备注			
施工单位： 建设（监理）单位：			
审核人（签字）：××× 试验人（签字）：××× 试验单位：××× 负责人（签字）：×××			

（10）石子试验报告

石子试验报告如表 4–31 所示。

表 4–31 石子试验报告

委托单位：________________ 取样日期：________________

检验编号：________________ 报告日期：________________

工程名称					使用部位				
试样编号	种类		产地		代表数量		检验日期		检验依据
筛分析									
筛孔尺寸 /mm	10.00	5.00	2.50	1.25	0.63	0.315	0.16	细度模数	粗细程度
种类									
累计筛余 /%								级配区域	
检验项目	标准要求		检验结果		检验项目		标准要求		检验结果
含泥量 /%					空隙率 /%				
泥块含量 /%					密度 /（kg/m^3）				
针片状颗粒含量 /%					碱集料反应				
体积密度 /（kg/m^3）					压碎值 /%				
坚固性 /%									
结论									
备注									
施工单位： 建设（监理）单位：									
试验单位：××× 负责人（签字）：××× 审核人（签字）：××× 试验人（签字）：×××									

（11）外加剂检测报告

外加剂主要包括减水剂、早强剂、缓凝剂、泵送剂、防水剂、防冻剂、膨胀剂、引气剂和速凝剂等。

① 资料准备：必须提供质量合格证明书或合格证、具有相应等级资质的检测部门出具的检测报告、产品性能和使用说明书等；使用前应按照现行产品标准和检测方法标准的规

定取样复试，并应具有复试报告；承重结构混凝土使用的外加剂应实行有见证取样和送检。

② 注意事项：钢筋混凝土结构使用的外加剂应有氯化物含量检测报告。当含有氯化物时，应进行氯化物总含量的检测，氯化物总含量应符合国家现行标准的要求。

（12）混凝土外加剂（及其他材料）产品合格证、出厂检验报告和进场复检报告汇总表

混凝土外加剂（及其他材料）产品合格证、出厂检验报告和进场复检报告汇总表如表4–32所示。

表 4–32　混凝土外加剂（及其他材料）产品合格证、出厂检验报告和进场复检报告汇总表

外加剂品种（材料品种）	生产厂家	产品合格证、出厂检验报告编号	进场复检报告编号	使用部位

（13）混凝土外加剂试验报告

混凝土外加剂试验报告如表 4–33 所示。

表 4–33　混凝土外加剂试验报告

委托单位：＿＿＿＿＿＿＿＿＿＿　取样日期：＿＿＿＿＿＿＿＿＿＿

检验编号：＿＿＿＿＿＿＿＿＿＿　报告日期：＿＿＿＿＿＿＿＿＿＿

<table>
<tr><td>工程名称</td><td colspan="4"></td><td>使用部位</td><td colspan="2"></td></tr>
<tr><td>试样编号</td><td>种类</td><td colspan="2">型号</td><td colspan="2">生产厂家</td><td colspan="2">质量合格证明书编号</td></tr>
<tr><td></td><td></td><td colspan="2"></td><td colspan="2"></td><td colspan="2"></td></tr>
<tr><td>进场日期</td><td colspan="2">代表数量</td><td colspan="2">检验日期</td><td>检验依据</td><td colspan="2">检验条件</td></tr>
<tr><td></td><td colspan="2"></td><td colspan="2"></td><td></td><td colspan="2"></td></tr>
<tr><td colspan="2">检验项目</td><td>标准要求</td><td>检验结果</td><td colspan="2">检验项目</td><td>标准要求</td><td>检验结果</td></tr>
<tr><td colspan="2">减水率 /%</td><td></td><td></td><td colspan="2">氯离子含量 /%</td><td></td><td></td></tr>
<tr><td rowspan="2">泌水率比 /%</td><td>常压</td><td></td><td></td><td colspan="2" rowspan="2">钢筋锈蚀</td><td rowspan="2"></td><td rowspan="2"></td></tr>
<tr><td>压力</td><td></td><td></td></tr>
<tr><td colspan="2">含气量 /%</td><td></td><td></td><td colspan="2">含固量 /%</td><td></td><td></td></tr>
<tr><td rowspan="2">凝结时间差 /min</td><td>初凝</td><td></td><td></td><td rowspan="2">抗压强度比</td><td>7d</td><td></td><td></td></tr>
<tr><td>终凝</td><td></td><td></td><td>28d</td><td></td><td></td></tr>
<tr><td>结论</td><td colspan="7"></td></tr>
<tr><td>备注</td><td colspan="7"></td></tr>
<tr><td colspan="8">试验单位：×××　负责人（签字）：×××　审核人（签字）：×××　试验人（签字）：×××</td></tr>
</table>

（14）掺和料检测报告

掺和料主要包括粉煤灰、粒化高炉矿渣粉、氟石粉、硅灰和复合掺和料等。

掺和料必须有出厂质量证明文件。

① 资料准备。

② 注意事项。用于结构工程的掺和料应按规定取样复试，并应有复试报告。

（15）混凝土掺和料试验报告

混凝土掺和料试验报告如表 4–34 所示。

表 4–34　混凝土掺和料试验报告

工程名称				试样编号		
委托单位					委托人	
掺和料种类			等级		产地	
代表数量			来样日期		试验日期	
试验结果	一、细度	0.045mm 方孔筛筛余				
		80 μ m 方孔筛筛余				
	二、需水量化					
	三、吸铵值					
	四、28d 水泥胶砂抗压强度比					
	五、烧失量					
	六、其他					
结论						
批准人		审核人			试验人	
试验单位						
报告日期						

（16）防水材料检测报告

防水材料主要包括防水涂料、防水卷材、胶黏剂、止水带、膨胀胶条、密封膏、密封胶、水泥基渗透结晶防水材料等。

① 资料准备：防水材料必须有出厂质量证明文件、具有相应等级资质的检测部门出具的检测报告、产品性能和使用说明书；防水材料进场后应先进行外观检查，确认合格后再按规定取样复试，并实行有见证取样和送检。

② 注意事项：如使用新型防水材料，应有相关法定部门、单位的鉴定资料文件，专门的施工工艺操作规程和有代表性的抽样试验记录；胶黏剂、止水条、密封膏等辅助性防水材料用于用量较少的一般工程时，若供货方提供了有效的试验报告和出厂质量证明文件，且进场外观检查合格，可不进行进场复验。

（17）防水材料合格证、复试报告汇总表

防水材料合格证、复试报告汇总表如表 4–35 所示。

表 4–35　防水材料合格证、复试报告汇总表

序号	材料品种、牌号、标号	合格证编号	生产厂家	进场数量	进场日期	复试报告编号	报告日期	主要使用部位和有关说明
技术负责人（签字）：				质量检查员（签字）：				

（18）防水卷材试验报告

防水卷材试验报告如表 4–36 所示。

表 4–36　防水卷材试验报告

委托单位					取样日期		
检验编号					报告日期		
工程名称					使用部位		
试样编号		种类	牌号		型号	生产厂家	
质量合格证明书编号		代表数量	检验日期		检验依据	检验条件	
检验项目		标准要求	试验结果				
			单个试件			单项评定	
拉力	纵向						
	横向						
断裂伸长率（延伸率）/%							
耐热度							
不透水性	压力 /MPa						
	保持时间 /mm						
柔性	温度						
	低温弯折性						
厚度							
结论							
备注							
试验单位		负责人		审核人		试验人	

（19）沥青试验报告

沥青试验报告如表 4–37 所示。

表 4–37　沥青试验报告

委托单位				取样日期		
检验编号				报告日期		
工程名称				使用部位		
试样编号	种类	标号		生产厂家	进场日期	
代表数量	检验日期	检验依据			检验条件	
检验项目	标准要求	检验结果				
		单个试件			单项评定	
针入度 /（1/10 mm）						
软化点 /℃						
延度 /cm						
结论						
备注						
施工单位： 建设（监理）单位：						
试验单位		审核人		试验人		

（20）防水涂料试验报告

防水涂料试验报告如表 4–38 所示。

表 4–38　防水涂料试验报告

委托单位					取样日期		
检验编号					报告日期		
工程名称					使用部位		
试样编号	种类		标号		生产厂家		进场日期
代表数量	检验日期	检验依据					检验条件
检验项目		标准要求		检验结果			
				单个试件			单项评定
延伸性							
固体含量 /%							
耐热性							

（续表）

不透水性							
柔韧性							
黏结性							
抗冻性							
结论							
备注							
施工单位： 建设（监理）单位：							
试验单位		负责人		审核人		试验人	

（21）砖与砌块检验报告汇总表

① 资料准备：砖与砌块的生产厂家必须提供出厂质量证明文件。

② 注意事项：用于承重结构却没有产品合格证或出厂试验项目不齐全的砖与砌块应进行复试，并应有复试报告；用于承重墙的砖和混凝土小型砌块应实行有见证取样和送检。

砖与砌块检验报告汇总表如表 4–39 所示。

表 4–39　砖与砌块检验报告汇总表

序号	品种、等级	生产厂家	进场数量	进场日期	合格证或复试报告编号	报告日期	主要使用部位和有关说明

（22）烧结普通砖试验报告

烧结普通砖试验报告如表 4–40 所示。

表 4–40　烧结普通砖试验报告

委托单位			取样日期	
检验编号			报告日期	
工程名称			使用部位	
试样编号	种类	强度等级	生产厂家	代表数量
质量证明书编号		检验日期	检验依据	检验条件

（续表）

<table>
<tr><td colspan="3" rowspan="2">检验项目</td><td rowspan="2">标准要求</td><td colspan="4">检验结果</td></tr>
<tr><td colspan="3">平均值</td><td>单块最小值</td></tr>
<tr><td rowspan="3">力学性能</td><td colspan="2" rowspan="2">抗压强度 /MPa</td><td></td><td colspan="3"></td><td></td></tr>
<tr><td></td><td colspan="3"></td><td></td></tr>
<tr><td colspan="2">变异系数</td><td></td><td colspan="3"></td><td></td></tr>
<tr><td rowspan="3">耐久性能</td><td colspan="2">抗冻性</td><td></td><td colspan="3"></td><td></td></tr>
<tr><td colspan="2">泛霜</td><td></td><td colspan="3"></td><td></td></tr>
<tr><td colspan="2">石灰爆裂</td><td></td><td colspan="3"></td><td></td></tr>
<tr><td>结论</td><td colspan="7"></td></tr>
<tr><td>备注</td><td colspan="7"></td></tr>
<tr><td colspan="8">施工单位：
建设（监理）单位：</td></tr>
<tr><td>试验单位</td><td></td><td>负责人</td><td></td><td>审核人</td><td></td><td>试验人</td><td></td></tr>
</table>

（23）加气混凝土砌块试验报告

加气混凝土砌块试验报告如表 4–41 所示。

表 4–41 加气混凝土砌块试验报告

<table>
<tr><td colspan="2">委托单位</td><td colspan="4"></td><td>取样日期</td><td colspan="2"></td></tr>
<tr><td colspan="2">检验编号</td><td colspan="4"></td><td>报告日期</td><td colspan="2"></td></tr>
<tr><td colspan="2">工程名称</td><td colspan="4"></td><td>使用部位</td><td colspan="2"></td></tr>
<tr><td colspan="2" rowspan="2">试样编号</td><td>种类</td><td>强度等级</td><td colspan="2">体积密度级别</td><td>生产厂家</td><td colspan="2">代表数量</td></tr>
<tr><td></td><td></td><td colspan="2"></td><td></td><td colspan="2"></td></tr>
<tr><td colspan="2">质量证明书编号</td><td colspan="2">检验日期</td><td colspan="3">检验依据</td><td colspan="2">检验条件</td></tr>
<tr><td colspan="2"></td><td colspan="2"></td><td colspan="3"></td><td colspan="2"></td></tr>
<tr><td colspan="2">检验项目</td><td colspan="3">标准要求</td><td colspan="4">检验结果</td></tr>
<tr><td colspan="2">体积密度 /（kg/m^3）</td><td colspan="3"></td><td colspan="4"></td></tr>
<tr><td colspan="2">立方体抗压强度 /MPa</td><td colspan="3"></td><td colspan="4"></td></tr>
<tr><td colspan="2">干燥收缩值 /（mm/m）</td><td colspan="3"></td><td colspan="4"></td></tr>
<tr><td rowspan="2">抗冻性能</td><td>质量损失 /%</td><td colspan="3"></td><td colspan="4"></td></tr>
<tr><td>冻后损失</td><td colspan="3"></td><td colspan="4"></td></tr>
<tr><td colspan="2">导热系数 /[W/（m·K）]</td><td colspan="3"></td><td colspan="4"></td></tr>
<tr><td colspan="2">结论</td><td colspan="3"></td><td colspan="4"></td></tr>
<tr><td colspan="2">备注</td><td colspan="3"></td><td colspan="4"></td></tr>
<tr><td colspan="9">施工单位：
建设（监理）单位：</td></tr>
<tr><td>试验单位</td><td></td><td>负责人</td><td></td><td>审核人</td><td></td><td>试验人</td><td></td><td></td></tr>
</table>

（24）混凝土空心砌块检验报告

混凝土空心砌块检验报告如表 4-42 所示。

表 4-42　混凝土空心砌块检验报告

委托单位					取样日期	
检验编号					报告日期	
工程名称					使用部位	
试样编号	种类		强度等级		生产厂家	代表数量
质量证明书编号		检验日期		检验依据		检验条件
检验项目			标准要求	检验结果		
				最小偏差值	最大偏差值	单项评定
尺寸允许偏差 /mm		长度				
		宽度				
		高度				
外观质量	掉角缺棱	个数				
		三个方向投影最小值 /mm				
	裂缝延伸投影累计尺寸 /mm					
表观密度 /（kg/m^3）						
抗压强度 /MPa		单块最小值				
		平均值				
结论						
备注						
施工单位： 建设（监理）单位：						
试验单位		负责人		审核人		试验人

（25）轻集料试验报告

① 资料准备：生产厂家必须提供出厂质量证明文件。

② 注意事项：在使用前按规定取样复试，并应有复试报告。

轻集料试验报告如表 4-43 所示。

表 4-43　轻集料试验报告

委托单位				取样日期	
检验编号				报告日期	
种类		密度等级		产地	
代表数量		来样日期		试验日期	

（续表）

试验结果	一、筛分析	1．细度模数（细骨科）	
		2．最大粒径（粗骨科）	
		3．最大级配	
	二、筒压强度 /MPa		
	三、吸水率（1h）/%		
	四、粒型系数		
	五、其他		
结论			
备注			
施工单位： 建设（监理）单位：			
试验单位		负责人		审核人		试验人	

（26）装饰、装修物资检测报告

装饰、装修物资主要包括抹灰材料、地面材料、门窗材料、吊顶材料、轻质隔墙材料、饰面板（砖）材料、裱糊与软包材料和细部工程材料等。

① 资料准备：装饰、装修工程所用的主要物资均应有出厂质量证明文件，包括出厂合格证、检验（测）报告和质量保证书等。

② 注意事项：进场后需要进行复验、复试的物资（如建筑外窗、人造木板、外墙面砖和安全玻璃等），应按照现行相关规范的规定进行复试；建筑外窗应有抗风压性能、空气渗透性能和雨水渗透性能检测报告；有隔声、隔热、防火阻燃、防水防潮和防腐等特殊要求的物资应有相应的性能检测报告；当规范规定或合同约定应对材料进行见证检验（测），或对材料的质量产生异议时，应进行见证检验（测），并应有相应的检验（测）报告。

（27）陶瓷彩色釉面砖试验报告

陶瓷彩色釉面砖试验报告如表 4-44 所示。

表 4-44　陶瓷彩色釉面砖试验报告

委托单位			取样日期	
检验编号			报告日期	
工程名称			使用部位	
试样编号	种类	生产厂家	产地	颜色
质量证明书编号	检验日期		检验依据	检验条件
检验项目	吸水率	耐急热急冷性	抗冻性	弯曲强度 /（N/mm）
标准要求				

（续表）

<table>
<tr><td rowspan="4">检验结果</td><td colspan="2"></td><td colspan="2"></td><td colspan="2"></td><td colspan="2"></td></tr>
<tr><td colspan="2"></td><td colspan="2"></td><td colspan="2"></td><td colspan="2"></td></tr>
<tr><td colspan="2"></td><td colspan="2"></td><td colspan="2"></td><td colspan="2"></td></tr>
<tr><td colspan="2"></td><td colspan="2"></td><td colspan="2"></td><td colspan="2"></td></tr>
<tr><td>平均值</td><td colspan="2"></td><td colspan="2"></td><td colspan="2"></td><td colspan="2"></td></tr>
<tr><td>结论</td><td colspan="8"></td></tr>
<tr><td>备注</td><td colspan="8"></td></tr>
<tr><td colspan="9">施工单位：
建设（监理）单位：</td></tr>
<tr><td>试验单位</td><td></td><td>负责人</td><td></td><td>审核人</td><td></td><td>试验人</td><td></td></tr>
</table>

3. 建筑给排水与采暖、电气、电梯和智能建筑工程物资资料

（1）给排水与采暖工程物资资料

给排水与采暖工程物资资料应包括：各类管材的质量证明文件；阀门调压装置、消防设备、给水设备、中水设备、排水设备、采暖设备、安全阀、水位计等的产品合格证和相关检验报告；绝热材料的产品质量合格证和材质检验报告；主要设备、器具等的安装使用说明书。

（2）电气工程物资资料

电气工程物资资料应包括：电力变压器、柴油发电机组、高压成套配电柜、不间断电源柜、控制柜等的出厂合格证、生产许可证、随带技术文件和试验记录，实行安全认证制度的产品应有安全认证标志；低压成套配电柜，动力、照明配电箱（盘、柜）等的出厂合格证、生产许可证、试验记录、CCC认证标志和认证证书复印件、试验记录；电动机、电加热器、电动执行机构、低压开关设备的出厂合格证、生产许可证、CCC认证标志和认证证书复印件、随带技术文件。

（3）电梯工程物资资料

电梯工程物资资料应包括电梯主要设备、材料和附件的出厂合格证、产品说明书、安装技术文件等。

（4）智能建筑工程物资资料

智能建筑工程物资资料应包括智能建筑工程的各智能化系统中使用的材料、硬件设备、软件产品和智能建筑工程中应用的各种系统接口的产品质量检查文件。

（5）常用物资所需的质量证明文件及其要求

建筑给排水与采暖、电气、电梯和智能建筑工程常用物资所需的质量证明文件及其要求如表4–45所示。

表4–45　建筑给排水与采暖、电气、电梯和智能建筑工程常用物资所需的质量证明文件及其要求

序号	物资名称	供货单位提供的质量证明文件	检验报告应含的基本检测项目
1	镀锌钢管	质量证明书	—
2	无缝钢管	质量证明书	—
3	焊接钢管	质量证明书	—

（续表）

序号	物资名称	供货单位提供的质量证明文件	检验报告应含的基本检测项目
4	二次镀锌钢管及其附件	质量证明书、检验报告	镀锌层厚度、外观
5	建筑给水塑料管	质量证明书、检验报告、备案证明	生活饮用给水管道的卫生性能、纵向回缩率、维卡软化温度等
6	建筑排水塑料管	质量证明书、检验报告、备案证明	纵向回缩率、维卡软化温度、螺旋消声管材的消声检测证明
7	铜管道及其配件	质量证明书、检验报告	生活饮用给水管道的卫生性能
8	柔性接口排水铸铁管	质量证明书产品合格证、备案证明	—
9	不锈钢管	质量证明书、检验报告	生活饮用给水管道的卫生性能
10	外涂塑料钢管（室外景观）	质量证明书	涂覆材料、涂层颜色、外观质量、涂层厚度、针孔检测、附着力
11	法兰	产品合格证或质量证明书、检验报告	国标或行标
12	沟槽连接件	质量证明书、检验报告	用于生活饮用水系统应有胶圈卫生性能
13	快速接头（园林绿化）	产品合格证、检验报告	壳体试验、密封试验、上密封试验、连接尺寸、标志包装、铸件质量、表面质量、装配质量、阀体壁厚
14	刚性密封套管	出厂检验报告、产品合格证	—
15	柔性防水套管	产品合格证、质量证明书	—
16	人防密闭套管	质量证明书（外购）	—
17	型钢（角钢、槽钢、扁钢、工字钢）	质量证明书	—
18	电焊条	产品合格证、质量证明书	—
19	水表、热量表	产品合格证、计量检定证书	—
20	压力表、温度计	产品合格证	—
21	各种阀门（截止阀、闸阀、蝶阀、球阀等）	产品合格证、质量证明书	—
22	安全阀、减压阀	产品合格证、调试报告、定压合格证书	—
23	消防供水设备、消火栓箱	产品合格证、检验报告	强制检验
24	消火栓、灭火器、消防接口、消防枪炮、防火阻燃材料	产品合格证、检验报告	形式认可
25	洒水喷头、湿式报警阀、水流指示器、消防用压力开关、消防水带	产品合格证、检验报告	强制认证
26	散热器	质量证明书、检验报告	耐压强度、热工性能

（续表）

序号	物资名称	供货单位提供的质量证明文件	检验报告应含的基本检测项目
27	整体或拼装水箱	产品合格证、检验报告（生活水箱）	卫生性能
28	卫生洁具	质量证明书、检验报告、备案证明	冲击性能、吸水率、抗龟裂试验、水封试验污水排放试验、环保检测
29	疏水器、过滤器、除污器	质量证明书	—
30	地漏、清扫口	产品合格证	—
31	金属波纹补偿器	质量证明书、检验报告、成品补偿器预拉伸证明书	外观、尺寸偏差、形位偏差、补偿量、刚度、应变、耐压力气密性、稳定性
32	绝热材料	产品合格证、检验报告	容重、导热性能、燃烧性能
33	布基胶带	产品合格证、检验报告	总厚度、初黏、持黏、剥离力、抗拉强度
34	锅炉、压力容器	质量证明书、检验报告、安装使用说明书	焊缝无损探伤
35	热交换器	质量证明书、安装使用说明书	—
36	水泵、变频供水设备	产品合格证或质量证明书、安装使用说明书	—

4. 通风与空调工程物资资料

通风与空调工程物资资料应包括：制冷机组、空调机组、风机、水泵、冰蓄冷设备、热交换设备、冷却塔、除尘设备、风机盘管、诱导器、水处理设备、加热器、空气幕、空气净化设备、蒸汽调压设备、热泵机组、去（加）湿机（器）、装配式洁净器、变风量末端装置、过滤器、消声器、软接头、风口、风阀、风罩等和防爆超压排气活门、自动排气活门等与人防有关的物资的产品合格证或其他质量证明文件；阀门、疏水器、水箱、分（集）水器、减震器、储冷罐、集气罐、仪表、绝热材料等的产品合格证、质量证明书和检验报告；压力表、温度计、湿度计、流量计、水位计等的产品合格证和检验报告；各类板材、管材等的质量证明文件；主要设备的安装使用说明书。

通风与空调工程常用物资所需的质量证明文件及其要求如表 4–46 所示。

表 4–46　通风与空调工程常用物资所需的质量证明文件及其要求

序号	物资名称	供货单位提供的质量证明文件	检验报告应含的基本检测项目
1	冷水机组	质量监督检验证书、产品合格证、安装使用说明书	—
2	各类泵	产品合格证或质量证明书、安装使用说明书	—
3	热交换器	质量证明书、安装使用说明书	—
4	空调箱、新风机组	检验报告、产品合格证，安装使用说明书	外观、主要零部件、启动与运转、风量、出口全压、输入功率、漏风量、振动速度

（续表）

序号	物资名称	供货单位提供的质量证明文件	检验报告应含的基本检测项目
5	风机盘管	产品合格证、质量证明书、安装使用说明书	—
6	冷却塔	质量证明书、安装使用说明书	—
7	减压阀、水位差浮球阀、浮球阀	检验报告、产品合格证	—
8	气压罐、分水器、低压硅磷晶加药设备、紫外线消毒器、集水器、综合水处理器	产品合格证、CCC 认证、设备保修卡、质量证明书、安装使用说明书	—
9	金属风管	质量证明书、形式检验报告	漏风量
10	金属风管配件	产品合格证、质量证明书	—
11	镀锌钢管	质量证明书	—
12	无缝钢管	质量证明书	—
13	焊接钢管	质量证明书	—
14	钢板卷管	质量证明书、焊缝射线探伤报告	—
15	各类法兰	产品合格证或质量证明书	—
16	各类管件	产品合格证或质量证明书	—
17	刚性密封套管	出厂检验报告、产品合格证	—
18	柔性防水套管	产品合格证、质量证明书	—
19	型钢（角钢、槽钢、扁钢、工字钢）	质量证明书	—
20	各种阀门（截止阀、闸阀、蝶阀、球阀等）	产品合格证、质量证明书	—
21	各类水箱	质量证明书	—
22	金属波纹补偿器	产品合格证、检验报告	外观、尺寸偏差、形位偏差、补偿量、刚度、应变、耐压力、气密性、稳定性
23	保温材料	产品合格证、检验报告	燃烧性能
24	布基胶带	产品合格证、检验报告	总厚度、初黏、持黏、剥离力、抗拉强度
25	消声静压箱	产品合格证	—
26	液体消声器	产品合格证	—
27	电动调节阀	产品合格证、检验报告	严密性
28	防火调节阀	产品合格证、检验报告	严密性
29	排烟阀	产品合格证、检验报告	严密性
30	多叶调节阀	产品合格证、检验报告	严密性

（续表）

序号	物资名称	供货单位提供的质量证明文件	检验报告应含的基本检测项目
31	防火风管	产品合格证、质量证明书	—
32	橡胶减震垫	产品合格证、质量证明书	—
33	管道支架底部减震垫	产品合格证、质量证明书	—
34	橡塑吊架减震器	产品合格证、质量证明书	—
35	橡胶剪切减震器	质量证明书	—
36	电动阀、定流量阀	设备进场验收报告	—
37	消声设备	产品合格证	—
38	橡胶软接头	质量证明书	—
39	金属软管	检验报告	外观、尺寸、压力试验、气密性

四、施工试验记录

1. 通用记录

建筑工程施工通用试验记录包括施工试验记录、设备单机试运转记录、系统试运转调试记录。

（1）施工试验记录

通用的施工试验记录如表 4-47 所示，其填写要求如下。

① 应由具备相应等级资质的检测单位出具施工试验记录，并随相关资料进入资料流程（后续的各种专用施工试验记录与此相同）。

② 在汇总检验批的过程中，由施工单位的试验负责人负责制作施工试验试件，之后送至具备相应等级资质的检测单位进行试验。

③ 检测单位根据相关标准对送检的试件进行试验后，出具试验报告并将报告返给施工单位。

④ 施工单位将施工试验记录作为检验批报验的附件，随检验批资料进入审批程序。

⑤ 按照设计要求和规范规定应做的施工试验，且无相应的施工试验表的，应填写施工试验记录（通用）；采用新技术、新工艺、特殊工艺时，应对试验方法和试验数据进行记录，也应填写施工试验记录（通用）。

表 4-47 施工试验记录（通用）

施工试验记录（通用）		编号	
		试验编号	
		委托编号	
工程名称和施工部位			
试验日期		规格、品质	
试验项目			
试验内容			

（续表）

结论					
准批人		审核人		试验人	
试验单位					
报告日期					

注：本表由建设单位、施工单位各保存一份。

（2）设备单机试运转记录

通用的设备单机试运转记录如表 4–48 所示，其填写要求如下。

① 以设计要求和规范规定为依据，适用条款要准确。

② 根据试运转的实际情况填写实测数据，数据要准确，内容要齐全，不得漏项。设备单机试运转后应逐台填写记录，一台（组）设备填写一张表格。

③ 设备单机试运转是系统试运转调试的基础工作，一般情况下如设备单机试运转达不到设计要求，则系统试运转调试也达不到设计要求。

④ 工程若采用施工总承包管理模式，则签字人员应为施工总承包单位的相关人员。

表 4–48 设备单机试运转记录（通用）

工程名称				编号	
施工单位				试运转时间	
设备名称				设备编号	
规格、型号				额定数据	
生产厂家				设备所在系统	
序号	试验项目		试验记录		试验结论
1					
2					
3					
4					
5					
签字栏	施工单位	专业技术负责人	专业质检员		专业工长
	监理或建设单位		专业工程师		

注：本表由施工单位填写，建设单位、监理单位、施工单位、城建档案馆各保存一份。

（3）系统试运转调试记录

通用的系统试运转调试记录如表 4–49 所示，其填写要求如下。

① 据试运转调试的实际情况填写实测数据，数据要准确，内容要齐全，不得漏项。

② 以设计要求和规范规定为依据，适用条款要准确。

③ 工程采用施工总承包管理模式的，签字人员应为施工总承包单位的相关人员。

表 4–49　系统试运转调试记录（通用）

工程名称			编号	
			试运转时间	
试运转调试项目			试运转调试部位	
试运转调式内容				
试运转调式结论				
签字栏	施工单位	专业技术负责人	专业质检员	专业工长
	监理或建设单位		专业工程师	

注：本表由施工单位填写，建设单位、监理单位、施工单位、城建档案馆各保存一份。

2. 建筑与结构工程施工试验记录

建筑与结构工程施工试验记录主要包括回填土试验报告（应附图），钢筋连接试验报告，砂浆配合比申请单，砂浆配合比通知单，砂浆抗压强度试验报告，砌筑砂浆试块抗压强度统计、评定记录，混凝土配合比申请单，混凝土配合比通知单，混凝土抗压强度试验报告，混凝土试块抗压强度统计、评定记录，混凝土抗渗试验报告，饰面砖黏结强度试验报告，钢结构工程施工试验记录，木结构工程施工试验记录，幕墙工程施工试验记录等。

（1）回填土试验报告

回填土试验报告应附图，其填写要求如下。

① 由具备相应等级资质的检测单位出具后随相关资料进入资料流程。

② 土的干密度试验报告中的委托单位、工程名称、施工部位、填土种类、要求最小干密度应由施工单位填写清楚、齐全；步数、取样位置由取样单位填写清楚。

③ 施工部位一定要写清楚。

④ 填土种类。具体填写素土、$m:n$ 灰土（如 3∶7 灰土）、砂或砂石等。

⑤ 土质。土质分为黏质粉土、粉质黏土、黏土等。

⑥ 要求最小干密度。设计图纸有要求的，应填写设计要求值；设计图纸无要求的，应符合下列标准。

素土，在一般情况下其干密度应不小于 1.65 g/cm^3，黏土不小于 1.49 g/cm^3。

灰土，黏质粉土要求最小干密度为 1.55 g/cm^3，粉质黏土要求最小干密度为 1.5 g/cm^3。

砂的最小干密度应不小于其在中密状态下的干密度。中砂为 1.55 ～ 1.60 g/cm^3。

砂石的最小干密度为 2.1 ～ 2.2 g/cm^3。

（2）钢筋连接试验报告

钢筋连接试验报告如表 4–50 所示，其填写要求如下。

① 由具备相应等级资质的检测单位出具后随相关资料进入资料流程。

② 焊接、机械连接钢筋的力学性能和工艺性能应符合现行国家标准。

③ 在焊（连）接工程正式开始前和施工过程中，应对每批进场钢筋在现场条件下进行工艺检验，工艺检验合格后方可进行焊接或机械连接的施工。

④ 对承重结构工程中的钢筋连接接头应按规定实行有见证取样和送检。

⑤ 采用机械连接接头形式施工时，技术提供单位应提交由具有相应等级资质的检测机构出具的形式检验报告。

⑥ 焊（连）接工人必须持有效的岗位证书上岗。

⑦ 试验报告中应写明工程名称、接头类型、代表数量、检验形式、试验数据、试验日期和试验结果等。

表 4–50　钢筋连接试验报告

<table>
<tr><td colspan="2">工程名称和部位</td><td colspan="3"></td><td colspan="2">试件编号</td><td colspan="2"></td></tr>
<tr><td colspan="2">委托单位</td><td colspan="3"></td><td colspan="2">试验委托人</td><td colspan="2"></td></tr>
<tr><td colspan="2">接头类型</td><td colspan="3"></td><td colspan="2">检验形式</td><td colspan="2"></td></tr>
<tr><td colspan="2">设计要求接头性能等级</td><td colspan="3"></td><td colspan="2">代表数量 / 个</td><td colspan="2"></td></tr>
<tr><td colspan="2">连接钢筋种类和牌号</td><td></td><td colspan="2">公称直径 /mm</td><td></td><td colspan="2">原材试验编号</td><td></td></tr>
<tr><td colspan="2">操作人</td><td></td><td colspan="2">来样日期</td><td></td><td colspan="2">试验日期</td><td></td></tr>
<tr><td colspan="3">接头试件</td><td colspan="2">母材试件</td><td colspan="3">弯曲试件</td><td rowspan="2">备注</td></tr>
<tr><td>公称面积 /mm²</td><td>抗拉强度 / MPa</td><td>断裂特征和位置</td><td>实测面积 /mm²</td><td>抗拉强度 /MPa</td><td>弯心直径 /mm</td><td>角度 /°</td><td>结果</td></tr>
<tr><td></td><td></td><td></td><td></td><td></td><td></td><td></td><td></td><td></td></tr>
<tr><td></td><td></td><td></td><td></td><td></td><td></td><td></td><td></td><td></td></tr>
<tr><td>结论</td><td colspan="8"></td></tr>
<tr><td>批准人</td><td colspan="2"></td><td>审核人</td><td colspan="2"></td><td>试验人</td><td colspan="2"></td></tr>
<tr><td>试验单位</td><td colspan="4"></td><td colspan="2">报告日期</td><td colspan="2"></td></tr>
</table>

（3）砂浆配合比申请单

砂浆配合比申请单如表 4–51 所示，其填写要求如下。

① 砂浆配合比申请单由施工单位根据设计图纸的要求填写，所有项目都必须填写清楚、明了，不得有遗漏、空项。

② 水泥、砂子尚未做试验的，应先进行试验，试验合格后再试配。试验编号必须填写准确、清楚。

表 4–51　砂浆配合比申请单

<table>
<tr><td>委托单位</td><td colspan="2"></td><td>试验委托人</td><td colspan="2"></td></tr>
<tr><td>工程名单</td><td colspan="2"></td><td>部位</td><td colspan="2"></td></tr>
<tr><td>砂浆种类</td><td colspan="2"></td><td>强度等级</td><td colspan="2"></td></tr>
<tr><td>水泥品种</td><td></td><td>等级</td><td></td><td>厂别</td><td></td></tr>
<tr><td>水泥进场日期</td><td colspan="2"></td><td>试验编号</td><td colspan="2"></td></tr>
<tr><td>砂产地</td><td></td><td>种类</td><td></td><td>试验编号</td><td></td></tr>
<tr><td>掺和料种类</td><td colspan="2"></td><td>外加剂种类</td><td colspan="2"></td></tr>
<tr><td>申请日期</td><td colspan="2"></td><td>要求使用日期</td><td colspan="2"></td></tr>
</table>

（4）砂浆配合比通知单

砂浆配合比通知单如表 4–52 所示，其填写要求如下。

① 砂浆配合比通知单是由试验单位根据试配结果选取最佳配合比填写签发的。

② 要严格按砂浆配合比计量施工，施工单位不能随意变更。

③ 砂浆配合比通知单应字迹清晰，无涂改，签字齐全。

④ 施工单位应验看砂浆配合比通知单，并注意通知单上的备注。

表 4–52　砂浆配合比通知单

强度等级		试验日期		配合比编号	
配合比					
材料名称	水泥	砂	掺和料	外加剂	白灰膏
每立方米用量 /kg					
比例					
备注：砂浆稠度为 70 ～ 100 mm，灰膏度为 120 mm。					
负责人		审核人		计算人	
试验人		报告日期			

（5）砂浆抗压强度试验报告

砂浆抗压强度试验报告的填写要求如下。

① 砂浆试块试压报告中上半部分的项目应由施工单位填写齐全、清楚，施工中没有的项目应画斜杠或填写“无”。

② 工程名称和部位要填写详细、具体，配合比要依据砂浆配合比通知单填写，水泥品种和强度等级、砂子产地、细度模数、掺和料、外加剂要据实填写，并和原材料试验单、砂浆配合比通知单对应。

③ 进行抗压强度评定的试块必须是标准养护 28 天的试块，龄期 28 天不能迟或者早，要推算准确的试压日期，填写在“要求试压日期”栏内，交实验室试验。

④ 领取砂浆试块试压报告时，应验看报告字迹是否清晰，有无涂改，签章是否齐全，结论是否明确，试压日期与要求试压日期是否符一致。

⑤ 同组试块抗压强度的离散性和达到设计强度的百分数是否符合规范的要求，合格的存档，否则应通知有关部门和单位进行处理或更正后再归档保存。

（6）砌筑砂浆试块抗压强度统计、评定记录

砌筑砂浆试块抗压强度统计、评定记录的填写要求如下。

① 由具备相应等级资质的检测单位出具后随相关资料进入资料流程。

② 应有按规定留置的龄期为 28 天的标准养护试块的抗压强度试验报告。

③ 应有砂浆配合比申请单和实验室签发的砂浆配合比通知单。

④ 用于承重结构的砌筑砂浆试块应按规定实行有见证取样和送检。

⑤ 砌筑砂浆试块的留置数量和必试项目应符合规程的要求。

⑥ 应有单位工程砌筑砂浆试块抗压强度统计、评定记录，按同一类型、同一强度等级的砂浆为一个验收批进行统计。

（7）混凝土配合比申请单

混凝土配合比申请单的填写要求如下。

① 混凝土配合比申请单中的项目都应填写，不要有空项，没有的项目填写“无”或画斜杠。混凝土配合比申请单至少一式三份。

② 工程名称要具体，施工部位要注明。

③ 承重结构所用水泥必须进行复试，如尚未做试验，须等试验合格后再试配。

④ 进场日期指水泥运到施工单位的时间。

⑤ 混凝土用砂、石应先做试验，混凝土配合比申请单中砂、石的各项目要依照砂、石试验报告填写。一般高于或等于 C30 和有抗冻、抗渗或其他特殊要求的混凝土用砂含泥量按重量计不大于 3%，石子含泥量不大于 1%；低于 C30 的混凝土用砂含泥量不大于 5%，石子含泥量不大于 2%。

⑥ 其他材料、掺和料、外加剂有则按实际填写，没有则写“无”或画斜杠，不应空缺。

（8）混凝土配合比通知单

混凝土配合比通知单的填写要求如下。

① 实验室经试配、选取最佳配合比后填写签发混凝土配合比通知单。要严格按此混凝土配合比计量施工，不得随意修改。

② 施工单位领取混凝土配合比通知单时，要验看是否字迹清晰、签章齐全、无涂改并与混凝土配合比申请单中的要求吻合，并注意通知单上的备注。

③ 混凝土配合比申请单和通知单是混凝土施工试验的重要资料，要归档妥善保存，不得遗失、损坏。

（9）混凝土抗压强度试验报告

混凝土抗压强度试验报告的填写要求如下。

① 表中上半部分的项目由施工单位填写，其余部分由实验室负责填写。所有项目均应根据实际情况填写，不应空缺，加盖实验室试验章后方可生效。

② 工程名称和部位要写具体。

③ 拟配强度等于混凝土配合比申请单中申请的强度等级，即试配强度。

④ 实测坍落度填写实测坍落度值。

⑤ 水泥、砂、石和配合比依据原材料试验单、混凝土配合比通知单填写齐全。

⑥ 要求龄期按施工要求的龄期填写，用于评定结构或构件混凝土抗压强度质量的试块龄期必须是 28 天。

⑦ 要求试验日期 = 制模日期 + 龄期。

⑧ 试块养护条件为标准养护或同条件养护，按实际情况填写。

（10）混凝土试块抗压强度统计、评定记录

混凝土试块试压后，应将试压报告按时间的先后顺序装订在一起并编号，及时登记在混凝土试块抗压强度统计、评定记录表中。混凝土试块抗压强度统计、评定记录由施工单位填写并报送建设单位、监理单位备案。

（11）混凝土抗渗试验报告

混凝土抗渗试验报告的填写要求如下。

① 由具备相应等级资质的检测单位出具后随相关资料进入资料流程。

② 现场搅拌混凝土应有混凝土配合比申请单和混凝土配合比通知单，预拌混凝土应有

实验室签发的混凝土配合比通知单。

③ 应有按规定留置的龄期为 28 天的标准养护试块和相应数量的同条件养护试块的抗压强度试验报告，冬季施工还应有受冻临界强度试块和转常温试块的抗压强度试验报告。

④ 抗渗混凝土、特种混凝土除应具备上述资料外还应有专项试验报告。

⑤ 统计、评定方法和合格标准应符合规范的要求。

⑥ 抗压强度试块、抗渗性能试块的留置数量和必试项目应符合规范的要求。

⑦ 用于承重结构的混凝土抗压强度试块应按规定实行有见证取样和送检。

⑧ 结构由不合格批混凝土构建的，或未按规定留置试块的，应有结构处理的相关资料；需要检测的，应有具有相应资质的检测机构出具的检测报告，并有设计单位出具的认可文件。

⑨ 处于潮湿环境并直接与水接触的混凝土工程和外部有供碱环境并处于潮湿环境的混凝土工程，应预防混凝土碱集料反应，并按有关规定执行，有相关检测报告。

（12）饰面砖黏结强度试验报告

饰面砖黏结强度试验报告如表 4-53 所示，其填写要求如下。

① 由具备相应等级资质的检测单位出具后随相关资料进入资料流程。

② 在外墙饰面砖粘贴前和粘贴过程中，应在相同的基层上做样板件，并对样板件的饰面砖黏结强度进行检验，有饰面砖黏结强度检验报告，检验方法和结果的判定应符合相关标准的规定。

表 4-53　饰面砖黏结强度试验报告

<table>
<tr><td rowspan="2">工程名称</td><td colspan="6" rowspan="2"></td><td colspan="2">编号</td><td colspan="4"></td></tr>
<tr><td colspan="2">试验编号</td><td colspan="4"></td></tr>
<tr><td>委托单位</td><td colspan="6"></td><td colspan="2">试验委托人</td><td colspan="4"></td></tr>
<tr><td>饰面砖品种和牌号</td><td colspan="6"></td><td colspan="2">粘贴层次</td><td colspan="4"></td></tr>
<tr><td>饰面砖生产厂和规格</td><td colspan="6"></td><td colspan="2">粘贴面积 /mm²</td><td colspan="4"></td></tr>
<tr><td>基本材料</td><td colspan="2"></td><td colspan="2">黏结材料</td><td colspan="2"></td><td colspan="2">黏结剂</td><td colspan="2"></td><td colspan="2"></td></tr>
<tr><td>抽样部位</td><td colspan="2"></td><td colspan="2">龄期 /d</td><td colspan="2"></td><td colspan="2">施工日期</td><td colspan="2"></td><td colspan="2"></td></tr>
<tr><td>检验类型</td><td colspan="2"></td><td colspan="2">环境温度 /℃</td><td colspan="2"></td><td colspan="2">试验日期</td><td colspan="2"></td><td colspan="2"></td></tr>
<tr><td>仪器及其编号</td><td colspan="12"></td></tr>
<tr><td rowspan="2">1</td><td colspan="2">试件尺寸</td><td colspan="2">受力面积 /mm²</td><td colspan="2">拉力 /kN</td><td colspan="2">破坏状态</td><td colspan="2">黏结强度 /MPa</td><td colspan="2">平均强度 /MPa</td></tr>
<tr><td>长 /mm</td><td>宽 /mm</td><td></td><td></td><td></td><td></td><td></td><td></td><td></td><td></td><td></td><td></td></tr>
<tr><td>2</td><td></td><td></td><td></td><td></td><td></td><td></td><td></td><td></td><td></td><td></td><td></td><td></td></tr>
<tr><td>3</td><td></td><td></td><td></td><td></td><td></td><td></td><td></td><td></td><td></td><td></td><td></td><td></td></tr>
<tr><td>批准人</td><td colspan="3"></td><td colspan="2">审核人</td><td colspan="2"></td><td colspan="2">试验人</td><td colspan="3"></td></tr>
<tr><td>试验单位</td><td colspan="12"></td></tr>
<tr><td>报告日期</td><td colspan="12"></td></tr>
</table>

注：本表由建设单位、施工单位各保存一份。

（13）钢结构工程施工试验记录

钢结构工程施工试验记录的填写要求如下。

① 由具备相应等级资质的检测单位出具后随相关资料进入资料流程。

② 高强度螺栓连接应有摩擦面抗滑移系数检验报告和复试报告，并实行有见证取样和送检。

③ 对施工中首次使用的钢材、焊接材料、焊接方法、焊后热处理等应进行焊接工艺评定，并应有焊接工艺评定报告。

④ 建筑安全等级为一级、跨度在 40 m 及以上的公共建筑钢网架结构，且设计有要求的，应对其焊接（螺栓）球节点进行节点承载力试验，并实行有见证取样和送检。

⑤ 设计要求为一、二级的焊缝应进行缺陷检验，并由有相应等级资质的检测单位出具超声波、射线探伤检验报告或磁粉探伤报告。

⑥ 钢结构工程中所使用的防腐、防火涂料应进行涂层厚度检测，其中防火涂层应有具有相应资质的检测单位出具的检测报告。

⑦ 焊（连）接工人必须持有效的岗位证书上岗。

（14）木结构工程施工试验记录

木结构工程施工试验记录的填写要求如下。

① 由具备相应等级资质的检测单位出具后随相关资料进入资料流程。

② 胶合木结构工程中的层板胶缝应有脱胶试验报告、胶缝抗剪试验报告和层板抗弯曲强度试验报告。

③ 轻型木结构工程中的木基结构板材应有力学性能试验报告。

④ 木构件防护剂的保持量和透入度应有试验报告。

（15）幕墙工程施工试验记录

幕墙工程施工试验记录的填写要求如下。

① 由具备相应等级资质的检测单位出具后随相关资料进入资料流程。

② 幕墙中使用双组分硅酮结构胶时应有混匀性和拉断试验报告。

③ 后置埋件应有现场拉拔试验报告。

3. 建筑给水、排水与采暖工程施工试验记录

建筑给水、排水与采暖工程施工试验记录包括灌（满）水试验记录、通水试验记录、强度严密性试验记录、吹（冲）洗（脱脂）试验记录、排水管道通球试验记录、补偿器安装记录、消火栓试射记录、安全附件安装检查记录、锅炉封闭和烘炉（烘干）记录、锅炉煮炉试验记录、锅炉试运行记录、安全阀调试记录。

（1）灌（满）水试验记录

灌（满）水试验记录如表 4-54 所示，其填写要求如下。

① 依据设计要求和规范规定填写，适用条款要准确。

② 根据试运转调试的实际情况填写实测数据，数据要准确，内容要齐全，不得漏项。

③ 工程采用施工总承包管理模式的，签字人员应为施工总承包单位的相关人员。

表 4–54 灌（满）水试验记录

<table>
<tr><td>工程名称</td><td></td><td>部位</td><td></td></tr>
<tr><td>试验项目</td><td></td><td>试验日期</td><td></td></tr>
<tr><td>材质</td><td></td><td>试验部位</td><td></td></tr>
<tr><td>规格</td><td colspan="3"></td></tr>
<tr><td>试验要求</td><td colspan="3"></td></tr>
<tr><td>试验记录</td><td colspan="3"></td></tr>
<tr><td>施工单位
试验结论</td><td colspan="3">专业工长（施工员）：××× 记录人员：×××
项目专业质检员：××× 专业技术负责人（签字）：×××
年 月 日</td></tr>
<tr><td>监理（建设）
单位验收意见</td><td colspan="3">专业监理工程师：×××
建设单位专业技术负责人（签字）：××× 年 月 日</td></tr>
</table>

注：本表由施工单位填报并保存。

（2）通水试验记录

通水试验记录如表 4–55 所示，其填写要求如下。

① 依据设计要求和规范规定填写，适用条款要准确。

② 根据试验的实际情况填写实测数据，数据要准确，内容要齐全，不得漏项。

③ 通水试验为系统试验，一般在系统形成后统一进行。

④ 工程采用施工总承包管理模式的，签字人员应为施工总承包单位的相关人员。

⑤ 通水流量（m^3/h）按卫生器具供水管径核算获得。

表 4–55 通水试验记录

<table>
<tr><td>工程名称</td><td colspan="3"></td><td>验收日期</td><td colspan="2"></td><td>编号</td><td></td></tr>
<tr><td>试验部位</td><td colspan="3"></td><td>依据标准</td><td colspan="4"></td></tr>
<tr><td rowspan="2">编号</td><td rowspan="2">规格</td><td colspan="3">规范或设计要求</td><td colspan="3">试验结果</td><td rowspan="2">备注</td></tr>
<tr><td>材质</td><td>允许
渗水量</td><td>计量
时间</td><td>灌水
情况</td><td>实际
渗水量</td><td>试验
时间</td></tr>
<tr><td></td><td></td><td></td><td></td><td></td><td></td><td></td><td></td><td></td></tr>
<tr><td></td><td></td><td></td><td></td><td></td><td></td><td></td><td></td><td></td></tr>
<tr><td></td><td></td><td></td><td></td><td></td><td></td><td></td><td></td><td></td></tr>
<tr><td></td><td></td><td></td><td></td><td></td><td></td><td></td><td></td><td></td></tr>
<tr><td>评定意见</td><td colspan="8"></td></tr>
<tr><td rowspan="3">参加人员</td><td colspan="2" rowspan="2">监理（建设）单位</td><td colspan="6">施工单位</td></tr>
<tr><td colspan="2">专业技术负责人</td><td colspan="2">质检员</td><td colspan="2">试验员</td></tr>
<tr><td colspan="2"></td><td colspan="2"></td><td colspan="2"></td><td colspan="2"></td></tr>
</table>

（3）强度严密性试验记录

强度严密性试验记录的填写要求如下。

① 依据设计要求和规范规定填写，适用条款要准确。

② 对单项试验和系统试验、强度试验和严密性试验有不同的要求，在试验和验收时要特别留意；系统试验、严密性试验的前提条件应充分满足，如自动喷水灭火系统水压严密性试验在水压强度试验和管网冲洗合格后才能进行；常见做法是先根据区段验收或隐检项目验收的要求完成单项试验，然后在系统形成后进行系统试验，最后根据系统的特殊要求进行严密性试验。

③ 根据试验的实际情况填写实测数据，数据要准确，内容要齐全，不得漏项。

④ 工程采用施工总承包管理模式的，签字人员应为施工总承包单位的相关人员。

（4）吹（冲）洗（脱脂）试验记录

吹（冲）洗（脱脂）试验记录的填写要求如下。

① 依据设计要求和规范规定填写，适用条款要准确。

② 根据试验的实际情况填写实测数据，数据要准确，内容要齐全，不得漏项。

③ 吹（冲）洗（脱脂）试验为系统试验，一般在系统形成后统一进行。

④ 工程采用施工总承包管理模式的，签字人员应为施工总承包单位的相关人员。

（5）排水管道通球试验记录

排水管道通球试验记录的填写要求如下。

① 依据设计要求和规范规定填写，适用条款要准确。

② 根据试验的实际情况填写实测数据，数据要准确，内容要齐全，不得漏项。

③ 排水管道通球试验为系统试验，一般在系统形成后统一进行。

④ 排水管道通球试验所用的球宜为硬质空心塑料球，投入时试验人员应做好标记，以便与排出的试验球进行比对。

⑤ 工程采用施工总承包管理模式的，签字人员应为施工总承包单位的相关人员。

（6）补偿器安装记录

补偿器安装记录的填写要求如下。

① 补偿器的预拉伸数值应根据设计给出的最大补偿量得出（一般为其数值的 50%），要注意不同位置的补偿器由于管段长度、运行温度、安装温度不同而有所不同。

② 根据试验的实际情况填写实测数据，数据要准确，内容要齐全，不得漏项。

③ 工程采用施工总承包管理模式的，签字人员应为施工总承包单位的相关人员。

（7）消火栓试射记录

消火栓试射记录的填写要求如下。

① 依据设计要求和规范规定填写，适用条款要准确。

② 试验前应对消火栓组件、栓口安装（含减压、稳压装置）等进行系统检查。

③ 根据试验的实际情况填写实测数据，数据要准确，内容要齐全，不得漏项。

④ 消火栓试射为系统试验，一般在系统形成、消防水泵试运行合格后进行。

⑤ 工程采用施工总承包管理模式的，签字人员应为施工总承包单位的相关人员。

（8）安全附件安装检查记录

安全附件安装检查记录的填写要求如下。

① 依据设计要求和规范规定填写，适用条款要准确。

② 根据试验的实际情况填写实测数据，数据要准确，内容要齐全，不得漏项。

③ 工程采用施工总承包管理模式的，签字人员应为施工总承包单位的相关人员。

（9）锅炉封闭和烘炉（烘干）记录

锅炉封闭和烘炉（烘干）记录的填写要求如下。

① 依据设计要求和规范规定填写，适用条款要准确。

② 根据试验的实际情况填写实测数据，表格中的数字和曲线应对应，内容要齐全，不得漏项。

③ 工程采用施工总承包管理模式的，签字人员应为施工总承包单位的相关人员。

（10）锅炉煮炉试验记录

锅炉煮炉试验记录的填写要求如下。

① 依据设计要求和规范规定填写，适用条款要准确。

② 根据试验的实际情况填写实测数据，数据要准确，内容要齐全，不得漏项。

③ 工程采用施工总承包管理模式的，签字人员应为施工总承包单位的相关人员。

（11）锅炉试运行记录

锅炉试运行记录的填写要求如下。

① 锅炉在烘炉、煮炉合格后，应进行 48 h 的带负荷连续试运行，同时应进行安全阀热状态的定压检验和调整，并作记录。

② 根据试验的实际情况填写实测数据，数据要准确，内容要齐全，不得漏项。

③ 工程采用施工总承包管理模式的，签字人员应为施工总承包单位的相关人员。

（12）安全阀调试记录

安全阀调试记录的填写要求如下。

① 锅炉的安全阀在投入运行前应由有资质的试验单位按设计要求进行调试，并出具安全阀调试记录。

② 锅炉上装有两个安全阀时，其中一个按规范规定的较高值定压，另一个按较低值定压；装有一个安全阀时，按较低值定压。

③ 定压工作完成后，应做一次安全阀自动排气试验，启动合格后应加锁或铅封，并应记录正确的开启压力、回座压力。

4. 建筑电气工程施工试验记录

建筑电气工程施工试验记录包括电气接地电阻测试记录、电气防雷接地装置隐检与平面示意图、绝缘电阻测试记录、电气器具通电安全检查记录、电气设备空载试运行记录、建筑物照明通电试运行记录、大型照明灯具承载试验记录、漏电开关模拟试验记录、大容量电气线路节点测温记录、避雷带支架拉力测试记录。

（1）电气接地电阻测试记录

电气接地电阻测试记录的填写要求如下。

① 电气接地电阻测试记录应由建设（监理）单位和施工单位共同检查。

② 测试结果和结论应齐全。

③ 电气接地电阻测试应及时，必须在接地装置敷设之后、隐蔽之前进行。

④ 应绘制建筑物和接地装置的位置示意图。

⑤ “编号”栏应参照隐蔽工程检查记录填写，但因表示不同的顺序号，所以应重新编号。

（2）电气防雷接地装置隐检与平面示意图

电气防雷接地装置隐检与平面示意图的填写要求如下。

① 电气防雷接地装置隐检与平面示意图应由建设（监理）单位和施工单位共同检查。

② 绘制接地装置平面示意图时，应标出建筑物轴线、各测试点的位置和阻值。

③ 检验日期应与电气接地电阻测试记录一致。

④ 检验结论应齐全。

⑤ “编号”栏的填写应与电气接地电阻测试记录一致。

（3）绝缘电阻测试记录

绝缘电阻测试记录的填写要求如下。

① 绝缘电阻测试记录应由建设（监理）单位和施工单位共同检查。

② “编号”栏应参照隐蔽工程检查记录填写，但因表示不同的顺序号，所以应重新编号，一、二次测试记录的顺序号应连续编写。

③ 当同一配电箱（盘、柜）内支路较多，又在同一天测试时，一张表格填不下，可续表格进行填写，但编号应连续。

④ 电阻值必须符合规范、标准的要求，若不符合，应查找原因并进行处理，直到符合方可填写此表。

⑤ 测试结果和结论应齐全。

（4）电气器具通电安全检查记录

电气器具通电安全检查记录如表 4-56 所示，其填写要求如下。

① 电气器具通电安全检查记录应由施工单位的专业技术负责人、专业质检员、专业工长填写。

② “编号”栏应参照隐蔽工程检查记录填写，但因表示不同的顺序号，所以应重新编号。

③ 检查符合要求的画“√”，反之则画“×”。当检查不符合要求时，应进行修复并在检查结论中说明修复结果。当检查部位为同一楼门单元（或区域场所），同一天又检查了很多检查点时，一张表格填不下，可续表格进行填写，但编号应连续。

④ 检查结论应齐全。

表 4-56　电气器具通电安全检查记录

<table>
<tr><td>工程名称</td><td colspan="9"></td><td colspan="3">检查日期</td><td colspan="6"></td></tr>
<tr><td>部位或区域场所</td><td colspan="18"></td></tr>
<tr><td rowspan="2">部位</td><td colspan="6">开关</td><td colspan="6">灯具</td><td colspan="6">插座</td></tr>
<tr><td>1</td><td>2</td><td>3</td><td>4</td><td>5</td><td>6</td><td>1</td><td>2</td><td>3</td><td>4</td><td>5</td><td>6</td><td>1</td><td>2</td><td>3</td><td>4</td><td>5</td><td>6</td></tr>
<tr><td></td><td></td><td></td><td></td><td></td><td></td><td></td><td></td><td></td><td></td><td></td><td></td><td></td><td></td><td></td><td></td><td></td><td></td><td></td></tr>
<tr><td></td><td></td><td></td><td></td><td></td><td></td><td></td><td></td><td></td><td></td><td></td><td></td><td></td><td></td><td></td><td></td><td></td><td></td><td></td></tr>
<tr><td></td><td></td><td></td><td></td><td></td><td></td><td></td><td></td><td></td><td></td><td></td><td></td><td></td><td></td><td></td><td></td><td></td><td></td><td></td></tr>
<tr><td></td><td></td><td></td><td></td><td></td><td></td><td></td><td></td><td></td><td></td><td></td><td></td><td></td><td></td><td></td><td></td><td></td><td></td><td></td></tr>
<tr><td colspan="19">检查结论：</td></tr>
<tr><td rowspan="3">签字栏</td><td colspan="6">施工单位</td><td colspan="12"></td></tr>
<tr><td colspan="6">专业技术负责人</td><td colspan="6">专业质检员</td><td colspan="6">专业工长</td></tr>
<tr><td colspan="6"></td><td colspan="6"></td><td colspan="6"></td></tr>
</table>

注：本表由施工单位填写，建设单位、施工单位各保存一份。

（5）电气设备空载试运行记录

电气设备空载试运行记录的填写要求如下。

① 电气设备空载试运行记录应由建设（监理）单位和施工单位共同检查和填写。

② 试运行情况记录应详细。记录成套配电（控制）柜、台、箱、盘的运行电压、电流情况，各种仪表的指示情况；记录电动机转向和机械转动有无异常情况，机身和轴承的温升、电流、电压、运行时间等有关数据；记录电动执行机构的动作方向和指示是否与工艺装置的设计要求相一致。

③ 当测试设备的相间电压时，应把相对零电压划掉。

④ “编号”栏应参照隐蔽工程检查记录填写，但因表示不同的顺序号，所以应重新编号。

（6）建筑物照明通电试运行记录

建筑物照明通电试运行记录如表 4-57 所示，其填写要求如下。

① 建筑物照明通电试运行记录应由建设（监理）单位和施工单位共同检查。

② “编号”栏应参照隐蔽工程检查记录填写，但因表示不同的顺序号，所以应重新编号。

③ 试运行情况记录应详细，具体内容包括：照明系统通电、灯具回路控制应与照明配电箱、回路的标识一致；开关与灯具的控制顺序相对应，风扇的转向、调速开关应正常；记录电流、电压、温度、运行时间等有关数据；应在配电箱内的电气线路节点处进行温度测量，且温升值应稳定（不大于设计值）；在配电箱内的电气线路节点处测温应使用远红外摇表测量仪，且仪器应在检定有效期内。

④ 当测试线路的相对零电压时，应把相间电压划掉。

⑤ 表格中凡需填空的地方，若实际已发生，应如实填写；未发生的，则应在空白处画“/”。

⑥ 对于选择框的内容，若有此项内容，在选择框内画“√”；若无此项内容，可空着，不必画“×”。

⑦ 除“签字栏”必须亲笔签字外，其余栏均须打印。

表 4-57 建筑物照明通电试运行记录

<table>
<tr><td rowspan="2">工程名称</td><td rowspan="2" colspan="4"></td><td>编号</td><td colspan="3"></td></tr>
<tr><td colspan="2">分项工程名称</td><td colspan="2">公建□ / 民用□</td></tr>
<tr><td colspan="2">试运行项目</td><td colspan="3"></td><td>填写日期</td><td colspan="3"></td></tr>
<tr><td colspan="2">试运行时间</td><td colspan="7">自日时分开始，至日时分结束</td></tr>
<tr><td rowspan="5">运行负荷记录</td><td rowspan="2">运行时间</td><td colspan="3">运行电压 /V</td><td colspan="3">运行电流 /A</td><td rowspan="2">温度 /℃</td></tr>
<tr><td>L1-N（L1-L2）</td><td>L2-N（L2-L3）</td><td>L3-N（L3-L1）</td><td>L1 相</td><td>L2 相</td><td>L3 相</td></tr>
<tr><td></td><td></td><td></td><td></td><td></td><td></td><td></td><td></td></tr>
<tr><td></td><td></td><td></td><td></td><td></td><td></td><td></td><td></td></tr>
<tr><td></td><td></td><td></td><td></td><td></td><td></td><td></td><td></td></tr>
<tr><td>运行负荷记录</td><td colspan="8"></td></tr>
<tr><td rowspan="3">签字栏</td><td rowspan="2" colspan="2">监理（建设）单位</td><td colspan="2">施工单位</td><td colspan="4"></td></tr>
<tr><td colspan="2">专业技术负责人</td><td colspan="2">专业质检员</td><td colspan="2">专业工长</td></tr>
<tr><td colspan="2"></td><td colspan="2"></td><td colspan="2"></td><td colspan="2"></td></tr>
</table>

注：本表由施工单位填写，建设单位、施工单位各保存一份。

（7）大型照明灯具承载试验记录

大型照明灯具承载试验记录的填写要求如下。

① 大型照明灯具承载试验记录应由建设（监理）单位和施工单位共同检查。

② “编号”栏应参照隐蔽工程检查记录填写，但因表示不同的顺序号，所以应重新编号。

③ 检查结论应齐全。

（8）漏电开关模拟试验记录

漏电开关模拟试验记录的填写要求如下。

① 漏电开关模拟试验记录应由建设（监理）单位和施工单位共同检查。

② “编号”栏应参照隐蔽工程检查记录填写，但因表示不同的顺序号，所以应重新编号。

③ 若一天内检查点很多，一张表格填不下，可续表格进行填写，但编号应连续。

④ 检查结论应齐全。

（9）大容量电气线路节点测温记录

大容量电气线路节点测温记录的填写要求如下。

① 大容量电气线路节点测温记录应由建设（监理）单位和施工单位共同检查。

② 对于选择框的内容，若有此项内容，在选择框内画“√”；若无此项内容，可空着，不必画“×”。

③ 表格中凡需填空的地方，实际已发生的，如实填写；未发生的，则在空白处画“/”。

④ 检查结论应齐全。

（10）避雷带支架拉力测试记录

避雷带支架拉力测试记录的填写要求如下。

① 避雷带支架拉力测试记录应由建设（监理）单位和施工单位共同检查。

② 若一天内检查点很多，一张表格填不下，可续表格进行填写，但编号应连续。

③ 测试结论应齐全。

5. 通风与空调工程施工试验记录

通风与空调工程施工试验记录包括风管漏光检测记录，风管漏风检测记录，现场组装除尘器、空调机漏风检测记录，各房间室内风量、温度测量记录，管网风量平衡记录，空调系统试运转调试记录，空调水系统试运转调试记录，制冷系统气密性试验记录，净化空调系统测试记录，防排烟系统联合试运行记录。

（1）风管漏光检测记录

风管漏光检测记录的填写要求如下。

① 漏光检测时为便于观察，应选择地下室管道或在晚间进行。检测时应重点对板材拼缝和管段间的连接处进行检查。

② 所使用的照明设备应为低压电源。

③ 工程名称应与施工文件一致，且各专业应统一。

④ 应根据试验的情况真实填写，内容要齐全，不得漏项；应以规程、规范为依据，结论要准确。

⑤ “签字栏”必须由本人手签，不得打印或由他人代签。

（2）风管漏风检测记录

风管漏风检测记录的填写要求如下。

① 系统的工作压力不能简单地用风机、空调机组等设备出口处的静压、余压进行判断，

而应由设计确定。

② 试验时应缓慢升压。

③ 分段表面积应为实测的面积，未测到的支管等不计在内，但应包括临时设置的盲板、消声器等阀部件的表面积。

④ 在进行系统的分段试压时，不能因某段的漏风量超标就判定整个系统不合格，应将各测试段的漏风量平均后与允许值比较再判断。

⑤ 数值的计算详见《通风与空调工程施工质量验收规范》（GB 50243—2016）。

⑥ 工程名称应与施工文件一致，且各专业应统一。

⑦ 应根据试验的情况真实填写，内容要齐全，不得漏项；应以规程、规范为依据，结论要准确。

⑧ “签字栏”必须由本人手签，不得打印或由他人代签。

（3）现场组装除尘器、空调机漏风检测记录

现场组装除尘器、空调机漏风检测记录的填写要求如下。

① 应根据试验的情况真实填写，内容要齐全，不得漏项；应以规程、规范为依据，结论要准确。

② “签字栏”必须由本人手签，不得打印或由他人代签。

（4）各房间室内风量、温度测量记录

各房间室内风量、温度测量记录的填写要求如下。

① 应根据试验的情况真实填写，内容要齐全，不得漏项；应以规程、规范为依据，结论要准确。

② “签字栏”必须由本人手签，不得打印或由他人代签。

（5）管网风量平衡记录

管网风量平衡记录的填写要求如下。

① 应根据试验的情况真实填写，内容要齐全，不得漏项；应以规程、规范为依据，结论要准确。

② 管网风量平衡记录的最终目的是比较出实测风量与设计风量之差，因此，应采用风速风量法则测量风压值。若风量测试仪能够直接、有效、准确地测试出风口风量，则风压值栏可空着不填。

③ “签字栏”必须由本人手签，不得打印或由他人代签。

（6）空调系统试运转调试记录

空调系统试运转调试记录的填写要求如下。

① 应根据试验的情况真实填写，内容要齐全，不得漏项；应以规程、规范为依据，结论要准确。

② “签字栏”必须由本人手签，不得打印或由他人代签。

（7）空调水系统试运转调试记录

空调水系统试运转调试记录的填写要求如下。

① 通风与空调工程在进行无生产负荷联合试运转和调试时，应对空调冷（热）水、冷却水总流量，供回水温度进行测量、调整，并作记录。

② 空调冷（热）水、冷却水总流量的实际值与设计值的相对偏差不大于 10% 为调试合格，空调冷（热）水、冷却水进出口温度应符合设计要求和规范规定。

③ 工程名称应与施工文件一致，且各专业应统一。

④ 应根据试验的情况真实填写，内容要齐全，不得漏项；应以规程、规范为依据，结论要准确。

⑤ “签字栏”必须由本人手签，不得打印或由他人代签。

（8）制冷系统气密性试验记录

制冷系统气密性试验记录的填写要求如下。

① 应对制冷系统的工作性能进行试验，并作记录。

② 对组装式制冷机组和现场充注制冷剂的机组，必须进行吹污、气密性试验、真空试验和充注制冷剂检漏试验，相应的技术数据必须符合产品技术文件和有关现行国家标准、规范的规定。

③ 应根据试验的情况真实填写，内容要齐全，不得漏项；应以规程、规范为依据，结论要准确。

④ “签字栏”必须由本人手签，不得打印或由他人代签。

（9）净化空调系统测试记录

净化空调系统测试记录的填写要求如下。

① 净化空调系统无生产负荷试运转时，应对系统中的高效过滤器进行泄漏测试，对室内洁净度进行测定，并作记录。

② 应根据试验的情况真实填写，内容要齐全，不得漏项；应以规程、规范为依据，结论要准确。

③ “签字栏”必须由本人手签，不得打印或由他人代签。

（10）防排烟系统联合试运行记录

防排烟系统联合试运行记录的填写要求如下。

① 在防排烟系统联合试运行和调试的过程中，应对测试楼层及其上下两层的排烟系统的排烟风口、正压送风系统的送风口进行联动调试，并对各风口的风速、风量进行测量、调整，对正压送风口的风压进行测量、调整，并作记录。

② 防排烟系统联合试运行与调试的结果（风量、正压）必须符合设计与消防的规定。

③ 本表由施工单位填写，建设单位、施工单位、城建档案馆各保存 份。

④ 应根据试验的情况真实填写，内容要齐全，不得漏项；应以规程、规范为依据，结论要准确。

⑤ “签字栏”必须由本人手签，不得打印或由他人代签。

五、隐蔽工程检查验收记录

隐蔽工程指施工过程中关系到建筑物的安全，但最终被隐蔽而看不到的部分，此部分工程的上一道工序被下一道工序掩盖，使其质量无法得到检查。隐蔽工程检查验收记录是对隐蔽工程进行检查，并通过表格的形式将工程隐检项的隐检内容、质量情况、检查意见、复查结论等记录下来，作为以后工程维护、改造、扩建等的技术资料。

隐蔽工程检查验收记录（通用）如表 4–58 所示，其填写要求如下。

（1）应收集隐蔽工程所涉及的施工试验报告等资料。

（2）工程名称、隐检项目、隐检部位或构件名称、检验日期、隐蔽日期必须填写准确。

（3）隐检依据，主要材料的名称、规格、型号应准确，尤其是设计变更、洽商等易遗漏的资料应填写完整。

（4）隐检内容应规范填写，必须符合各种规程、规范的要求。

（5）检查意见应明确，将隐检内容是否符合要求表述清楚。

（6）复查结论主要是对上一次隐检发现的问题进行复查得出的结论，因此要将质量整改的结果描述清楚，签字应完整，严禁由他人代签。

表 4–58　隐蔽工程检查验收记录（通用）

<table>
<tr><td>工程名称</td><td></td><td>检验日期</td><td></td><td>隐蔽日期</td></tr>
<tr><td>隐检项目</td><td></td><td>隐检部位或构件名称</td><td></td><td></td></tr>
<tr><td>隐蔽工程内容或图标</td><td colspan="4"></td></tr>
<tr><td>检查意见</td><td colspan="4"></td></tr>
<tr><td>复查结论</td><td colspan="4"></td></tr>
<tr><td>原材料质量文件</td><td colspan="4"></td></tr>
<tr><td>建设单位：</td><td colspan="2">施工单位：</td><td colspan="2">其他单位：</td></tr>
<tr><td>现场代表：
年　月　日</td><td colspan="2">记录人：
质检员：
技术负责人（签字）：
年　月　日</td><td colspan="2">代表：
年　月　日</td></tr>
</table>

常规隐蔽工程检查项目和主要内容如表 4–59 所示。

表 4–59　常规隐蔽工程检查项目和主要内容

序号	隐检项目	隐检主要内容
（一）	地基基础工程与主体结构工程	
1	土方工程	基槽、房心回填前检查基底清理情况、基底标高等
2	支护工程	检查锚杆、土钉的品种、规格、数量、位置、插入长度，钻孔的直径、深度、角度等。检查地下连续墙的成槽宽度、深度、垂直度，钢筋笼的规格位置，槽底清理情况、沉渣厚度等
3	桩基工程	检查成孔、清孔情况，沉渣厚度钢筋笼的规格、尺寸
4	地下防水工程	检查混凝土变形缝、施工缝、穿墙套管，预埋件等的形式或构造，防水层基层处理和防水材料的规格、厚度、铺设方式、阴阳角处理、搭接处理等，人防、地下车库等出入口的止水做法
5	结构工程（基础、主体）	检查用于绑扎的钢筋的品种、规格、数量、位置、锚固和接头位置搭接长度，保护层的厚度和除锈、除污情况，钢筋代用变更和胡子筋处理等。检查钢筋的连接形式、连接种类、接头位置、数量，焊条、焊剂、焊口形式，焊缝长度、厚度，表面清渣情况和连接质量等
6	预应力工程	检查预留孔道的规格、数量、位置、形状、端部预埋垫板，预应力筋的下料长度、切断方法、竖向位置偏差固定、护套的完整性，锚具、夹具、连接点的组装等
7	钢结构工程	检查地脚螺栓的规格、数量、位置、埋设方法、紧固程度等
8	外墙保温工程	检查内外节点的连接方法、保温构造等

（续表）

序号	隐检项目	隐检主要内容
（二）	装饰装修工程	
1	地面工程	检查各基层（垫层、找平层、隔离层、防水层、填充层、地龙骨）材料的品种、规格、铺设厚度、方式、坡度，标高，表面情况，密封处理，黏结情况等
2	抹灰工程	具有加强措施的抹灰应检查其加强构造的材料的规格、铺设、固定、搭接等
3	门窗工程	检查预埋件、锚固件和螺栓等的规格、数量、位置、间距、埋设方式、与框的连接方式、防腐处理、缝隙的嵌填、密封材料的黏结等
4	吊顶工程	检查吊顶龙骨和吊件的材质、规格、间距、连接方式、固定方法、表面防火、防腐处理、外观，接缝和边缝情况，填充和吸声材料的品种、规格、铺设、固定等
5	轻质隔墙工程	检查预埋件、连接件、拉结筋的规格、位置、数量、连接方式、与周边墙体和顶棚的连接、龙骨的连接、间距、防火处理、防腐处理、填充材料的设置等
6	饰面板（砖）工程	检查预埋件、后置埋件、连接件的规格、数量、位置、连接方式、防腐处理等。有防水构造的部位应检查找平层、防水层的构造做法，检查方法同地面工程
7	幕墙工程	检查构件之间、构件与主体结构的连接节点的安装和防腐处理，幕墙四周、幕墙与主体结构之间节点的处理、封口的安装，幕墙伸缩缝、沉降缝、防震缝和墙面转角节点的安装，幕墙防雷接地节点的安装等
8	细部工程	检查预埋件、后置埋件和连接件的规格、数量、位置、连接方式、防腐处理等
（三）	屋面工程	主要检查基层、找平层、保温层、防水层、隔离层材料的品种、规格、厚度、铺设方法、搭接宽度、接缝处理、黏结情况，附加层、天沟、泛水、变形缝的做法等
（四）	给水、排水与采暖工程	
1	直埋于地下或结构中，暗敷设于沟槽、管井中，不进入吊顶内的给水、排水、雨水、采暖、消防管道和相关设备，有防水要求的套管	检查管材、管件、阀门、设备的材质与型号、安装位置、标高、坡度，防水套管的定位、尺寸，管道连接的做法、质量，附件的使用，支架的固定，是否已按照设计要求和施工规范的规定完成强度、严密性、冲洗等试验
2	有绝热、防腐要求的给水、排水、采暖、消防、喷淋管道和相关设备	检查绝热方式、绝热材料的材质与规格、绝热管道与支吊架之间的防结露措施、防腐处理所用的材料与做法等
3	埋地的采暖、热水管道，在保温层、保护层完工之后，对其所在部位进行回填之前的隐检	检查安装的位置、标高、坡度，支架的做法、保温层、保护层的设置等

（续表）

序号	隐检项目	隐检主要内容
（五）	电气工程	
1	埋于结构内的各种电线导管	检查导管的品种、规格、位置、弯曲度、弯曲半径、连接、跨接地线、防腐、管盒固定、管口处理、敷设情况、保护层、需焊接部位的焊接质量等
2	利用结构钢筋做的避雷引下线	检查轴线位置，钢筋的数量、规格、搭接长度、焊接质量，与接地极、避雷网均压环等的连接点的焊接情况等
3	等电位和均压环暗埋	检查使用材料的品种、规格、安装位置、连接方法、连接质量、保护层厚度等
4	接地极装置埋设	检查接地极的位置、间距、数量、材质、埋深、连接方法、连接质量、防腐情况等
5	金属门窗、幕墙与避雷引下线的连接	检查连接材料的品种和规格、连接位置和数量、连接方法和质量等
6	不进入吊顶内的电线导管	检查导管的品种、规格、位置、弯曲度、弯曲半径、连接、跨接地线、防腐、需焊接部位的焊接质量、管盒固定、管口处理、固定方法、固定间距等
7	不进入吊顶内的线槽	检查材料的品种、规格、位置、连接、跨接地线、防腐、固定方法、固定间距、与其他管线的位置关系等
8	直埋电缆	检查电缆的品种、规格、埋设方法、埋深、弯曲半径、标桩埋设情况等
9	不进入电缆沟敷设的电缆	检查电缆的品种、规格、弯曲半径、固定方法、固定间距、标识情况等
（六）	通风与空调工程	
1	敷设于竖井中，不进入吊顶内的风道（包括各类附件、部件、设备等）	检查风道的标高、材质，接头、接口的严密性，附件、部件的安装位置，支、吊、托架的安装、固定，活动部件是否灵活可靠、方向正确，风道分支、变径处理是否符合要求，是否已按照设计要求和施工规范的规定完成风管的漏光、漏风检测和空调水管道的强度、严密性、冲洗等试验
2	有绝热、防腐要求的风管、空调水管、设备	检查绝热形式与做法，绝热材料的材质和规格，防腐处理材料和做法，绝热管道与支、吊架之间应垫以绝热衬垫或经防腐处理的木衬垫，其厚度应与绝热层厚度相同，表面平整，衬垫接合面的空隙应填实
（七）	电梯工程	检查电梯承重梁、起重吊环的埋设，电梯钢丝绳头的灌注，电梯井内导轨、层门的支架、螺栓的埋设等
（八）	智能建筑工程	
1	埋于结构内的各种电线导管	检查导管的品种、规格、位置、弯曲度、弯曲半径、连接、跨接地线、防腐、需焊接部位的焊接质量、管盒固定、管口处理、敷设情况、保护层等
2	不进入吊顶内的电线导管	检查导管的品种、规格、位置、弯曲度、弯曲半径、连接、跨接地线、防腐、需焊接部位的焊接质量、管盒固定、管口处理、固定方法、固定间距等

（续表）

序号	隐检项目	隐检主要内容
3	不进入吊顶内的线槽	检查材料的品种、规格、位置、连接、跨接地线、防腐、固定方法、固定间距等
4	直埋电缆	检查电缆的品种、规格、埋设方法、埋深、弯曲半径、标桩埋设情况等
5	不进入电缆沟敷设的电缆	检查电缆的品种、规格、弯曲半径、固定方法、固定间距、标识情况等

六、施工记录

施工记录是施工过程中对重要工程项目或关键部位的施工方法、使用材料、构配件、操作人员、时间、施工情况等进行的记载，并经有关人员签字。

1. 交接检查验收记录

交接检查验收记录如表 4–60 所示，其填写要求如下。

（1）各参建单位在对所施工工程交接时，应进行交接检查验收。

（2）交接内容包括质量情况、遗留问题、工序要求、注意事项、成品保护等。

（3）只有交接双方和见证单位全部签字认可，交接才算完成，才能进入后续的工作。

表 4–60　交接检查验收记录

<table>
<tr><td rowspan="2">工程名称</td><td rowspan="2"></td><td>编号</td><td></td></tr>
<tr><td>检查日期</td><td></td></tr>
<tr><td>移交单位</td><td></td><td>见证单位</td><td></td></tr>
<tr><td>交接部位</td><td></td><td>接受单位</td><td></td></tr>
<tr><td colspan="4">交接内容：</td></tr>
<tr><td colspan="4">检查结论：</td></tr>
<tr><td colspan="4">复查结论：
复查人：　　　　复查日期：</td></tr>
<tr><td colspan="4">见证单位意见：</td></tr>
<tr><td rowspan="2">签字栏</td><td>移交单位</td><td>接受单位</td><td>见证单位</td></tr>
<tr><td></td><td></td><td></td></tr>
</table>

2. 地基验槽（孔）检查记录

地基验槽（孔）检查记录如表 4–61 所示，其填写要求如下。

（1）地基验槽（孔）检查记录的内容包括基坑（孔）位置、平面尺寸、持力层核查、基底的绝对高程和相对标高、基底土质、地下水位等。

（2）由建设、监理、设计、勘察、施工单位共同验收签字。

表 4-61　地基验槽（孔）检查记录

工程名称	××工程	验收日期	年　月　日	
验槽部位	基槽			
验槽内容	建筑物范围内浅部地层的类别、深度、分布、工程特性和变化规律符合要求，无不良地质现象，基槽内无地下水，土质和地基土层承载力符合设计要求			
核验意见	基底土均匀、密实，与地质报告相符，无软弱下卧层，基槽平面尺寸、基槽标高、边坡坡度符合设计要求，同意进行下一道工序施工			
建设单位：××（公章）项目负责人（签字）：××	监理单位：××（公章）项目负责人（签字）：××	设计单位：××（公章）项目负责人（签字）：××	勘察单位：××（公章）项目负责人（签字）：××	施工单位：××（公章）项目负责人（签字）：××

3. 地基处理记录

地基处理记录的填写要求如下。

（1）验槽后，对出现的异常现象，确实需要进行地基处理的，先由勘察、设计单位提出处理方案，施工单位记录并形成书面处理方案，按地基处理方案实施并验收。

（2）施工单位应依据设计单位出具的处理方案进行地基处理，报勘察、设计、监理（建设）单位检查验收。

4. 预拌混凝土运输交接记录

预拌混凝土运输交接记录的填写要求如下。

（1）预拌混凝土供应单位应随车向施工单位提供预拌混凝土运输交接记录。

（2）应检查运输单上的混凝土等级等指标与委托单合同是否相符，实际坍落度是否符合要求。冬期施工时应测量现场出罐温度。

5. 混凝土开盘鉴定

混凝土开盘鉴定的填写要求如下。

（1）本表应由施工单位填写。

（2）按照实验室提供的混凝土配合比在现场首次配制混凝土时，应由施工单位、监理单位搅拌机组、混凝土试配单位共同进行开盘鉴定，保证现场施工所用材料、拌和物的性能与试验条件相符，以满足设计要求和施工需要。预拌混凝土由混凝土供应单位进行开盘鉴定并保存相应的资料。

（3）鉴定结论由参加开盘鉴定的各方协商填写。

6. 混凝土工程施工记录

混凝土工程施工记录的填写要求如下。

（1）本表应由施工单位填写。

（2）在混凝土工程施工过程中应对混凝土施工情况，包括搅拌过程、浇筑过程、试块留置情况、材料使用情况、监理单位旁站见证情况进行记录。

7. 混凝土浇灌、拆模申请批准单

混凝土浇灌、拆模申请批准单的填写要求如下。

（1）本表应由施工单位填写。

（2）在浇筑混凝土前，施工单位应对要隐蔽的钢筋工程、模板工程、水电安装工程进行检查验收，合格后填写混凝土浇灌申请批准单，经监理单位审批同意后方可浇筑混凝土。

（3）在拆除现浇混凝土结构板、梁、悬臂构件等的底模前，混凝土强度应满足设计要求；当设计无要求时，应满足现行规范的要求。应填写混凝土拆模申请批准单，并附混凝土强度等级报告，报项目专业负责人审批后报监理单位审核，审核通过后方可拆模。

8. 混凝土养护测温记录

混凝土养护测温记录的填写要求如下。

（1）本表应由施工单位填写。

（2）混凝土冬季施工养护应根据冬期施工方案的要求进行测温，记录大气温度、各测温孔的实测温度、同一时间测得的各测温孔的平均温度和间隔时间等，并绘制测温点布置图，内容包括测温点的部位、深度等。

9. 大体积混凝土养护测温记录

大体积混凝土养护测温记录的填写要求如下。

（1）本表应由施工单位填写。

（2）大体积混凝土施工应对混凝土入模时的大气温度、养护温度、内外温差和裂缝进行检查并记录，并附测温点布置图和温度曲线分析图。

10. 混凝土结构同条件养护试件测温记录

混凝土结构同条件养护试件测温记录的填写要求如下。

（1）本表应由施工单位填写。

（2）应对混凝土结构同条件养护试件进行测温，并在达到等效养护龄期时进行强度试验。

11. 构件吊装记录

构件吊装记录的填写要求如下。

（1）本表应由施工单位填写。

（2）在安装预制混凝土结构构件，钢结构，吊装大型钢、木构件时，应对构件的型号、名称、安装位置、外观、楼板堵孔、清理、锚固、接头处理、固定方法、标高、垂直偏差，构件支点的搁置与搭接长度等进行检查，应符合设计和现行标准、规范的要求。

12. 焊接材料烘焙记录

焊接材料在使用前应进行烘焙，对烘焙方法、烘焙温度、要求烘焙时间、实际烘焙时间和保温要求等内容应进行记录。

13. 木结构施工记录

在木结构工程施工中应对制作、安装等进行记录，由施工单位提供施工记录。应对防腐、防火处理等施工情况进行记录，仿古建筑木结构工程的施工记录应由专业施工单位提供，并单独组卷。

14. 支护与桩（地）基工程施工记录

支护与桩（地）基工程施工记录的填写要求如下。

（1）桩（地）基施工单位应在施工过程中进行施工记录，主要包括对孔位、孔径、孔深、桩体垂直度、桩顶标高、桩位偏差、桩顶完整性和接桩质量等进行检查并记录。

（2）在基坑开挖和支护结构使用期间，当有设计指标时，应以设计指标和要求为依据进行监测；如设计无要求，则应按规范的规定对重要的支护结构进行监测，并做好变形监测记录。

（3）支护与桩（地）基工程施工记录由施工单位自行记录或设计表格进行填写，或按照当地管理部门要求的表格填写。

七、工程质量事故报告和事故调查处理资料（记录）

工程质量事故指在工程建设过程中或交付使用后，因勘察、设计、施工等的过失造成工程质量不符合有关技术标准、设计文件和施工合同的要求，需加固补强、返工、报废、造成人身伤亡或者重大经济损失的事故。对其发生和处理情况进行记录形成工程质量事故报告和工程质量事故处理记录。

1. 工程质量事故报告

工程质量事故报告的填写要求如下。

（1）报告日期为填表日期，事故发生部位、直接责任人按实际情况填写。

（2）事故性质。填写技术问题（事故）或责任问题（事故）。

（3）事故等级。填写重大事故或一般事故。

（4）事故经过和原因分析。要填写事故发生的经过和事故发生的主要原因。

（5）预计损失。预计损失指因工程质量事故导致的材料、设备、建筑和人员伤亡等的预计损失费用。

2. 事故调查处理资料（记录）

事故调查处理资料（记录）的填写要求如下。

（1）事故初步处理意见。填写事故发生后采取的紧急防护措施，需制定的事故处理方案，对责任单位、责任人的处理意见。

（2）事故处理结果。填写经处理后，工程实体的质量是否符合事故处理方案的要求，是否满足工程原来对结构安全和使用功能的要求。

（3）事故处理后由监理（建设）、设计、施工单位的技术负责人共同对事故处理结果进行验收，填写验收意见并签字、盖章。

（4）工程质量事故报告应由施工单位的技术负责人、施工项目经理、专业技术负责人共同签字，并加盖施工单位的公章。

（5）工程质量事故处理记录应由施工项目经理、专业技术负责人、质检员、施工工长签字。

任务四 安全和使用功能管理资料

一、地下工程防水效果检查记录

地下工程防水效果检查的依据是工程的设计要求和《地下防水工程质量验收规范》（GB50208—2011）的有关规定，检查记录的内容包括裂缝、渗漏部位和大小、渗漏情况、处理意见等。按渗漏情况将地下工程的防水等级分为4级，各级标准应符合规范的规定。具体工程的防水等级应由设计来确定。

地下工程的防水效果检查记录如表4-62所示，其填写要求如下。

1. 地下工程的防水等级

（1）1级。不允许渗水，结构表面无湿渍。

（2）2级。不允许漏水，结构表面可有少量湿渍。工业与民用建筑的湿渍总面积不大于总防水面积的0.1%，单个湿渍面积不大于0.1 m^2，任意100 m^2 的防水面积不超过1处。

（3）3级。允许有少量漏水点，不得有线流和漏泥砂，单个湿渍面积不大于0.3 m^2，单个漏水点的漏水量不大于2.5 L/d，任意100 m^2 的防水面积不超过7处。

（4）4级。允许有漏水点，不得有线流和漏泥砂，整个工程的平均漏水量不大于2 $L/m^2 \cdot d$，任意100 m^2 防水面积的平均漏水量不大于4 $L/m^2 \cdot d$。

2. 渗漏检查

（1）在进行地下工程防水质量验收时，施工单位必须提供背水内表面的结构工程展开图。

（2）房屋建筑地下室只检查围护结构内墙和底板。

3. 施工单位必须在背水内表面的结构工程展开图上详细标示以下内容

（1）在工程自检时发现的裂缝，标明位置、宽度、长度和渗漏现象。

（2）经修补、堵漏的渗漏部位。

（3）防水等级标准容许的渗漏现象的位置。

（4）在进行地下工程防水质量验收时，必须将经检查、核对标示好的背水内表面的结构工程展开图附于地下工程防水效果检查记录后。

表4-62 地下工程防水效果检查记录

工程名称			编号	
检查部位			检查日期	
检查方法和内容：				
检查结论：				
复查结论：		复查人：	复查日期：	
签字栏	施工单位	专业技术负责人	专业质检员	专业工长
	监理或建设单位		专业工程师	

三、建筑物垂直度、标高测量记录

建筑物垂直度、标高测量记录见表4-16。

四、沉降观测记录

沉降观测记录见表4-17。

五、建筑抽气（通风）道检查记录

建筑抽气（通风）道检查记录如表4-63所示，其填写要求如下。

（1）本表由施工单位填写并保存，按监理单位的要求报送。

（2）应收集相关的图片、照片和文字说明等。

（3）建筑通风道（烟道）应做全数通（抽）风和漏风、串风试验，要求 100% 检查，并做好检查记录。

表 4–63　建筑抽气（通风）道检查记录

工程名称			编号	
检查部位	主（气）风道	副（气）风道	检查日期	
			检查人	复查人
签字栏	施工单位	专业技术负责人	专业质检员	专业工长
	监理或建设单位		专业工程师	

注：本表由施工单位填写，建设单位、监理单位、施工单位各保存一份。

六、室内环境检测报告

室内环境检测报告如表 4–64 所示，其填写要求如下。

（1）本表由有资质的检测单位填写。

（2）检验依据应符合相应的标准。

表 4–64　室内环境检测报告

工程名称			检验日期			编号	
检查项目		氡	游离甲醛	苯	氨	TVOC	
计量单位		mg/m^3	mg/m^3	mg/m^3	mg/m^3	mg/m^3	
质量指标	Ⅰ	≤ 200	≤ 0.08	≤ 0.09	≤ 0.2	≤ 0.5	
	Ⅱ	≤ 400	≤ 0.12	≤ 0.09	≤ 0.5	≤ 0.6	
检测结果							
检测单位							
批准人			审核人			监制人	

七、外窗气密性、水密性、耐风压检验报告

外窗气密性、水密性、耐风压检验报告如表 4–65 所示，其填写要求如下。

（1）本表由有资质的检测单位填写。

（2）检验依据应符合相应的标准。

表 4–65 外窗气密性、水密性、耐风压检验报告

检验项目			计量单位	实测值			单项评定	
				第一樘	第二樘	第三樘		
建筑外窗的气密性	10Pa 下单缝长空气渗透量	正压	$m^3/(m\cdot h)$	0.7	0.61	0.68	0.7	4 级
		负压		0.57	0.56	0.56	0.6	4 级
	10Pa 下单位面积空气渗透量	正压	$m^3/(m\cdot h)$	1.94	1.7	1.9	0.6	4 级
		负压		1.58	1.57	1.55	1.8	4 级
建筑外窗的水密性			Pa	100	100	100	1.6	1 级
建筑外窗的耐风压性			kPa	2.9	2.5	2.7	2.5	1 级
门窗示意图：								
备注								
批准人			审核人			主检人		

任务五 质量验收资料

一、检验批质量验收记录

检验批质量验收记录如表 4–66 所示，其填写要求如下。

1. 工程名称等的填写

（1）工程名称应填写全称，与合同中的单位工程名称相一致。

（2）施工单位、分包单位应填写名称的全称，与合同中的公章名称相一致。

（3）检验批部位应填写具体。

（4）施工单位、分包单位的项目负责人应是合同中指定的项目负责人，这些人员由填表人填写，不需本人签字。

（5）施工执行标准的名称、编号。施工执行标准是企业标准或引用的推荐性标准（必须经企业认可为企业标准），由企业自行检验。

2. 内容的填写

（1）对定性项目，可填写“符合要求”或“不符合要求”。

（2）对定量项目，如允许偏差、计算合格点百分率，可直接填写检查数据。对计算合格点百分率，超过企业标准但没有超过国家标准的数值用“O”圈起来；超过国家标准的用“△”圈起来。

3. 验收结果

（1）对定性项目可填写“符合要求”或“不符合要求”，对定量项目可填写“合格”或“不合格”。

（2）施工单位检查结果可填写“检查符合标准规定”，项目专业质量检查员签字并加盖岗位资格章。

（3）监理单位验收结论可填写“验收合格”或“验收不合格”，专业监理工程师签字并加盖岗位资格章。

表 4-66　检验批质量验收记录

________检验批质量验收记录　　　　编号：__________

<table>
<tr><td colspan="2">单位（子单位）工程名称</td><td></td><td>单位（子分部）工程名称</td><td></td><td>分项工程名称</td><td></td></tr>
<tr><td colspan="2">施工单位</td><td></td><td>项目负责人</td><td></td><td>检验批容量</td><td></td></tr>
<tr><td colspan="2">分包单位</td><td></td><td>项目负责人</td><td></td><td>检验批部位</td><td></td></tr>
<tr><td colspan="2">施工依据</td><td colspan="2"></td><td>验收依据</td><td colspan="2"></td></tr>
<tr><td colspan="2">验收项目</td><td>设计要求和规范规定</td><td>最小/实际抽样数量</td><td>检查记录</td><td colspan="2">检查结果</td></tr>
<tr><td rowspan="7">主控项目</td><td>1</td><td></td><td></td><td></td><td colspan="2"></td></tr>
<tr><td>2</td><td></td><td></td><td></td><td colspan="2"></td></tr>
<tr><td>3</td><td></td><td></td><td></td><td colspan="2"></td></tr>
<tr><td>4</td><td></td><td></td><td></td><td colspan="2"></td></tr>
<tr><td>5</td><td></td><td></td><td></td><td colspan="2"></td></tr>
<tr><td>6</td><td></td><td></td><td></td><td colspan="2"></td></tr>
<tr><td>7</td><td></td><td></td><td></td><td colspan="2"></td></tr>
<tr><td rowspan="5">一般项目</td><td>1</td><td></td><td></td><td></td><td colspan="2"></td></tr>
<tr><td>2</td><td></td><td></td><td></td><td colspan="2"></td></tr>
<tr><td>3</td><td></td><td></td><td></td><td colspan="2"></td></tr>
<tr><td>4</td><td></td><td></td><td></td><td colspan="2"></td></tr>
<tr><td>5</td><td></td><td></td><td></td><td colspan="2"></td></tr>
<tr><td colspan="2">施工单位检查结果</td><td colspan="5">专业工长：×××
项目专业质量检查员：×××
年　月　日</td></tr>
<tr><td colspan="2">监理单位验收结论</td><td colspan="5">专业监理工程师：×××
年　月　日</td></tr>
</table>

二、分项工程质量验收记录

分项工程质量应由监理工程师组织项目技术负责人等进行验收。分项工程质量验收记录如表 4-67 所示，其填写要求如下。

（1）将工程名称填写具体，应和检验批质量验收记录中的名称一致。

（2）将检验批逐项填写，并注明部位、区段。

（3）施工单位检查结果可填写“符合设计要求和标准 ×× 的规定”。

（4）监理单位验收结论可填写“合格”或“不合格”。

（5）“施工单位检查结果”栏可填写“检查符合设计要求和标准 ×× 的规定”，由项目专业技术负责人签字。

（6）“监理单位验收结论”栏可填写“验收合格”或“验收不合格”，专业监理工程师签字并加盖岗位资格章。

表 4–67　分项工程质量验收记录

<table>
<tr><td>单位（子单位）工程名称</td><td colspan="2"></td><td colspan="2">单位（子分部）工程名称</td><td></td></tr>
<tr><td>分项工程数量</td><td colspan="2"></td><td colspan="2">检验批数量</td><td></td></tr>
<tr><td>施工单位</td><td></td><td>项目负责人</td><td></td><td>项目技术负责人</td><td></td></tr>
<tr><td>分包单位</td><td></td><td>项目负责人</td><td></td><td>分包内容</td><td></td></tr>
<tr><td>序号</td><td>检验批名称</td><td>检验批容量</td><td>部位 / 区段</td><td>施工单位检查结果</td><td>监理单位验收结论</td></tr>
<tr><td>1</td><td></td><td></td><td></td><td></td><td></td></tr>
<tr><td>2</td><td></td><td></td><td></td><td></td><td></td></tr>
<tr><td>3</td><td></td><td></td><td></td><td></td><td></td></tr>
<tr><td>4</td><td></td><td></td><td></td><td></td><td></td></tr>
<tr><td>5</td><td></td><td></td><td></td><td></td><td></td></tr>
<tr><td>6</td><td></td><td></td><td></td><td></td><td></td></tr>
<tr><td>7</td><td></td><td></td><td></td><td></td><td></td></tr>
<tr><td>8</td><td></td><td></td><td></td><td></td><td></td></tr>
<tr><td>9</td><td></td><td></td><td></td><td></td><td></td></tr>
<tr><td>10</td><td></td><td></td><td></td><td></td><td></td></tr>
<tr><td>11</td><td></td><td></td><td></td><td></td><td></td></tr>
<tr><td colspan="6">说明：</td></tr>
<tr><td>施工单位检查结果</td><td colspan="5">项目专业技术负责人（签字）：×××
年　月　日</td></tr>
<tr><td>监理单位验收结论</td><td colspan="5">专业监理工程师（签字）：×××
年　月　日</td></tr>
</table>

三、分部（子分部）工程质量验收记录

分部（子分部）工程完成后，经施工单位自行检验合格，由项目经理交总监理工程师填写施工质量验收记录相应部分的内容，由总监理工程师组织相关人员进行验收。

在编制、整理分部工程、子分部工程施工质量验收资料时，内容均应包括质量控制资

料检验结果、安全和功能检验结果、观感质量检验结果，区别只是工程质量验收记录的填写不同。另外，在检查验收地基、基础和主体结构分部工程时，设计单位和勘察单位都要参加，并签署意见。

分部（子分部）工程质量验收记录如表 4–68 所示，其填写要求如下。

（1）分项工程名称。应按照《建筑工程施工质量验收统一标准》（GB50300—2013）的规定填写相应的分项工程，也可根据当地主管部门的规定，在国家标准的基础上增加分项工程。

（2）检验批数量。分别填写分项工程所含有的实际检验批的数量。

（3）施工单位检查结果。可填写“符合设计要求和标准 × × 的规定”。

（4）监理单位验收结论。由监理工程师进行检查，根据检查结果填写验收意见，对验收合格的填写“分项和检验批划分合理，验收完整，符合设计要求和标准 × × 的规定”；对验收不合格的，应写出原因和处理意见。

（5）质量控制资料检验结果。

① 施工单位检查结果。可填写“符合要求”或“不符合要求”。

② 监理单位验收结论。由监理工程师根据资料核查和现场检查的情况填写“符合要求”或“不符合要求”。

（6）安全和功能检验结果。

① 施工单位检查结果。施工单位对安全和功能两方面的资料进行检查，根据检查结果填写“符合要求”或“不符合要求”。

② 监理单位验收结论。由监理工程师根据检查结果填写“符合要求”或“不符合要求”。

（7）观感质量检验结果。由总监理工程师组织专业监理工程师会同参加验收的人员共同进行。通过现场检查，共同对质量进行评价，填写“经现场检查评价，共同确认为‘好’（‘一般’或‘差’）”。

表 4–68　分部（子分部）工程质量验收记录

__________分部（子分部）工程质量验收记录　　　　编号：________

单位（子单位）工程名称			子分部工程数量		分项工程数量	
施工单位			项目负责人		项目技术负责人	
分包单位			项目负责人		分包内容	

序号	子分部工程名称	分项工程名称	检验批数量	施工单位检查结果	监理单位验收结论
1					
2					
3					
4					
5					
6					

（续表）

7					
8					
质量控制资料检验结果					
安全和功能检验结果					
观感质量检验结果					
综合验收结论					
施工单位 项目负责人（签字）： 年 月 日		勘察单位 项目负责人（签字）： 年 月 日		设计单位 项目负责人（签字）： 年 月 日	监理单位 项目负责人（签字）： 年 月 日

注：1. 地基与基础分部工程的验收应由施工、勘察、设计单位的项目负责人和总监理工程师参加并签字。

2. 主体结构、节能分部工程的验收应由施工、设计单位的项目负责人和总监理工程师参加并签字（主体结构分部工程的验收勘察单位也要参加）。

四、单位（子单位）工程观感质量检查记录

单位（子单位）工程观感质量检查记录如表 4-69 所示，其填写要求如下。

（1）质量检查由总监理工程师组织专业监理工程师会同参加检查的人员共同进行，通过对现场的全面检查，共同对质量进行评价，并在相应检查项目的“抽查质量状况”处填写检查结果。

（2）在“质量评价”栏中填写“好”“一般”或“差”。

（3）由总监理工程师填写“好”“一般”或“差”的结论。

（4）由施工单位项目负责人和总监理工程师签字，并加盖岗位资格章。

表 4-69 单位（子单位）工程观感质量检查记录

工程名称			施工单位	
序号	项目		抽查质量状况	质量评价
1	建筑与结构	主体结构外观	共检查____点，好____点，一般____点，差____点	
2		室外墙面	共检查____点，好____点，一般____点，差____点	
3		变形缝、雨水管	共检查____点，好____点，一般____点，差____点	
4		屋面	共检查____点，好____点，一般____点，差____点	
5		室内墙面	共检查____点，好____点，一般____点，差____点	
6		室内顶棚	共检查____点，好____点，一般____点，差____点	
7		室内地面	共检查____点，好____点，一般____点，差____点	
8		楼梯、踏步、护栏	共检查____点，好____点，一般____点，差____点	
9		门窗	共检查____点，好____点，一般____点，差____点	
10		雨篷、台阶、坡道、散水	共检查____点，好____点，一般____点，差____点	

（续表）

1	给水排水与供暖	管道接口、坡度、支架	共检查____点，好____点，一般____点，差____点	
2		卫生器具支架、阀门	共检查____点，好____点，一般____点，差____点	
3		检查口、扫除口、地漏	共检查____点，好____点，一般____点，差____点	
4		散热器、支架	共检查____点，好____点，一般____点，差____点	
1	通风与空调	风管、支架	共检查____点，好____点，一般____点，差____点	
2		风口、风阀	共检查____点，好____点，一般____点，差____点	
3		风机、空调设备	共检查____点，好____点，一般____点，差____点	
4		管道、阀门、支架	共检查____点，好____点，一般____点，差____点	
5		水泵、冷却塔	共检查____点，好____点，一般____点，差____点	
6		绝热	共检查____点，好____点，一般____点，差____点	
1	建筑电气	配电箱、盘、板，接线盒	共检查____点，好____点，一般____点，差____点	
2		设备器具、开关、插座	共检查____点，好____点，一般____点，差____点	
3		防雷、接地、防火	共检查____点，好____点，一般____点，差____点	
1	建筑智能化	机房设备安装和布局	共检查____点，好____点，一般____点，差____点	
2		现场设备安装	共检查____点，好____点，一般____点，差____点	
1	电梯	运行、平层、开关门	共检查____点，好____点，一般____点，差____点	
2		层门、信号系统	共检查____点，好____点，一般____点，差____点	
3		机房	共检查____点，好____点，一般____点，差____点	

结论：

施工单位项目负责人（签字）：　　　　　　　　总监理工程师（签字）：

年　月　日　　　　　　　　年　月　日

五、节能分部工程质量验收记录

建筑节能分部工程使用的材料的燃烧性能等级和阻燃处理应符合设计要求和现行国家标准《建筑内部装修设计防火规范》（GB 50222—2017）和《建筑设计防火规范》（GB 50016—2014）等的规定。

建筑节能分部工程质量验收记录如表 4–70 所示，其填写要求如下。

（1）分项工程应全部合格。

（2）质量控制资料应完整。

（3）外墙节能构造现场实体检测，结果应符合设计要求。

（4）严寒、寒冷和夏热冬冷地区的外窗气密性现场实体检测结果应合格。

（5）建筑设备工程系统节能性现场检测结果应合格。

表 4-70　建筑节能分部工程质量验收记录

<table>
<tr><td>工程名称</td><td colspan="2"></td><td>施工单位</td><td colspan="2"></td></tr>
<tr><td>结构类型</td><td></td><td>层次</td><td></td><td>建筑面积</td><td></td></tr>
<tr><td>开工日期</td><td></td><td>完工日期</td><td></td><td>验收日期</td><td></td></tr>
<tr><td rowspan="9">节能设计措施</td><td>墙体</td><td colspan="2" rowspan="2">采用 SO 型胶粉聚苯颗粒外墙外保温</td><td rowspan="2">采暖</td><td rowspan="2"></td></tr>
<tr><td>施工面积 /m²</td></tr>
<tr><td>屋面</td><td colspan="2" rowspan="2">采用 35mm 挤塑聚苯板保温</td><td rowspan="2">通风与空调</td><td rowspan="2"></td></tr>
<tr><td>施工面积 /m²</td></tr>
<tr><td>门窗（遮阳）</td><td colspan="2">采用中空玻璃塑料钢窗</td><td>空调与采暖系统冷热源和管网</td><td></td></tr>
<tr><td>幕墙（遮阳）</td><td colspan="2" rowspan="2"></td><td rowspan="2">配电与照明</td><td rowspan="2"></td></tr>
<tr><td>施工面积 /m²</td></tr>
<tr><td>地面（架空层顶板等）</td><td colspan="2"></td><td>检测与控制</td><td></td></tr>
<tr><td>其他</td><td colspan="4"></td></tr>
<tr><td rowspan="4">验收内容和自评意见</td><td>分项工程检查</td><td colspan="4">共个分项，经查符合标准和设计要求个分项</td></tr>
<tr><td>质量控制资料核查</td><td colspan="4">质量控制资料共项，经查符合要求项</td></tr>
<tr><td>节能工程现场检查</td><td colspan="4">经核定符合规范要求项
外墙节能构造现场实体检测：
外窗气密性现场实体检测：
建筑设备工程系统节能性现场检测：
围护结构节能性现场检测：</td></tr>
<tr><td>分包单位和分包内容明细</td><td colspan="4"></td></tr>
<tr><td colspan="6">验收意见</td></tr>
<tr><td>项目经理：
（公章）
年　月　日</td><td>项目经理：
（公章）
年　月　日</td><td colspan="2">项目经理：
（公章）
年　月　日</td><td>项目经理：
（公章）
年　月　日</td><td>项目经理：
（公章）
年　月　日</td></tr>
<tr><td colspan="2">总监理工程师（签字）：×××
（公章）
年　月　日</td><td colspan="2">设计负责人
（签字）：×××
（公章）
年　月　日</td><td colspan="2">项目负责人（签字）：×××
（公章）
年　月　日</td></tr>
</table>

任务六　建筑工程竣工验收资料

一、工程竣工报告

建筑工程竣工后，由施工单位填写工程竣工报告如表 4-71 所示，由建设单位组织竣工验收。

表 4–71　工程竣工报告

<table>
<tr><td>工程名称</td><td></td><td>建筑面积</td><td></td><td>地点</td><td></td></tr>
<tr><td>建设单位</td><td></td><td>结构类型</td><td></td><td>造价</td><td></td></tr>
<tr><td>项目经理</td><td></td><td>计划工期</td><td></td><td>实际工期</td><td></td></tr>
<tr><td>开工日期</td><td colspan="2"></td><td>竣工日期</td><td colspan="2"></td></tr>
<tr><td>技术资料齐全情况</td><td colspan="5"></td></tr>
<tr><td>竣工标准达到情况</td><td colspan="5"></td></tr>
<tr><td>甩项项目和原因</td><td></td><td colspan="2">监理单位审核意见：
签名（公章）
年　月　日</td><td colspan="2">建设单位审核意见：
签名（公章）
年　月　日</td></tr>
</table>

工程竣工的验收标准是竣工单位工程实际包含的分部工程必须全部完工；建筑设备安装工程必须调整、试运行合格，达到使用条件，不准甩项。验收重点是结构安全和使用功能。工程技术资料要能真实反映工程的质量状况。楼地面、屋面、门窗、暖卫、电气等建筑与建筑设备经观感检查、技术资料核查，要能保证其使用功能。

1. 工程竣工验收的内容

（1）核查单位工程的全部质量保证资料。

（2）评定单位工程的观感质量。

（3）全项抽检不同分部、不同工种的 4 个以上分项工程，例如，地面、墙面、屋面、水暖、电气、粉刷、油漆等（包括对保证项目、基本项目、允许偏差项目进行全面检查并进行等级评定），汇总核定各分部工程的质量等级。

2. 工程竣工验收的方法

确定抽检点，对建筑物的室内外、各楼层、各单元都要宏观看一遍，一方面查看是否达到竣工标准；另一方面查看质量是否均衡一致。然后随机抽样检查任意 2 个房间和部位的工程质量。室外和屋面工程应全数检查，可划分为 5 ～ 10 片，每片作为 1 个检查点（外墙每 20 m 左右为 1 个检查片）；室内检查原则上按有代表性的自然间（住宅可按有代表性的户）抽查 10%，但每个单元和每个楼层不少于 1 间（1 户）；卫生间、厨房、楼梯，每层、每单元不得少于 1 处。

二、工程竣工决算资料

工程竣工决算资料主要指工程竣工决算书，工程竣工决算书是由建设单位编制的反映工程项目的实际造价和投资效果的资料，是竣工验收资料的重要组成部分。

1. 工程竣工决算的内容

工程竣工决算的内容包括从筹划到竣工投产全过程的实际费用，即建筑安装工程费用，设备、工器具购置费用，工程建设其他费用，预备费，建设期利息等。

2. 工程竣工决算资料的组成

工程竣工决算资料一般由竣工财务决算说明书、竣工财务决算报表、工程项目竣工图、工程造价对比分析报告四个部分组成。

（1）竣工财务决算说明书。

竣工财务决算说明书主要包括以下几点。

① 工程项目概况。

② 会计财务的处理情况、财产物资情况和债权债务的清偿情况。

③ 资金结余和结余资金的分配处理情况。

④ 主要技术经济指标的分析、计算情况。

⑤ 工程项目管理和决算中存在的问题和提出的建议。

⑥ 需要说明的其他事项。

（2）竣工财务决算报表。

按照财政部发布的《基本建设财务管理规定》《基本建设项目竣工财务决算报表》《建设项目竣工财务决算报表填表说明》，大、中型项目的竣工财务决算需填报工程项目竣工财务决算审批表、项目概况表、竣工财务决算表、交付使用资产总表、工程项目交付使用资产明细表，小型项目需填报工程项目竣工财务决算审批表（同大、中型项目）、竣工财务决算总表、交付使用资产明细表。

（3）工程项目竣工图。

工程项目竣工图是真实地反映各种地上、地下建筑物、构筑物等情况的技术文件，是工程进行交工验收、维护、改建和扩建的依据，是重要的技术档案。国家规定各项新建、扩建、改建的基本建设工程，特别是基础、地下建筑、地下结构、峒室、桥梁、隧道、水坝、设备安装位置等隐蔽部位，都要编制工程项目竣工图。

（4）工程造价对比分析报告。

工程造价对比分析应侧重以下内容。

① 完成的实物工程量。

② 用于工程的材料消耗量，如月、季度、年度材料消耗量和月、季度、年度完成的实物工程量的对比分析等。

③ 建设单位管理费，建筑安装工程其他直接费、现场经费和间接费。

三、施工资料移交书

施工资料移交书如表 4–72 所示是工程资料进行移交的凭证，应有移交日期、移交单位和接收单位的盖章。

表 4–72 施工资料移交书

×× 建筑工程公司（全称）按有关规定向 ×× 学校（全称）办理 ×× 教学楼工程资料移交手续。共计 ×× 套 ×× 册，其中图样材料 ×× 册，文字材料 ×× 册，其他材料 ×× 册（　　）。 附：工程资料移交目录 工程移交单位（公章）：×××　　接收单位（公章）：××× 单位负责人（签字）：×××　　技术负责人（签字）：××× 移交人：×××　　接收人：××× 移交日期：　　年　　月　　日

四、房屋建筑工程质量保修书

《建设工程质量管理条例》规定，建设工程实行质量保修制度，即建设工程承包单位在向建设单位提交工程竣工验收报告时，应当向建设单位出具质量保修书。质量保修书中应当明确建设工程的保修范围、保修期限和保修责任。施工单位签署质量保修书也是建设工程竣工验收的必备条件。以下为某房屋建筑工程质量保修书。

知识链接

房屋建筑工程质量保修书

（示范文本）

发包人（全称）：×× 学校

承包人（全称）：×× 建筑工程公司

发包人、承包人根据《中华人民共和国建筑法》《建设工程质量管理条例》和《房屋建筑工程质量保修办法》，经协商一致，对 ×× 教学楼签订工程质量保修书。

一、质量保修范围和内容

承包人在质量保修期内，按照有关法律、法规、规章的规定和双方的约定，承担本工程的质量保修责任。

质量保修范围包括地基基础工程，主体结构工程，屋面防水工程，有防水要求的卫生间、房间和外墙面的防渗漏，供热与供冷系统，电气管线，给排水设施，设备安装工程，装修工程，以及双方约定的其他项目。

二、质量保修期

双方根据《建设工程质量管理条例》和有关规定，约定本工程的质量保修期如下。

1．地基基础工程和主体结构工程为设计文件规定的该工程的合理使用年限。

2．屋面防水工程，有防水要求的卫生间、房间和外墙面的防渗漏为 5 年。

3．装修工程为 2 年。

4．电气管线、给排水管道、设备安装工程为 2 年。

5．供热与供冷系统为 2 个采暖期、供冷期。

6．住宅小区内的给排水设施、道路等配套工程为 2 年。

质量保修期自工程竣工验收合格之日起计算。

三、质量保修责任

1．属于质量保修范围、内容的项目，承包人应当在自接到保修通知之日起 7 天内派人保修，承包人不在约定期限内派人保修的，发包人可以委托他人修理。

2．发生紧急抢修事故的，承包人在接到事故通知后应当立即到达事故现场抢修。

3．对于涉及结构安全的质量问题，应当按照《房屋建筑工程质量保修办法》的规定，立即向当地建设行政主管部门报告，并采取安全防范措施，由原设计单位或者具有相应等级资质的设计单位提出保修方案，由承包人实施保修。

4．质量保修完成后，由发包人组织验收。

四、质量保修费用

质量保修费用由造成质量缺陷的责任方承担。

五、其他

本工程质量保修书由施工合同的发包人、承包人双方在竣工验收前共同签署，作为施工合同附件，其有效期至保修期满。

发包人（公章）：×××　　　　承包人（公章）：×××

法定代表人（签字）：×××　　　　法定代表人（签字）：×××

年　月　日　　　　年　月　日

课后实训

1. 编制施工日志

<table>
<caption>施工日志</caption>
<tr><td rowspan="2">工程名称</td><td rowspan="2" colspan="2"></td><td>编号</td><td></td></tr>
<tr><td>日期</td><td></td></tr>
<tr><td>施工单位</td><td colspan="4"></td></tr>
<tr><td colspan="2">天气状况</td><td colspan="2">风力</td><td>最高 / 最低温度</td></tr>
<tr><td colspan="2"></td><td colspan="2"></td><td></td></tr>
<tr><td colspan="5">施工情况记录：（施工部位、施工内容、机械使用情况、劳动力情况，施工中存在的问题等）</td></tr>
<tr><td colspan="5">技术、质量、安全工作记录：（技术、质量安全活动、检查验收、技术质量安全问题等）</td></tr>
<tr><td>记录人（签字）</td><td colspan="4"></td></tr>
</table>

2. 编制材料、构配件进场检验记录

<table>
<caption>材料、构配件进场检验记录</caption>
<tr><td colspan="2">工程名称</td><td colspan="3"></td><td>编号</td><td colspan="2"></td></tr>
<tr><td colspan="2">施工单位</td><td colspan="3"></td><td>检验日期</td><td colspan="2"></td></tr>
<tr><td>序号</td><td>名称</td><td>规格、型号</td><td>进场数量</td><td>生产厂家
合格证号</td><td>外观检验项目
检验结果</td><td>证件编号
复试结果</td><td>备注</td></tr>
<tr><td></td><td></td><td></td><td></td><td></td><td></td><td></td><td></td></tr>
<tr><td></td><td></td><td></td><td></td><td></td><td></td><td></td><td></td></tr>
<tr><td></td><td></td><td></td><td></td><td></td><td></td><td></td><td></td></tr>
<tr><td colspan="8">检查意见（施工单位）：</td></tr>
<tr><td colspan="8">验收意见（监理 / 建设单位）：</td></tr>
</table>

（续表）

<table>
<tr><td rowspan="3">签字栏</td><td rowspan="2">施工单位</td><td rowspan="2"></td><td>专业质检员</td><td>专业工长</td><td>检验员</td></tr>
<tr><td></td><td></td><td></td></tr>
<tr><td>建设（监理）单位</td><td colspan="2"></td><td>专业工程师</td><td></td></tr>
</table>

思考练习

一、填空题

1. 施工技术资料包括________、________、和设计变更单。

2. 除必须有出厂质量证明文件外，还必须通过复试才能认可其质量的物资，如水泥、钢筋等为________类物资。

3. 智能建筑工程物资资料应包括智能建筑工程的各智能化系统中使用的材料、________、________和智能建筑工程中应用的各种系统接口的产品质量检查文件。

4. 施工记录是施工过程中对重要工程项目或关键部位的施工方法、________、________、________、________、施工情况等进行的记载，并经有关人员签字。

5. 工程竣工决算资料一般由________、________、________、工程造价对比分析报告四个部分组成。

二、简答题

1. 施工管理资料包括的主要内容有哪些?

2. 施工测量资料包括哪些内容?

项目五

建筑工程安全资料管理

学习目标

知识目标

了解建筑工程安全资料管理的要求和意义。

熟悉建筑工程安全资料管理的职责。

了解建筑工程安全资料的分类。

了解常用建筑工程安全管理资料的作用。

能力目标

掌握常用建筑工程安全管理资料的内容要求。

学会常用建筑工程安全管理资料内容的填写。

素质目标

能够熟练使用Word、Excel或CAD等相关图像软件进行资料管理，能够实现图表各一、实时编辑、图文并茂的功能，提升学生的编辑管理能力。

思政目标

引导学生认识到建筑工程资料管理的必要性和重要性，加强责任意识，加大对工程资料管理的重视。

任务导入

建设工程施工现场是事故多发的场所，安全生产、文明施工、环境保护是工程项目管理的主要任务之一。安全管理资料的形成和完善既是一种有效的安全管理手段，又是安全管理的结果。

任务一 建筑工程安全资料管理的要求、意义和职责

施工现场的安全员、资料员都应具备基本的安全管理知识，熟悉安全管理资料内容，结合工程特点，及时反映施工现状，按照规定如实地记载、整理和积累相关安全管理资料，做到及时、准确、完善。只有把安全管理资料整理得全面、细致、严谨、可行，才能有效地指导安全施工，及时发现问题和采取有效措施，排除施工现场的不安全因素，发挥安全资料在企业安全管理工作中的作用。

一、建筑工程安全资料管理的基本要求

1. 建立建筑施工现场安全技术资料管理体系

建筑施工企业应加强对安全技术资料的管理，实行项目经理负责制，施工现场应设工地安全资料员，专门负责安全技术资料管理工作。安全资料员须经行业主管部门培训，考试合格后持证上岗。

2. 建立安全技术资料管理制度

（1）建筑施工现场安全技术资料应由相关部门及安全技术操作责任人具体填写，并对记录的真实性负责。

（2）填写时应随工程进度及时整理，不得提前和迟后填写。

（3）资料填写应做到项目齐全、内容准确真实、字迹工整、手续完备，不得漏项。

（4）各种资料要经工地安全资料员审查，审查合格后由工地安全资料员签章归档。工地安全资料员对资料的真实性实行监督管理，并对资料的有效性、真实性负监督管理责任。

二、建筑工程安全资料管理的意义

（1）安全技术资料的产生是安全生产过程的产物和结晶，资料管理工作的科学化、标准化、规范化，不断地推动现场施工安全管理向更高的层次和水平发展，使施工现场整体管理更加科学化、标准化、规范化。

建筑工程安全资料管理的意义

（2）安全技术资料有序的管理，是建筑施工实行安全报监制度，贯彻安全监督、分段验收、综合评价全过程管理的重要内容之一。

（3）建立健全正规的资料专业管理，保证了施工现场安全技术资料的原始性和真实性。

（4）真实可靠的安全技术资料对指导今后的工作及对领导工作的决策提供了依据。有序的安全生产可以减少不必要的时间浪费和费用损失，可进一步规范安全生产技术，提高劳动生产效率，减少伤亡事故发生频率。

（5）资料的有效保存为施工过程中发生的伤亡事故处理提供了可靠的证据，并为今后的事故预测、预防提供了可依据的参考资料。

三、建筑工程安全资料管理的职责

1. 建设单位职责

（1）建设单位从建设工程立项起，应对勘察、设计、施工和监理单位提出编制、报送工程档案的要求，做到建设工程档案材料的收集、编制与工程建设进度同步。

（2）在工程招标及与勘察、设计、施工、监理等参建各方签订合同或协议时，应对工程文件和工程档案的编制责任、套数、费用、质量和移交时间等提出明确要求。

（3）向参与工程建设的勘察、设计、施工、监理等单位提供与工程有关的文件。

（4）由建设单位采购的建筑材料、构配件和设备，建设单位应保证建筑材料、构配件和设备符合设计文件和合同要求，并保证相关物资文件完整、真实和有效。

（5）负责监督和检查各参建单位工程文件的形成、收集和立卷工作，也可委托监理单位检查工程文件的形成、收集和立卷工作。

（6）对需建设单位签认的工程文件签署意见。

（7）收集和汇总勘察、设计、监理和施工等单位立卷归档的工程档案。停建、缓建建筑工程的档案，暂由建设单位保管。

（8）应负责组织竣工图的绘制工作，也可委托施工单位、监理单位或设计单位绘制，并按相关文件规定承担费用。

（9）应按有关规定报送工程的照片、录音、录像等声像档案。工程项目建立电子档案的，建设单位在报送纸质档案、声像档案的同时，应当一并报送光盘、磁盘等电子档案。

（10）在组织工程竣工验收前，应提请当地城建档案管理机构对工程档案进行预验收；未取得工程档案验收认可文件，不得组织工程竣工验收。

（11）应在工程竣工验收后3个月内将符合规定的工程档案移交城建档案馆（室）。

（12）实行政府工程代建的项目管理单位履行建设单位职责。

2. 监理单位职责

（1）应按照合同约定，在勘察、设计阶段，对勘察、设计文件的形成、收集、组卷和归档进行监督、检查；在施工阶段，对施工文件的形成、收集、组卷和归档进行监督、检查，使施工文件符合有关要求。重要分部工程、单位（子单位）工程验收时应提供工程质量评估报告。

（2）监理单位应在工程竣工验收后两个月内将本单位形成的工程文件立卷后移交建设单位。

3. 施工单位职责

（1）建设工程项目实行总承包的，总包单位负责收集、汇总各分包单位形成的工程施工文件，并应及时向建设单位移交；各分包单位应将本单位形成的施工文件整理、立卷后及时移交总包单位，并对其真实性、完整性和有效性负责。建设工程项目由几个单位承包的，各承包单位负责收集、整理、立卷其承包项目的施工文件，并应及时向建设单位移交。

（2）应在工程竣工验收前，完成工程施工文件整理、汇总和立卷工作。

（3）应根据与建设单位签订的施工合同要求的套数编制工程施工文件，且不应少于3套，其中移交建设单位两套，自行保存1套。

任务二 建筑工程安全资料的分类

依据《建筑施工安全检查标准》（JGJ 59—2011）的要求，建筑工程安全资料的内容主要包括在建工程安全监督及相关证件、安全生产责任制、目标管理、施工组织设计、分部（分项）工程安全技术交底、安全检查、安全教育、班前安全活动、特种作业持证上岗、工伤事故处理、安全标志、安全防护用具及机械设备相关证件管理、各类设施设备验收检测记录（施工临时用电除外）、施工临时用电、文明施工。

建筑工程安全资料的分类如表 5-1 所示。

表 5-1 施工现场安全资料的分类

类别	序号	目录
在建工程安全监督及相关证件	1	工程基本情况及现场勘察概况
	2	规划许可证
	3	中标通知书
	4	施工许可证
	5	企业安全资格证
	6	安全监督申请表
	7	建筑工程安全达标等级评估表
	8	建设工程施工安全达标等级认定书
	9	项目管理人员一览表（或花名册）及相关证件
	10	项目主要管理人员企业任命文件
	11	现场安全管理保证体系
	12	现场平面布置图及安全标志平面布置图
	13	其他有关证件
安全生产责任制	1	各级各部门及管理人员安全生产责任制
	2	管理人员花名册
	3	安全生产管理制度
	4	项目部安全生产责任目标分解表
	5	管理人员安全生产责任目标考核表
	6	经济承包合同

（续表）

类别	序号	目录
安全生产责任制	7	各工种及主要机具安全技术操作规程
	8	专职安全员、安全资料员配备情况及相关证件
	9	项目部安全值班制度
	10	项目部安全值班表
	11	项目部安全值班记录
目标管理	1	安全管理责任目标考核办法
	2	项目部安全责任目标分解表
	3	安全管理目标月分解考核表
	4	安全管理目标部门考核表
	5	项目经理安全责任目标考核表
	6	质量员安全责任目标考核表
	7	施工技术人员安全责任目标考核表
	8	施工管理人员安全责任目标考核表
	9	安全员安全责任目标考核表
	10	班（组）长安全责任目标考核表
施工组织设计	1	施工组织设计
	2	安全施工组织设计
	3	专业性较强项目的安全施工组织设计（方案、技术措施）
	4	工程地质勘察（环境）报告
	5	施工组织设计（方案、技术措施）审批表
	6	施工组织设计（方案、技术措施）变更审批会签表
	7	主要工序开工（使用）申请表
	8	施工组织设计（方案、技术措施）目录表
分部、分项工程安全技术交底	1	安全技术交底规定
	2	安全技术交底登记表
	3	基础工程安全技术交底
	4	主体工程安全技术交底
	5	屋面工程安全技术交底

（续表）

类别	序号	目录
分部、分项工程安全技术交底	6	装饰工程安全技术交底
	7	门窗工程安全技术交底
	8	脚手架工程安全技术交底
	9	临时用电工程安全技术交底
	10	垂直运输机械安全技术交底
	11	施工机具及设备安全技术交底
	12	水暖、通风工程安全技术交底
	13	电气安装工程安全技术交底
	14	防火工程安全技术交底
	15	其他工程安全技术交底
	16	各工种安全技术交底
	17	安全技术交底书
	18	基础施工安全技术交底书
	19	安装（拆除）安全技术交底书
安全检查	1	安全检查制度
	2	安全检查打分表《建筑施工安全检查标准》）
	3	项目部安全日查记录表
	4	项目定期安全检查记录
	5	安全隐患整改通知书
	6	事故隐患整改情况报告书
	7	处罚通知单
	8	违章违纪人员教育记录表
安全教育	1	安全教育培训制度
	2	职工安全教育培训花名册
	3	职工安全教育档案
	4	安全教育记录
	5	转场安全教育记录
	6	特种作业人员安全教育培训记录

（续表）

类别	序号	目录
安全教育	7	施工管理人员年度安全培训登记表
	8	职工劳务合同书
	9	专职安全员年度考核评定表
班前安全活动	1	班前安全活动制度
	2	安全例会制度
	3	班前安全活动记录
	4	项目部安全例会记录
	5	专职安全员工作日志
特种作业持证上岗	1	特种作业人员管理办法
	2	特种作业人员花名册
	3	特种作业人员证件
	4	特种设备安拆资格证
工伤事故处理	1	工伤事故调查和处理制度
	2	工伤事故记录
	3	伤亡事故报告单
	4	建设系统企业职工伤亡事故月（年）报表
工伤事故处理	5	伤亡（重大未遂）事故记录
	6	因工伤亡事故调查处理结案审批表
	7	职工意外伤害保险
	8	其他有关资料
安全标志	1	安全标志牌台账
	2	现场安全标志平面布置图
	3	现场楼层安全标志布置平面图
安全防护用具及机械设备相关证件管理	1	现场施工机械设备登记表
	2	现场安全防护用具登记表
	3	机械设备安装备案表
	4	施工机械安全检查通知书
	5	安全防护用具（机械设备）使用备案表

（续表）

类别	序号	目录
安全防护用具及机械设备相关证件管理	6	有关机械设备（防护用具）生产许可证、出厂合格证、产品质量技术鉴定报告书等相关证件
各类设施设备验收检测记录（施工临时用电除外）	1	外脚手架中间层搭设验收汇总表
	2	落地式脚手架验收表
	3	悬挑式脚手架验收表
	4	门型脚手架验收表
	5	挂式脚手架验收表
	6	附着式升降脚手架（整体提升架或爬架）验收表
	7	整体电动升降脚手架验收记录表
	8	模板工程验收表
	9	混凝土抗压强度检验报告
	10	模板拆除申请报告
	11	模板拆除验收记录
	12	基坑支护验收表
	13	塔机验收记录
	14	塔式起重机安拆过程原始记录表
	15	塔式起重机施工现场检查检测原始记录
	16	塔式起重机交接班记录
	17	SS、SSE 系列物料升降机施工现场安全检查检测原始记录
	18	物料提升机安装验收记录
	19	基础验收表
	20	地基验槽记录
	21	隐蔽工程检查验收记录
	22	物料提升机交接班记录
	23	SC 系列施工升降机安全检查检测原始记录
	24	外用电梯现场安装验收记录
	25	外用电梯安全装置检测记录
	26	外用电梯交接班记录

（续表）

类别	序号	目录
各类设施设备验收检测记录（施工临时用电除外）	27	平刨验收表
	28	圆盘锯验收表
	29	电焊机验收表
	30	钢筋冷拉机验收表
	31	钢筋弯曲机验收表
	32	搅拌机验收表
	33	中小型机械平时检查记录表
	34	机械设备施工（生产）运行情况记录
	35	机械设备维修保养记录
	36	安全网挂设检查验收表
	37	安全防护设施验收记录表
	38	主要工序开工（安装、使用、拆除）申请表
施工临时用电	1	施工临时用电定期检查制度
	2	电工职责
	3	临时用电施工组织设计（方案）
	4	施工临时用电技术交底
	5	临时用电验收表
	6	漏电保护器运行测试记录
	7	电器绝缘电阻测试记录
	8	电器接地电阻测试记录
	9	电工日常检查巡视记录
	10	电工维修记录
文明施工	1	文明施工组织设计（方案）
	2	门卫制度
	3	职工宿舍卫生管理制度
	4	消防制度
	5	治安保卫制度
	6	施工防尘、防噪及不扰民措施

（续表）

类别	序号	目录
文明施工	7	安全值班制度
	8	施工现场安全生产应急预案
	9	施工现场门卫交接班记录
	10	来访人员登记表
	11	夜间施工申请报告
	12	文明施工日查表
	13	一级动火许可证
	14	二级动火许可证
	15	三级动火许可证
	16	消防安全日查记录
	17	文明施工保证体系图
	18	施工现场安全标志平面布置图及楼层安全标志平面布置图
	19	施工现场平面布置图

任务三 常用建筑工程安全管理资料

一、施工现场安全生产管理概况表

项目经理部应将工程基本信息、相关单位情况和施工现场安全管理组织及主要安全管理人员情况，填写在施工现场安全生产管理概况表上，向当地住房和城乡建设主管部门施工安全监督机构备案，并报建设单位、监理单位备案。施工现场安全生产管理概况表见表5–2所示。

表5–2 施工现场安全生产管理概况表

编号：________

工程名称	×××		工程地点	×××	
建筑面积	m^2	层数 / 建筑物总高	层 /m	结构类型	×××
工程总造价	万元	施工许可证号及发证机关	×××	施工企业安全生产许可证号	×××
合同工期	天	实际开工日期	年 月 日		
单位名称			主要负责人	联系电话（办公、手机）	
建设单位	×××		×××	×××	

（续表）

勘查单位	×××		×××	×××
设计单位	×××		×××	×××
施工单位	×××		×××	×××
监理单位	×××		×××	×××
施工安全监督机构	×××		×××	×××
主要安全管理人员姓名			证书号	联系电话
项目经理	×××		×××	×××
技术负责人	×××		×××	×××
项目安全经理或项目安全主管	×××		×××	×××
总监理工程师	×××		×××	×××

二、施工现场安全生产检查汇总表

项目经理部应根据当地住房和城乡建设主管部门的规定，对施工现场的一些安全措施和设施定期进行检查评价，并督促整改，用施工现场安全生产检查汇总表进行汇总。施工现场安全生产检查汇总表如表 5–3 所示。

表 5–3　施工现场安全生产检查汇总表

编号：________

<table>
<tr><td>工程名称</td><td colspan="7">×××</td><td>监理单位</td><td colspan="3">×××</td></tr>
<tr><td>施工单位</td><td colspan="7">×××</td><td>建筑面积</td><td>m²</td><td>结构类型</td><td>×××</td></tr>
<tr><td rowspan="3">总计得分（满分分值为100分）</td><td colspan="11">项目名称及分值</td></tr>
<tr><td>安全管理（满分分值为10分）</td><td>文明施工（满分分值为20分）</td><td>脚手架（满分分值为10分）</td><td>基坑支护与模板工程（满分分值为10分）</td><td>“三宝”“四口”防护（满分分值为10分）</td><td>施工用电（满分分值为10分）</td><td>物料提升机与外用电梯（满分分值为10分）</td><td>塔吊（满分分值为10分）</td><td>起重吊装（满分分值为5分）</td><td>施工机具（满分分值为5分）</td></tr>
<tr><td></td><td></td><td></td><td></td><td></td><td></td><td></td><td></td><td></td><td></td></tr>
<tr><td>施工单位检查结查</td><td colspan="11">结论：
项目经理：×××
年　月　日</td></tr>
<tr><td>监理单位检查意见</td><td colspan="11">意见：
总监理工程师（专业监理工程师）：×××
年　月　日</td></tr>
</table>

三、安全技术交底表

分部、分项工程施工前及有特殊风险项目作业前，应由项目技术负责人对施工作业人员进行书面安全技术交底，并填写安全技术交底表，存放施工现场，以备查验。安全技术交底表如表 5–4 所示。

表 5–4　安全技术交底表

编号：________

工程名称	×××		交底部位	×××	
施工单位	×××		工种	×××	
安全技术交底内容：					
针对性交底：					
交底人签名	×××	职务	×××	交底时间	年 月 日
接受交底人	×××				
签名					

安全技术交底是建设工程项目安全管理的重要环节，由技术负责人或其他人员在生产作业前进行的操作规程、注意事项等安全相关方面的培训，并通过书面方式予以确认。

安全技术交底包括以下五个方面。

（1）施工工种安全技术交底，包括架子工、瓦工、抹灰工、钢筋工、混凝土工、石工、制材工、油漆玻璃工、防水工、电工、管工、铆工、通风工、电焊工、气焊工、起重工、打桩工、机械维修工、起重司机、打桩机司机、运输车辆工等 33 个工种和建筑安装工人的安全技术交底。

（2）大型特殊工程安全技术交底，包括大模板和大板施工、滑模施工、沉井施工、顶管施工、地下连续墙施工的安全技术交底。

（3）设备安装工程安全技术交底，包括起重、电气安全调试、焊接、气割、压力容器、机械加工和管理等作业的安全防护措施。

（4）分项、分部工程施工安全技术交底，按照分部工程划分，具体包括如下内容。

① 地基与基础工程包括基槽（坑）开挖与回填的安全措施，振冲、强夯、打桩的安全措施，混凝土、钢筋、灰土、砖石砌筑、模板安装与拆除、地下防水等各分项工程安全措施。

② 主体结构工程包括模板安装与拆除，钢筋、混凝土、砖砌体、预制构件安装等工程安全措施，脚手架、安全网、临边、洞口等防护据；所需施工机械安全使用与防护措施。

③ 屋面防水工程包括沥青熬制、运输、操作、防火、防毒、防烫的安全措施，防止高

处坠落及热沥青洒落伤及他人的措施，使用施工机械、外脚手架的防护措施。

④ 楼地面装饰及门窗、水、暖、电气安装工程除一般常防护措施外，还包括照明及使用手持电工工具和小型施工机械防触电措施，使用高凳、梯子防护措施，外窗装饰、外墙装饰、安装玻璃等作业防坠措施，燃物防火及有毒涂料油漆的防护措施，立体交叉作业防护措施。

（5）针对所采用的新工艺、新技术、新材料施工的特殊性，结合建筑施工有关安全防护技术进行交底。

四、特种作业持证上岗

根据《特种作业人员安全技术培训考核管理规定》，对于从事容易发生事故，对操作者本人、他人的安全健康及设备、设施的安全可能造成重大危害的特种作业人员，必须经过专门的安全技术培训并考核合格，取得《中华人民共和国特种作业操作证》后，方可上岗作业。同时应按时复审，方为有效，不得超期使用。为加强对特种作业人员和机械操作人员的管理，项目经理部应当建立特种作业和机械作业人员管理办法，明确特种作业人员的资格、作业管理和考核等内容。特种作业人员名册如表 5-5 所示。

表 5-5　特种作业人员名册

编号：________

项目名称			×××						
施工单位			×××						
序号	姓名	性别	年龄	工种	证件编号	发证部门	发证时间	复审记录	备注
1									
2									
3									
4									
5									
6									
7									
8									
9									
10									
项目经理：××× 填表人：××× 年　月　日									

工程项目施工过程中涉及特种作业时，项目经理部安全人员应当了解电工、焊（割）工、架子工、外用电梯司机、塔吊司机、指挥、机械工（厨房工作人员健康证纳入此项内容归档）等工种的特种作业人员基本情况，填写特种作业人员名册，并收集作业人员岗位证书复印件，由公司安全技术部门核对原件，并在复印件上盖章。

五、施工现场文明施工检查评分表

施工现场文明施工检查评分表如表 5-6 所示。

表 5-6　施工现场文明施工检查评分表

编号：________

序号			扣分标准	扣分项	应得分数	减扣分数	实得分数
1	保证项目	现场围挡	在市区主要路段的工地周围未设置高于 2.5 m 的围挡，扣 10 分		10 分		
			一般路段的工地周围未设置高于 1.8 m 的围挡，扣 10 分				
			围挡材料不坚固、不稳定、不整洁、不美观，扣 5 ～ 7 分				
			围挡没有沿工地四周连续设置，扣 3 ～ 5 分				
2		封闭管理	施工现场进出口无大门的，扣 3 ～ 5 分		10 分		
			无门卫和无门卫制度的，扣 3 分				
			进入施工现场不佩戴工作卡的，扣 3 分				
			门头未设置企业标志的，扣 3 分				
3		施工现场	工地地面未作硬化处理的，扣 5 分		10 分		
			道路不畅通的，扣 5 分				
			无排水设施、排水不通畅的，扣 4 分				
			无防止泥浆、污水、废水外流或堵塞下水道和排水河道措施的，扣 3 分				
			工地有积水的，扣 2 分				
			工地未设置吸烟处、随意吸烟的，扣 2 分				
			温暖季节无绿化布置的，扣 4 分				
4		材料堆放	建筑材料、构件、料具不按总平面布局堆放的，扣 4 分		10 分		
			料堆未挂名称、品种、规格等标牌的，扣 2 分				
			堆放不整齐的，扣 3 分				
			未做到工完场地清的，扣 3 分				
			建筑垃圾堆放不整齐、未标出名称、品种的，扣 3 分				
			易燃易爆物品未分类存放的，扣 4 分				

（续表）

序号			扣分标准	扣分项	应得分数	减扣分数	实得分数
5	保证项目	现场住宿	在建工程兼作住宿的，扣 8 分		10 分		
			施工作业区与办公、生活区不明显划分的，扣 6 分				
			宿舍无保暖和防煤气中毒措施的，扣 5 分				
			宿舍无消暑和防蚊虫叮咬措施的，扣 3 分				
			无床铺，生活用品放置不整齐的，扣 2 分				
			宿舍周围环境不卫生、不安全的，扣 3 分				
6		现场防火	无消防措施、制度或无灭火器材的，扣 10 分		10 分		
			灭火器材配置不合理的，扣 5 分				
			无消防水源（高层建筑）或不能满足消防要求的，扣 8 分				
			无动火审批手续和动火监护的，扣 5 分				
小计						60	
7		治安综合治理	生活区未给工人设置学习和娱乐场所的，扣 4 分		8 分		
			未建立治安保卫制度的、责任未分解到人的，扣 3 ～ 5 分				
			治安防范措施不利，常发生失盗事件的，扣 3 ～ 5 分				
8		施工现场标牌	大门口处挂的五牌一图内容不全，缺一项，扣 2 分		8 分		
			标牌不规范、不整齐的，扣 3 分				
			无安全标语的，扣 5 分				
			无宣传栏、读报栏、黑板报等的，扣 5 分				
9		生活设施	厕所不符合卫生要求的，扣 4 分		8 分		
			无厕所，随地大小便的，扣 8 分				
			食堂不符合卫生要求的，扣 8 分				
			无卫生责任制的，扣 5 分				
			不能保证供应卫生饮水的，扣 10 分				
			无淋浴室或淋浴室不符合卫生要求的，扣 5 分				
10		保健急救	生活垃圾未及时清理，未装容器，无专人管理的，扣 3 ～ 5 分		8 分		
			无保健医药箱的，扣 5 分				
			无急救措施和急救器材的，扣 8 分				
			无经培训的急救人员，扣 4 分				
			未开展卫生防病宣传教育的，扣 4 分				

（续表）

序号			扣分标准	扣分项	应得分数	减扣分数	实得分数
11		社区服务	无防粉尘、防噪音措施，扣5分		8分		
			夜间未经许可施工的，扣8分				
			现场焚烧有毒、有害物质的，扣5分				
			未建立施工不扰民措施的，扣5分				
小计					40		
检查项目合计					100		
检查人员：					年　月　日		

各项检查内容按专项表格进行。施工现场文明施工检查评分表中，保证项目为60分，一般项目为40分。当保证项目中有一项不得分或保证项目小计得分不足40分时，此项检查表不应得分。

将各专项检查的实际得分填入施工现场安全生产检查汇总表各相应项目中，根据得分情况和保证项目达标情况分为优良、合格、不合格三个等级。

知识链接

项目达标等级标准

优良：保证项目达标，汇总表分值达80分及其以上。

合格：保证项目达标，汇总表分值达70分及其以上。

不合格：汇总表得分不足70分；有一份表未得分，且汇总表得分在75分以下；当起重吊装或施工机具分表未得分，且汇总表得分在80分以下都为不合格。

六、安全标志

针对作业条件环境、危险部位，绘制施工现场安全标志布置平面图。施工现场安全标志布置平面图应由绘制人签名，经项目经理审批。现场根据施工现场安全标志布置平面图悬挂安全标志。施工现场安全标志分为禁止、警告、指令和提示四种类型。施工现场安全标志牌如表5-7所示。

表5-7　施工现场安全标志牌

序号	安全标志牌名称	数量	挂设位置
1	“禁止吸烟”牌		挂设在木工制作场所
2	“禁止烟火”牌		挂设在木料堆放场所
3	“禁止用水灭火”牌		挂设在配电室内
4	“禁止通行”牌		挂设在井架吊篮下
5	“禁带火种”牌		挂设在油漆、柴油仓库
6	“禁止跨越”牌		挂设在提升卷扬机地面钢丝绳旁

（续表）

序号	安全标志牌名称	数量	挂设位置
7	“禁止攀登”牌		挂设在井架上、脚手架上
8	“禁止外人入内”牌		挂设在工地大门入口处
9	“禁放易燃物”牌		挂设在电焊、气焊场所
10	“有人维修，严禁合闸”牌		有人维修时挂在开关箱上
11	“注意安全”牌		挂设在外脚手架上和高处作业处
12	“当心火灾”牌		挂在木料堆放场所和电气焊场所
13	“当心触电”牌		挂在机械作业棚和配电室等处
14	“当心机械伤人”牌		挂在机械作业场所
15	“当心伤手”牌		挂设在木工机械场所
16	“当心吊物”牌		挂设在提升机作业区域内
17	“当心扎脚”牌		挂设在模板作业区域内
18	“当心落物”牌		挂设在地面外架周边区域内
19	“当心坠落”牌		挂设在高处作业的四口、五临边
20	“安全通道”牌		挂设在外架斜道上和主要通道口
21	“必须戴安全帽”牌		挂设在进入工地的大、小门口
22	“必须系安全带”牌		挂在高空作业又没有可靠防护处
23	“当心塌方”牌		开挖土方时挂设在基坑临边
24	“必须戴防护手套”牌		挂设在振捣混凝土场所
25	“必须穿防护鞋”牌		挂设在振捣混凝土场所
26	“当心滑跌”牌		挂设在雨天易滑处
项目负责人（签字）：××× 填表人：××× 填表时间： 年 月 日			

课 后 实 训

实训：编制安全技术交底记录

安全技术交底记录

编号：________

工程名称	×××	交底部位	×××
施工单位	×××	工种	×××
安全技术交底内容：			

（续表）

针对性交底：					
交底人签名	×××	职务	×××	交底时间	年　月　日
接受交底人	×××				
签名					

思考练习

一、填空题

1. 施工单位应在工程竣工验收前，完成工程施工文件整理、________和________工作。

2. 设备安装工程安全技术交底，包括起重、__________、__________、__________、________、________和管理等作业的安全防护措施。

3. 施工现场安全标志分为________、________、________和提示四种类型。

4. 施工现场“禁止吸烟”牌一般挂设在________场所。

5. 施工现场“禁放易燃物”牌般挂设在________场所。

二、简答题

1. 建筑工程安全资料管理的基本要求是什么？

2. 建筑工程安全资料管理的意义有哪些？

项目六

竣工图资料及其组成

学习目标

知识目标

了解竣工图和工程竣工文件的形成和管理要求。

了解掌握竣工图的作用、编制单位与分工。

掌握竣工图编制的依据和基本要求。

能力目标

掌握施工现场安全管理资料的编写与常用表格。

掌握绘制竣工图的要求和方法。

素质目标

教授学生熟悉图纸内容，熟知工程施工进展，保证资料的真实性、完整性和科学性。

思政目标

教授学生各项方案按照现场实际情况来进行编制做到有“针对性”和“可行性”内容全面，条理分明。

任务导入

竣工文件是工程建设的真实记录，是对建设项目进行稽查、审计、监督、管理、验收及养护、维修的依据，是改建、扩建和实施质量保修的重要依据。竣工文件的全过程质量控制，是对工程技术文件从形成、积累、整理、归档到档案的组卷、保管、利用等一系列环节实施全过程的质量控制，使竣工文件在整个生存周期中都处于受控状态。

任务一　竣工图和工程竣工文件的形成和管理要求

竣工图是指在竣工的时候，由施工单位按照施工实际情况画出的图样。因为在施工过程中难免有修改，为了让建设单位或者使用者能比较清晰地了解管道的实际走向和设备的实际安装等情况，按照规定在工程竣工之后施工单位必须提交竣工图。竣工图和竣工文件具有的与建筑实体相符合的真实性，是其他图样和文件不能替代的。

一、竣工图和工程竣工文件的形成

竣工图和工程竣工文件的形成过程如图 6-1 所示。

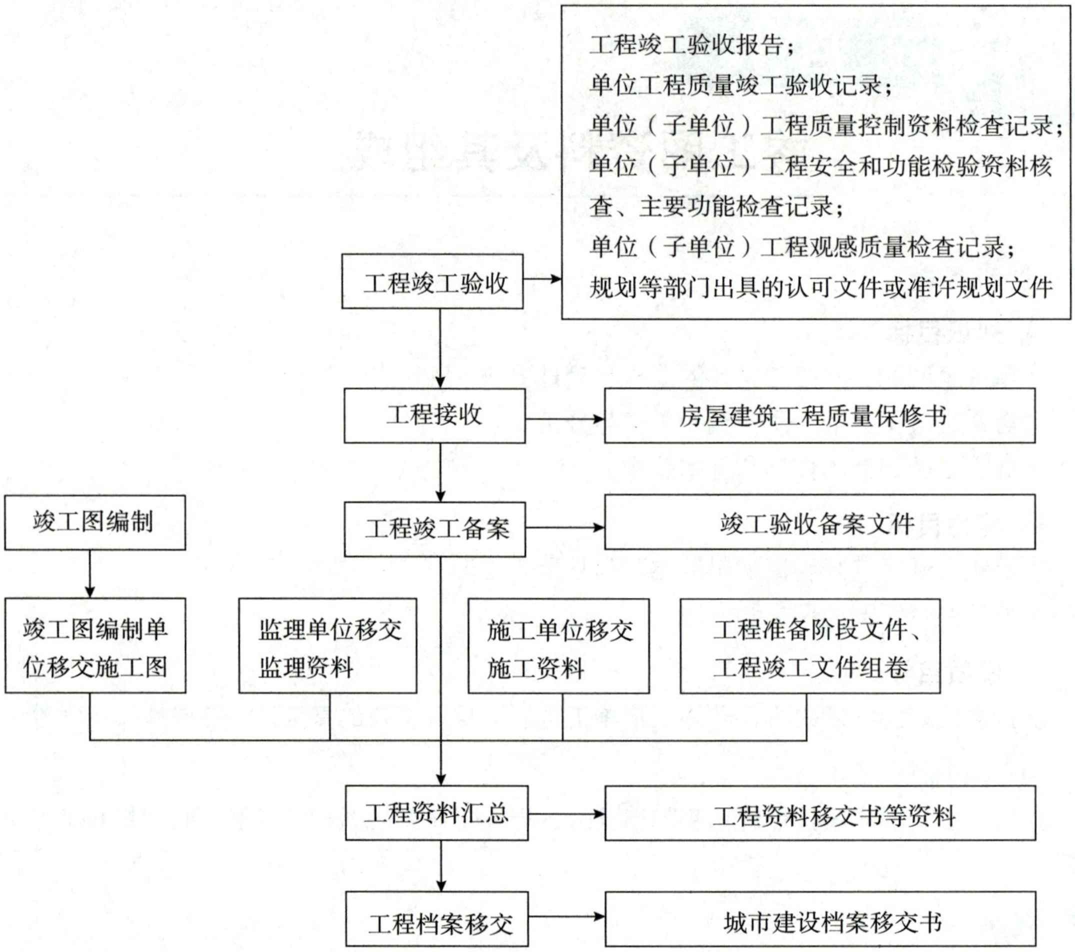

图 6-1　竣工图和工程竣工文件的形成过程

二、竣工图和工程竣工文件的管理要求

（1）工程竣工总结由建设单位在工程竣工阶段编制，应真实反映工程建设实施情况。

（2）工程竣工验收报告由建设单位在工程竣工验收后编制，应真实反映工程竣工验收情况。

（3）勘察单位工程质量检查报告是完成与工程勘察相关的工程质量检查后，由勘察单位编制的报告。

（4）设计单位工程质量检查报告是完成对工程设计文件和设计单位签署的变更通知的实施情况的检查后，由设计单位编制的报告。

任务二 竣工图的作用、编制单位与分工

一、竣工图的作用

1. 竣工图是建筑工程新建、改建、扩建和工程管理、维修的技术依据

在建筑工程开始建设时，施工单位一般要通过查阅原工程竣工图或实地调查来了解周围工程的概况，特别是在敷设地下管线或进行隐蔽工程维修时，要通过查阅竣工图来掌握地下管线的走向、管径、标高和转折点、交叉点的详细位置；在建筑工程改建、扩建时，也必须通过查阅竣工图来弄清楚它的基础、结构形式，盲目改建、扩建必将造成重大安全隐患；对建筑工程原有的电线、电缆、给排水管线等进行维修、增容时，也必须通过查阅完整、准确的竣工图来获得原有管线的走向、位置、管沟大小等信息。

竣工图

2. 竣工图是城市规划、建设、管理等工作的重要依据

随着城市现代化程度的不断提高，地下隐蔽工程越来越多，在城市规划、建设、管理特别是地下建筑和地下管线空间规划中，完整、准确的竣工图是必不可少的基础资料。2000 年冬季发生在西安市莲湖路的天然气地沟爆炸事故就是因为天然气管道与电力通信线路的安全距离不够，随着天然气泄漏浓度的增大，电力通信线路的放电火花引起地沟爆炸。如果已建工程管线位置在建设时发生变更而没有改绘标注，新建工程管线规划又与原工程在同一位置，那么在施工时就会经常发生挖断光缆、电缆、管线等事故，造成经济损失和人员伤亡。因此，必须借助竣工图来合理安排新建地下建筑物和地下管线的位置。

3. 竣工图是司法鉴定、裁决建筑纠纷的法律凭证

在作重大工程质量事故的技术鉴定时，首先要对工程图纸进行核对，检查施工单位是否严格按图施工，有变更的部位是否经过设计单位同意，签字手续是否完备；其次才对设计计算、原材料是否合格、施工过程是否符合规范的要求等进行检查。1999 年重庆市綦江区彩虹桥因严重的质量问题突然整体垮塌，造成死 40 人、伤 14 人，直接经济损失 600 余万元的严重后果。国务院事故调查领导小组在对事故进行调查时首先采取的一项措施是封存彩虹桥项目的所有工程监理资料和工程档案资料。

4. 竣工图是工程结算的依据

竣工图能用于准确计算已完工程的工程量，复核认定已完工程量的真实性，正确判定变更项目的合理性和合规性。对已完成竣工图编制并且通过竣工验收的工程项目，审计人员能通过竣工图正确计算出工程造价。竣工图在投资、审计、决算中与施工图、中标价、施工合同、施工签证、地方定额、当期材料价格等一样均是重要的结算依据。

二、竣工图的编制单位与分工

（1）竣工图由建设单位负责编制与整理，也可由建设单位委托施工单位、监理单位、设计单位或其他单位编制。

（2）建设项目实行总包制的，各分包单位应负责编制各自承包的工程的竣工图；总包单位除编制自行施工的工程的竣工图外，还应负责审核、整理和汇总各分包单位编制的竣工图。总包单位在交工时应向建设单位提交全部工程的竣工图。

（3）建设单位将建设项目分包给几个施工单位时，各施工单位应负责编制各自承包的工程的竣工图，建设单位负责审核、整理和汇总。

（4）竣工图的编制工作应遵循“谁施工谁负责”的原则。

① 建筑工程的竣工图由项目部施工技术人员编制，由项目技术负责人审核、批准和汇总。

② 安装工程的竣工图由各专业施工技术人员编制，由项目技术负责人审核、批准和汇总。

③ 施工技术人员调离时应将个人负责的竣工图整理完毕，经审核无误后与项目技术负责人做好交接。

④ 大中型工程的竣工图由项目技术负责人主持编制，经公司技术部门复核，交总工程师审批和主管档案部门验收。

知识链接

竣工图的主要内容

竣工图应按专业、系统进行整理，主要包括以下内容。

（1）工程总体布置图、位置图，地形复杂者应附竖向布置图。

（2）建筑竣工图、幕墙竣工图。

（3）结构竣工图、钢结构竣工图。

（4）建筑给水、排水与采暖竣工图。

（5）消防竣工图。

（6）燃气竣工图。

（7）建筑电气竣工图。

（8）智能建筑竣工图（综合布线、保安监控、电视天线、火灾报警、气体灭火等）。

（9）采暖竣工图。

（10）通风空调竣工图。

（11）电梯竣工图。

（12）地上部分的道路、绿化、庭院照明、喷泉、喷灌等竣工图。

（13）地下部分的各种市政、电力、电信管线等竣工图。

任务三 施工现场安全管理资料的编制与常用表格

一、工程项目安全管理资料

工程施工总平面布置图如图 6-2 所示，工程项目安全管理资料的具体内容如表 6-1 ～表 6-37 所示。

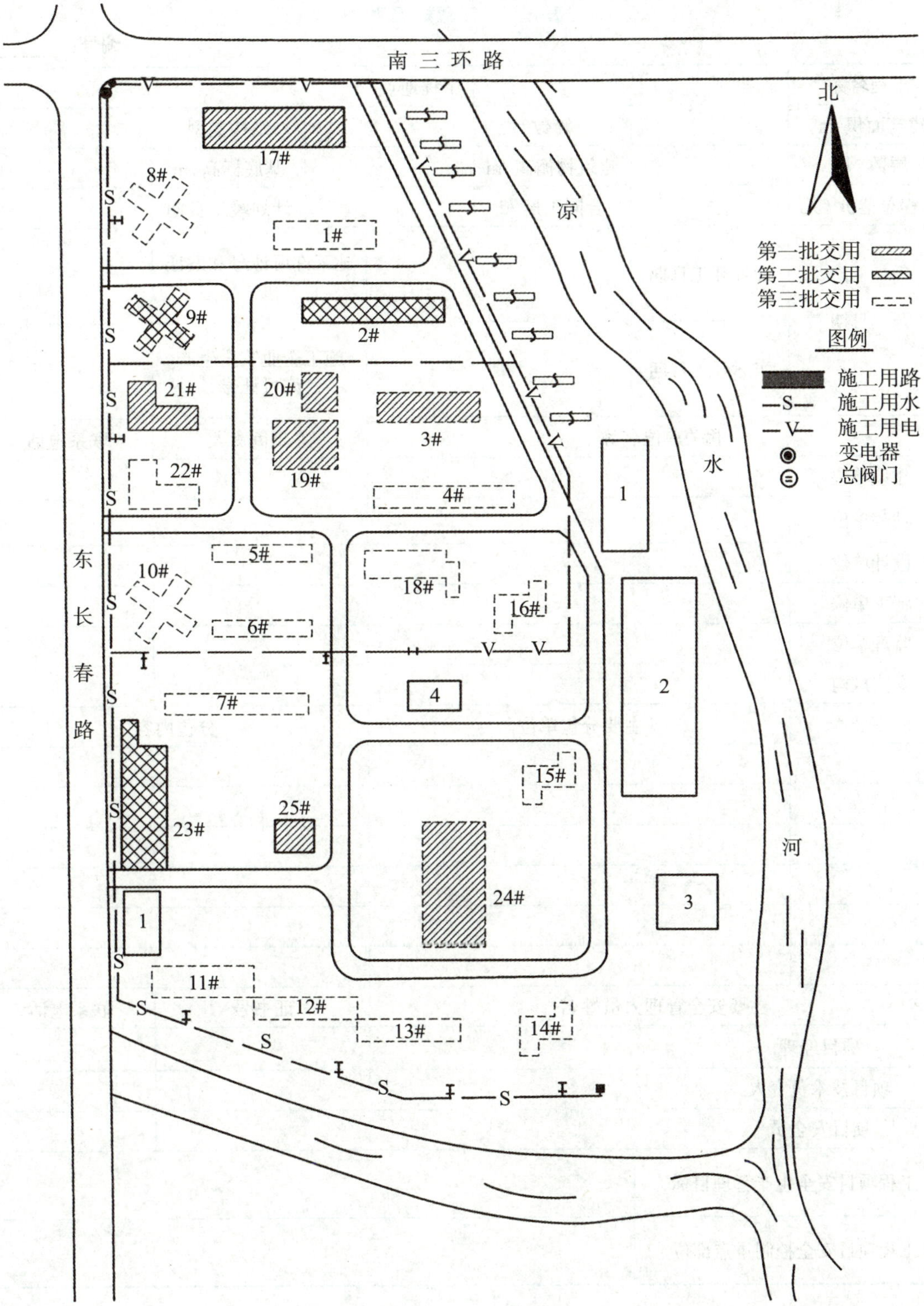

1—工地办公用房；2—钢筋加工、材料堆放棚；3—料具房；4—搅拌站；5—施工生活区。

图 6-2　工程施工总平面布置图

表 6-1　工程概况表

编号：________

<table>
<tr><td>工程名称</td><td colspan="3"></td><td>工程地点</td><td colspan="3"></td></tr>
<tr><td>建筑面积 /m²</td><td colspan="2"></td><td>幢数</td><td colspan="2"></td><td>结构类型</td><td></td></tr>
<tr><td>层数 / 层</td><td colspan="2"></td><td>建筑物檐高 /m</td><td colspan="2"></td><td>基底标高 /m</td><td></td></tr>
<tr><td>工程总造价 / 元</td><td colspan="2"></td><td>合同工期 /d</td><td colspan="2"></td><td>计划竣工日期</td><td></td></tr>
<tr><td rowspan="2">开工日期</td><td colspan="2">计划开工日期</td><td colspan="2"></td><td colspan="2">施工许可证号和发证机关</td><td></td></tr>
<tr><td colspan="2">实际开工日期</td><td colspan="2"></td><td colspan="2">施工企业安全生产许可证号</td><td></td></tr>
<tr><td colspan="5">相关单位名称</td><td colspan="2">主要负责人</td><td>联系电话</td></tr>
<tr><td>建设单位</td><td colspan="4"></td><td colspan="2"></td><td></td></tr>
<tr><td>勘察单位</td><td colspan="4"></td><td colspan="2"></td><td></td></tr>
<tr><td>设计单位</td><td colspan="4"></td><td colspan="2"></td><td></td></tr>
<tr><td>施工单位</td><td colspan="4"></td><td colspan="2"></td><td></td></tr>
<tr><td>监理单位</td><td colspan="4"></td><td colspan="2"></td><td></td></tr>
<tr><td>安监机构</td><td colspan="4"></td><td colspan="2"></td><td></td></tr>
<tr><td>序号</td><td colspan="4">主要分包单位</td><td colspan="3">分包内容</td></tr>
<tr><td></td><td colspan="4"></td><td colspan="3"></td></tr>
<tr><td></td><td colspan="4"></td><td colspan="3"></td></tr>
<tr><td></td><td colspan="4"></td><td colspan="3"></td></tr>
<tr><td></td><td colspan="4"></td><td colspan="3"></td></tr>
<tr><td></td><td colspan="4"></td><td colspan="3"></td></tr>
<tr><td></td><td colspan="4"></td><td colspan="3"></td></tr>
<tr><td colspan="5">主要安全管理人员姓名</td><td colspan="2">证书号</td><td>联系电话</td></tr>
<tr><td colspan="2">项目经理</td><td colspan="3"></td><td colspan="2"></td><td></td></tr>
<tr><td colspan="2">项目技术负责人</td><td colspan="3"></td><td colspan="2"></td><td></td></tr>
<tr><td colspan="2">项目安全员</td><td colspan="3"></td><td colspan="2"></td><td></td></tr>
<tr><td colspan="3">工程项目安全生产管理目标</td><td colspan="5"></td></tr>
<tr><td colspan="3">工程项目安全控制重点部位</td><td colspan="5"></td></tr>
</table>

表 6–2　项目重大危险源控制措施表

编号：________

工程名称		施工单位	
重大危险源			
作业 / 活动 / 设施 / 场所		可能导致的事故	
责任部门		相关部门	
控制目标			
危险源控制措施			
实施负责人		责任部门负责人	

表 6–3　项目重大危险源识别汇总表

编号：________

施工单位					
序号	作业	危险源	可能导致的事故	危险级别	控制措施要点
1	基础施工	坍塌	人员伤亡	2 级	b、c、d、e
		高处坠落	人员伤亡	2 级	c、e
2	脚手架搭设	高处坠落	人员伤亡	2 级	c、e
		倾覆	财产损失、人员伤亡	2 级	b、c、d、e
3	模板安拆	物体打击	人员伤亡	2 级	c、f
4	施工用电	触电	人员伤亡	2 级	b、c、d、e
5	焊接作业	火灾	财产损失、人员伤亡	2 级	b、c、d、e
		爆炸	财产损失、人员伤亡	2 级	b、c、d、e
		触电	人员伤亡	2 级	b、c、d、e
		电光刺眼	电光眼	2 级	f
6	混凝土施工	吸入水泥	水泥尘肺	2 级	f
7	木工作业	火灾	财产损失、人员伤亡	2 级	b、c、d、e
8	起重机械安装和起重吊装	倒塌	财产损失、人员伤亡	2 级	a、c、d、e
		物体打击	人员伤亡	2 级	c、f
		高处坠落	人员伤亡	2 级	c、e

（续表）

序号	作业	危险源	可能导致的事故	危险级别	控制措施要点
9	机械作业	噪声	噪声聋	2级	f
		机械伤害	人员伤亡	2级	f
10	龙门架和外用电梯安装	倒塌	财产损失、人员伤亡	2级	a、b、c、d、e
		高处坠落	人员伤亡	2级	a、b、c、d、e
11	防水和保温作业	中毒	人员伤亡	2级	c、d、e
		火灾	人员伤亡	2级	a、b、c、d、e
		灼烫	人员伤亡	2级	f
12	装修作业	中毒	人员伤亡	2级	c、d、e
		火灾	财产损失、人员伤亡	2级	a、b、c、d、e
13	暑季施工	中暑	人员伤亡	2级	c、d、e
14	生活区	中暑	人员伤亡	2级	c、d、e
15	办公区	火灾	财产损失、人员伤亡	2级	a、b、c、d、e

编制：＿＿＿＿＿＿　　批准：＿＿＿＿＿＿　　时间：＿＿＿＿年＿＿＿月＿＿＿日

注：a表示制定管理方案；b表示制定管理规定；c表示组织培训与教育；d表示制定应急预案；e表示加强现场监督检查；f表示保持现有的措施。

表6–4　危险性较大的分部分项工程汇总表

工程名称：＿＿＿＿＿＿＿＿＿＿　　　　编号：＿＿＿＿

施工单位		监理单位
危险性较大的分部分项工程	1	基坑支护与降水工程：基坑（槽）开挖深度超过5 m（含5 m）并采用支护结构调整施工的工程；基坑（槽）开挖深度虽未超过5 m，但地质条件和周围环境复杂，地下水位在坑底以上的工程（　　）
	2	土方开挖工程：开挖深度超过5 m（含5 m）的基坑（槽）的土方开挖（　　）
	3	模板工程：各类工具式模板工程，包括滑模、爬模、大模板等；水平混凝土构件模板支撑系统和特殊结构模板工程（　　）
	4	起重吊装工程：大型构件（　　）；大型设备或设施（　　）
	5	脚手架工程：高度超过24 m的落地式钢管脚手架（　　）；附着式升降脚手架，包括整体提升与分片提升（　　）；悬挑式脚手架（　　）；门式脚手架（　　）；外挂脚手架（　　）；吊篮脚手架（　　）；卸料平台（　　）
	6	拆除、爆破工程：采用人工、机械拆除或爆破拆除的工程（　　）
	7	其他危险性较大的工程：建筑幕墙安装施工（　　）；预应力结构张拉施工（　　）；隧道工程施工（　　）；桥梁工程施工（含架桥）（　　）；特种设备施工（　　）；网架和索膜结构施工（　　）；6 m以上的边坡施工（　　）
	8	大江、大河的导流、截流施工（　　）
	9	港口工程、航道工程（　　）
	10	采用新技术、新工艺、新材料，可能影响建设工程质量安全，已经行政许可，尚无技术标准的施工（　　）

（续表）

施工单位			监理单位	
应当组织专家论证的工程	1	深基坑工程：开挖深度超过 5 m 或地下室为三层及以上，或开挖深度虽未超过 5 m（含 5 m），但地质条件、周围环境和地下管线极其复杂的工程（ ）；专家论证情况（ ）		
	2	地下暗挖工程和遇溶洞，暗河、断层等复杂地质或有瓦斯爆炸、岩爆、涌泥等风险的隧道工程（ ）；专家论证情况（ ）		
	3	高大模板工程：高度超过 8 m 或跨度超过 18 m，施工总荷载大于 10 kN/m^2 或集中线荷载大于 15 kN/m 的水平混凝土构件模板支撑系统（ ）；专家论证情况（ ）		
	4	30 m 及以上的高空作业工程（ ）；专家论证情况（ ）		
	5	城市房屋拆除爆破和其他土石爆破工程（ ）；专家论证情况（ ）		

表 6–5 危险性较大的分部分项工程专家论证表

工程名称：________________ 编号：__________

总承包单位				项目负责人		
分包单位				项目负责人		
危险性较大的分部分项工程名称						
专家组人员简介						
姓名	性别	年龄	工作单位	职务	职称	专业
专家组论证意见：						
组长（签字）： 专家（签字）：						
项目经理部（章）：					年 月 日	

表 6–6　建设工程项目开工现场检查评分记录表

编号：________

工程名称			施工单位		
序号	检查项目		检查情况	标准分值 / 分	评定分数 / 分
1	开工现场	设居民来访接待室		5	
2		施工区、生活区划分明确，责任明确		5	
3		施工现场大门、围挡牢固、整齐		5	
4		现场清洁、整齐，道路硬化，有排水措施		5	
5		临设工程牢固、整齐		5	
6		施工现场主要出入口有施工单位标牌		5	
7		工地大门内有一图四板		5	
8		张贴材料存放布置图		5	
9		料场平整、坚实，有排水措施		5	
10		料具和构、配件码放整齐，符合标准		5	
11		对成品进行保护		5	
12		建筑物内外不晾晒衣服、被褥，零散物料和垃圾、渣土及时清理		5	
13		施工现场无长流水、长明灯等浪费现象		5	
14		建筑垃圾、生活垃圾不混放并及时清理		5	
15		材料保存、保管有相应的保护措施		5	
16	资料	施工组织设计、审批手续		5	
17		施工日志和文明施工管理制度		5	
18		居民来访记录		5	
19		检查、整改记录		5	
20	职工应知应会			5	
应得分：	实得分：		得分率：	折合标准分：	
检查员：	日期：				

表 6–7　安全监督联系单

编号：________

施工单位	×× 建设集团公司	项目负责人	××
工程名称	×× 工程	概算投资 / 万元	××
详细地址	×× 区 ×× 路	公司 / 工地电话	××
结构，层数	框架，地下 1 层、地上 17 层	工伤意外保险	已办理
计划开、竣工日期	年　月　日至　年　月　日	安全监督证号	××

（续表）

安全监督检查意见
经检查重大危险源的编制方案与审批情况，施工现场五牌一图、安全宣传标语和安全广告牌的落实情况，进场职工、新工人的安全培训教育情况，安全管理规章制度和主要工种安全操作规程的编制情况，安全达标计划的制订情况，防护措施的落实情况，文明施工、消防、保卫和卫生方面的规定的制定情况，各项均符合要求
安监员（签字）：× × 项目负责人（签字）：× ×

表 6-8　单位工程施工过程安全达标检查评定等级认定书

编号：________

工程名称	× × 工程				
施工名称	× × 建设集团公司	资质等级	总承包 1 级	项目经理	× ×
开工证号	× ×	评定形象进度	地下 1 层	安全员（甲）	× ×
结构类型	框架剪力墙	面积 /m^2	315250．08	安全员（乙）	
层数	地下 1 层、地上 17 层		开工日期	年　月　日	
工程详细地址	× × 区 × × 路				
序号	检查项目		标准分值 / 分	企业自查评定分数 / 分	安监站审查核定分数 / 分
1	安全管理		10	8	8
2	文明施工	生活区管理	10	9	9
		现场、料具管理	10	9	9
3	环境保护		10	9	9
4	脚手架		10	9	9
5	基坑支护与磨板工程、“三宝”与“四口”防护		10	8	8
6	施工用电		10	10	10
7	塔吊、起重吊装		10	10	10
8	机械安全	物料提升机	5	3	3
		外用电梯、工程机具	5	3	3
9	保卫、消防		10	9	9
综合评定分数			100	87	87
申报单位	主管经理（签字）：× × 公章 年　月　日			检查负责人	× ×
				评语：评定等级为优良 年　月　日	

表 6-9　建设工程施工安全达标等级认定书

工程名称	××工程		建设单位	××公司	
设计单位	××设计有限公司		填表时间	年　月　日	
工程地点	××区××路				
施工单位	××建设集团公司/分公司（处）××工程项目部				
层数	地下××层、地上××层	高度/m	××/m	工程造价/万元	××/万元
开工日期	年　月　日	竣工日期	年　月　日	监督申请号	××
项目经理姓名、证号	××	安全员姓名、证号	××	监督起止时间	年　月　日至　年　月　日
序号	检查项目和标准分值		企业评定分数/分	安监站（监督室）复查分数/分	
1	安全管理 10 分		8	8	
2	文明施工 20 分		18	18	
3	环境保护 10 分		9	9	
4	脚手架 10 分		9	9	
5	基坑支护与模板工程、“三宝”与“四口”防护 10 分		9	9	
6	施工用电 10 分		8	8	
7	塔吊、起重吊装 10 分		10	10	
8	机械安全 10 分		10	10	
9	保卫、消防 10 分		6	6	
综合评分 100 分			87	87	
参加检查人员			××		
安全施工基本状况和企业自评等级			基本状况：×× 自评等级：省级或市级 企业负责人（签字）：××　单位盖章： 年　月　日		
建设（监理）单位意见			负责人（签字）：××　建设（监理）单位盖章： 年　月　日		
市安监站（监督科）或县（区）安监站监督结论、初评意见			初评意见：同意 室主任：×× 年　月　日		
安监站核定安全达标等级			核定意见：同意 站长（室主任）：×× 年　月　日		

注：1. 此表在工程完工时由企业自评，建设（监理）单位签署意见后申报。

2. 评定、核定按住房和城乡建设部《建筑施工安全检查标准》（JGJ 59—2011）和省、市建设行政主管部门专项规定执行，以对项目施工过程中的企业检查、安全监督情况进行综合评定。

3. 安全施工基本状况主要填写项目施工过程中的建筑施工安全事故及其处理简况和项目安全管理、安全投入、安全检查、实际效果等基本情况。

表 6-10　安全管理目标考核表

目标管理		轻伤	重伤	死亡	安全达标	文明施工
公司下达的安全生产指标						
项目部目标						
年　月	项目部月总目标					
年　月	项目部月总目标					
年　月	项目部月总目标					
年　月	项目部月总目标					
年　月	项目部月总目标					
年　月	项目部月总目标					
年　月	项目部月总目标					

表 6-11　项目安全责任目标分解表

＿＿＿＿年＿＿＿月＿＿＿日

序号	项目	内容
1	项目部	达到公司制定的安全目标
2	项目经理	全面负责项目安全生产、安全目标管理、定期考核的评定
3	安全员	负责项目部安全检查，协助项目部有关人员对隐患整改提出处理意见，参加项目部对作业班组的检查、安全教育、定期评定
4	技术负责人	负责制定施工方案安全技术措施，进行分部分项安全技术交底和安全技术教育
5	队（工）长	协助安全员对作业班组进行安全检查和分部分项安全技术交底检查
6	材料员	参与作业班组文明施工考核的评定
7	作业班组长	负责施工现场料具、设备的统一管理，对作业范围内的安全生产全面负责，搞好作业区内的文明施工、安全生产，进行分项安全交底和作业区的安全检查

表 6-12　项目经理安全责任目标考核表

单位工程名称：＿＿＿＿＿＿＿　　住宅楼姓名：＿＿＿＿＿　　＿＿＿＿＿年＿＿＿月＿＿＿日

内容	安全责任目标考核内容	标准分值 / 分	实得分数 / 分
安全管理目标 20 分	本月安全管理目标	5	4
	上月安全管理目标	15	12
保证项目 50 分	认真执行国家安全生产法律、法规，与工人签订劳动合同，贯彻执行有关建筑施工安全的强制性条文，落实安全防护经费	10	8

（续表）

内容	安全责任目标考核内容	标准分值/分	实得分数/分
保证项目 50分	制定项目部安全管理制度，签订项目部管理人员安全生产责任书	5	4
	组建项目部安全管理机构，配备专（兼）职安全管理人员	5	4
	每月组织一次安全检查和安全设施（备）验收	10	8
	每月组织一次安全例会，组织学习安全知识，通报本月安全生产情况，布置下月安全生产工作，并做好会议记录	10	9
	及时给工人办理工伤意外保险，如发生安全事故及时上报并组织抢救，对事故严格按“四不放过”的原则处理	5	4
	审查项目管理人员安全管理目标，督促落实并组织定期考核	5	4
一般项目 30分	审批安全技术措施，安排人力、物力计划	5	5
	现场施工用电、建筑施工垂直运输设备安装完毕后组织验收，合格的向有关部门申报	5	3
	组织工人三级安全教育，开展查隐患堵漏洞等活动	5	4
	严格执行特种工持证上岗制度，不断提高普通工持证上岗率	5	4
	组织开展创建安全文明施工现场活动，不断改善工作环境和生活卫生条件	5	4
	审批本月建筑工程施工安全月报表	5	5
安全总结	优良 被考核人：××		
考核评语	优良 安全领导小组组长（签字）：××		
参加考核人	××××××××		

表6-13　施工技术人员安全责任目标考核表

单位工程名称：________　工程姓名：________　________年____月____日

内容	安全责任目标考核内容	标准分值/分	实得分数/分
安全管理目标 20分	本月安全管理目标	5	4
	上月安全管理目标执行落实情况	15	13
保证项目 50分	参加项目工程安全技术交底，并有签字记录	12	11
	参加或组织编制安全技术措施，审查安全技术措施的可行性与针对性，并随时检查、监督落实	12	10

（续表）

内容	安全责任目标考核内容	标准分值 / 分	实得分数 / 分
保证项目 50 分	主持安全防护设施和设备的验收，严格控制不符合标准要求的防护设施、设备投入使用	13	12
	收集、整理现场管理资料，保证验收资料与工程进度同步	13	12
一般项目 30 分	贯彻落实安全生产方针、政策，严格执行安全技术规程，并作记录	7	6
	依据施工组织设计和专项方案细化安全技术措施，制定季节性和有针对性的施工方案，并编制安全技术交底单，及时解决执行中出现的问题	8	8
	参加安全生产检查，对施工中存在的不安全因素从技术方面提出整改意见和办法予以消除	8	6
	参加、配合因工伤亡和重大未遂事故的调查，从技术上分析事故发生原因，提出防范措施和意见	7	5
安全总结	优良 被考核人：× ×		
考核评语	优良 安全领导小组组长：× ×		
参加考核人	× × × × × × × ×		

表 6–14 施工管理人员安全责任目标考核表

单位工程名称：__________ 工程姓名：__________ ______年____月____日

内容	安全责任目标考核内容	标准分值 / 分	实得分数 / 分
安全管理目标 20 分	本月安全管理目标	5	4
	上月安全管理目标执行落实情况	15	12
保证项目 50 分	依据法律、法规、规范、标准组织安全生产，贯彻执行施工组织设计和安全技术措施	5	5
	参加项目安全创优计划和安全技术措施的制定，并组织实施	10	9
	参加施工用电、外脚手架、建筑施工垂直运输设备等专项方案的编制，并组织实施，确保安全防护设施与工程进度同步	15	10
	参加对设备、设施的检查验收，提出整改意见，组织整改落实	10	9
	负责现场卫生的整洁和其他文明施工措施的落实	10	8
一般项目 30 分	组织施工人员参加季节性的安全教育，并作记录	5	5
	参与对新进场和转岗工人的三级安全教育	5	4

（续表）

内容	安全责任目标考核内容	标准分值 / 分	实得分数 / 分
一般项目 30 分	合理安排施工作业，做好交叉流水，对操作人员进行交底	5	3
	组织安全技术交底，督促班组长对操作人员进行交底	10	7
	参加施工现场安全检查，杜绝违反劳动纪律、违章作业、违章指挥的“三违”现象发生	5	5
安全总结	优良 被考核人：××		
考核评语	优良 安全领导小组组长：××		
参加考核人	××××××××		

表 6–15　安全员安全责任目标考核表

单位工程名称：＿＿＿＿＿＿＿＿　工程姓名：＿＿＿＿＿＿＿　＿＿＿＿年＿＿月＿＿日

内容	安全责任目标考核内容	标准分值 / 分	实得分数 / 分
安全管理目标 20 分	本月安全管理目标	5	4
	上月安全管理目标执行落实情况	15	12
保证项目 50 分	参与项目部有关安全制度、措施的制定，提出建设性意见	6	5
	参加对新进场和转岗工人的三级安全教育和安全技术交底	6	6
	参加公司、项目的各种安全检查，检查验收资料与工程进度的同步情况	6	5
	参与班组安全活动，检查班组活动记录	6	5
	监督现场安全防护用品的质量和发放、使用，并作记录	7	7
	及时组织对施工用电、龙门架（井架）、塔吊、外脚手架等设施的检验并定期组织自检	7	5
	参加每月安全例会（邀请领导参加），并作记录；上报每月安全报表	6	5
	组织落实施工现场五牌一图、警示牌、安全宣传标语、黑板报等的设置，组织开展安全月活动	6	5
一般项目 30 分	组织学习国家有关安全生产的方针、政策、规范、规程和《建筑施工安全检查标准》（JGJ59—2011）	5	5
	严格遵守本企业、本项目的安全管理制度和安全生产责任制	5	4
	开展施工现场安全巡查，防止“四大”伤害事故	5	3

（续表）

内容	安全责任目标考核内容	标准分值 / 分	实得分数 / 分
一般项目 30 分	参加安全事故的调查处理	5	4
	建立本企业、本项目的工伤事故档案，发生事故及时上报	5	5
	制定违章制度，执行安全生产奖惩制度，建立奖罚台账	5	4
安全总结	合格 被考核人：××		
考核评语	合格 安全领导小组组长：××		
参加考核人	××××××××		

表 6–16　班组长安全责任目标考核表

单位工程名称：______________　　工程姓名：___________　　_______年____月____日

内容	安全责任目标考核内容	标准分值 / 分	实得分数 / 分
安全管理目标 20 分	本月安全管理目标	5	4
	上月安全管理目标执行落实情况	15	13
保证项目 50 分	组织本班组开展学习安全操作规程的活动	10	8
	每天利用上班前的 15 ～ 20 min 组织本班组开展班前安全活动，并作记录	15	12
	认真开展工人转岗安全教育，并进行班前安全技术交底	10	8
	组织本班组人员开展施工作业层的安全巡检，及时消除安全隐患	15	12
一般项目 30 分	执行安全管理制度、各工种安全技术规程	5	3
	认真落实安全技术交底制度，并履行签字手续	5	5
	检查本班组人员劳动保护用品的使用情况，纠正违章行为	5	3
	参加安全检查和安全例会，汇报本班组的安全生产情况	5	4
	合理安排本班组人员的工作，加强交叉作业的安全防护，对本班组人员在生产中的安全和健康负责	5	4
	杜绝违反劳动纪律违章作业、违章指挥的“三违”现象发生	5	4
安全总结	合格 被考核人：××		
考核评语	合格 安全领导小组组长：××		
参加考核人	××××××××		

表 6–17　专项施工组织设计（方案）审批表

工程名称	×× 工程	工程地点	×× 区 ×× 路
建设单位	×× 公司	建设面积 /m²	31525.08
结构类型	框架剪力墙	工程造价 / 万元	3007
设计单位	×× 设计有限公司	监理单位	×× 监理公司
层数、高度	地下 ×× 层、地上 ×× 层，共 ××m	建筑物跨度 /m	××
开、竣工日期	年　月　日至 年　月　日	编制人	××
项目负责人	××	项目安全负责人	××
参加会审人员：××××××			
单位	×× 监理公司	×× 建设集团公司	×× 建设公司
职务	总监理工程师	总工程师	项目经理
职称	高级工程师	工程师	工程师
签名	××	××	××
审批结论	同意 技术负责人签字（盖章）： 年　月　日		
建设单位审批意见	同意 签字（盖章）： 年　月　日		

表 6–18　夜间施工申报表

<table>
<tr><td>单位工程名称</td><td colspan="2">×× 工程</td><td>交底日期</td><td colspan="2">年　月　日</td></tr>
<tr><td>分部分项工程名称</td><td colspan="2">钢结构</td><td>生产班组名称</td><td colspan="2">钢结构安装</td></tr>
<tr><td colspan="6">安全技术交底内容：
在钢结构工程中，高层和超高层的施工安全问题十分突出，应该采取有力的措施保证安全施工，具体安全措施如下。
1. 在柱、梁安装后而未设置浇筑楼板用的压型钢板时，为便于柱子螺栓等的施工，可在钢梁上铺设适当数量的走道板，走道板可附设吊耳和扶手。
2. 钢结构吊装时，为防止工具、物料飞出和人员坠落，可架设安全平网和安全竖网。平网设置在梁面以上 2 m 处，当楼层高度低于 4.5 m 时，平网可隔层设置。平网应在建筑平面范围内满铺。竖网铺设在建筑物外围，一般为两节柱的高度。
3. 为便于接柱施工，在接柱处要设操作平台。
4. 施工中需要的各种电气、焊接设备要存放在备用平台上，备用平台随结构安装逐渐升高。备用平台的螺栓必须全部加以紧固。电气设备要接地，每层楼面分别设置配电箱，以满足每层楼面的施工用电需要。
5. 为便于施工登高，吊装柱子前要先将登高钢梯固定在钢柱上。为便于在柱梁节点处紧固高强螺栓和焊接，需要在柱梁节点下方安装挂篮脚手架。
6. 当风速为 10 m/s 时，高空吊装施工应停止；当风速达到 15 m/s 时，所有工作均应停止。
7. 施工时还应注意防火，配备必要的灭火设备和消防人员。</td></tr>
<tr><td>交底人（签字）</td><td>××</td><td>安全员（签字）</td><td>××</td><td>接受交底人（签字）</td><td>××</td></tr>
</table>

表 6–19　夜间施工申报表

<table>
<tr><td colspan="2">致 ×× 行政执法局：
由我单位施工的 ×× 工程，浇筑一层混凝土需夜间连续施工，现我单位申报从 ×××× 年 ×× 月 ×× 日至 ×××× 年 ×× 月 ×× 日连续浇筑混凝土。
项目部（盖章）：
年　月　日</td></tr>
<tr><td>企业主管部门意见（签章）</td><td>同意
年　月　日</td></tr>
<tr><td>有关部门审批意见（签章）</td><td>同意
年　月　日</td></tr>
<tr><td>备注</td><td></td></tr>
</table>

表 6–20　项目部安全检查记录表

<table>
<tr><td>工程名称</td><td>×× 工程</td><td>检查时间</td><td>年　月　日</td></tr>
<tr><td>检查人员</td><td>××</td><td>受检队、组</td><td>钢筋</td></tr>
<tr><td colspan="4">检查记录：
现场钢筋堆放混乱，使用的机械无警示牌（标志）。
记录人：××
工地负责人：××</td></tr>
<tr><td colspan="4">整改要求：
将现场钢筋原材料整理并堆放整齐，使用的机械悬挂警示牌（标志）。
负责整改人（签字）：××
整改时间：自 ×× 月 ×× 日
到 ×× 月 ×× 日</td></tr>
<tr><td colspan="4">复查意见：
现场钢筋原材料已整理并堆放整齐，使用的机械已悬挂普示牌（标志）。
复查人（签字）：××
年　月　日</td></tr>
</table>

注：本表一式两份，由项目安全员和受检队、组各存一份。

表 6–21　事故隐患整改通知

________年____月____日（____）安监字________号

<table>
<tr><td>×× 建设集团公司：
×××× 年 ×× 月 ×× 日，经 ×× 市安监站 ×× 监督科检查发现你单位存在如下事故隐患。请在接到通知后，于 ×××× 年 ×× 月 ×× 日前按有关安全技术规范和规程的规定采取相应的措施整改，并经公司复查后，将整改完成情况及时反馈给通知发出单位。
存在的问题如下。
1．外架脚手板防护不到位。
2．电梯井未作防护。
3．临时防护不到位。
4．楼梯未作防护。
5．外架连墙局部未采用软拉结</td></tr>
</table>

（续表）

受检单位签章： 负责人（签字）：× × 电话：× × 年　月　日	通知发出单位签章： 经办人（签字）：× × 年　月　日

表 6-22　事故隐患整改情况报告书（反馈单）

致 × × 市安监站（安监科）： 我 × × 工程工地于 × × 月 × × 日接到责站（科）安监字 × × 号事故隐患整改通知书，现将要求整改的事项的整改落实情况报告如下，请核查。 1．外架防护已整改到位。 2．电梯井防护已整改到位。 3．临时防护已整改。 4．楼梯防护已按规范整改		
项目负责人签（盖）章： 年　月　日	企业主管部门复查意见： 年　月　日	项目监理机构监督意见： 年　月　日

表 6-23　三级安全教育记录卡

姓名：＿＿＿＿＿＿　出生年月：＿＿＿＿＿＿　文化程度：＿＿＿＿＿＿

部门：＿＿＿＿＿＿　班　组：＿＿＿＿＿＿　入队时间：＿＿＿＿＿＿

带教师傅：＿＿＿＿＿＿　家庭地址：　身份证号码：

三级安全教育内容		教育人	受教育人
公司教育	进行有关安全生产的基本知识教育和法制教育，主要内容是： 1．党和国家的安全生产方针、政策。 2．安全生产法规、标准和法制观念。 3．本单位的施工过程和安全生产规章制度、安全纪律。 4．本单位的安全生产形势、历史上发生的重大事故和应吸取的教训。 5．发生事故后如何抢救伤员、排险、保护现场和及时报告	签名： × ×	签名： × ×
		年　月　日	
工程项目部教育	进行现场规章制度教育和遵章守纪教育，主要内容是： 1．本单位的施工特点和施工安全基本知识。 2．本单位（包括施Ｉ、生产现场）的安全生产制度和安全注意事项。 3．本工种的安全技术操作规程。 4．高处作业、机械设备电气安全基础知识。 5．防火、防毒、防尘、防爆知识和紧急情况安全处置，安全疏散知识。 6．防护用品发放标准和防护用品、用具的基本知识	签名： × ×	签名： × ×
		年　月　日	

（续表）

三级安全教育内容		教育人	受教育人
班组教育	进行本工种岗位安全操作教育和班组安全制度、纪律教育，主要内容是： 1．本班组的作业特点和安全操作规程。 2．本班组的安全活动制度和纪律。 3．爱护和正确使用安全防护装置（设施）和个人劳动防护用品。 4．本岗位易发生事故的不安全因素及其防范对策。 5．本岗位的作业环境和使用的机械设备、工具的安全要求	签名： × ×	签名： × ×
		年　月　日	

表 6–24　安全教育汇总表

工程名称：________　商住楼施工单位：________　公司编号：________

序号	姓名	性别	工种	年龄	工龄	进企业日期	教育日期	教育内容	考核得分
1	× ×	男	钢筋工	35	8 年	年　月　日	年　月　日		86 分
2	× ×	男	钢筋工	41	5 年	年　月　日	年　月　日		87 分
3	× ×	男	木工	38	7 年	年　月　日	年　月　日		80 分
4	× ×	男	木工	39	9 年	年　月　日	年　月　日		82 分
5	× ×	男	普工	39	6 年	年　月　日	年　月　日		81 分
6									
7									
8									
9									
10									
11									
12									
13									
14									
15									
16									
17									
18									
19									

（续表）

序号	姓名	性别	工种	年龄	工龄	进企业日期	教育日期	教育内容	考核得分
20									
21									
22									
23									
24									
25									
26									

制表人：×× 制表日期： 年 月 日

注：本表是工程项目部对工人进行的安全教育活动的登记汇总，反映安全教育的概括。

表 6-25 变换工种安全教育记录卡

原工种	普工	变换工种	钢筋工	人数	12 人
安全教育内容要求	1．安全生产纪律和文明施工要求。 2．危险作业部位和必须遵守的事项。 3．本工种安全操作规程要点，易发生事故的地方、部位和防范措施。 4．岗位安全职责，个人防护用品和有关防护装置、设施的正确使用和维护方法。 5．其他				
具体教育内容	1．钢筋绑扎的相关要求。 2．钢筋弯曲机的正确使用方法。 3．钢筋切断机的正确使用方法。 4．其他				
授课人职务：项目经理签名：××			教育时间	年 月 日	
受教育者签名					

表 6-26 年度安全培训考核记录

姓名	职务	岗位	证件名称	证件编号	考试成绩	考核人签字	备注
××	项目经理	××	项目经理证	××	98 分	××	
××	技术负责人	××	工程师证	××	94 分	××	
××	施工员	××	施工员证	××	96 分	××	
××	安全员	××	安全员证	××	97 分	××	

（续表）

姓名	职务	岗位	证件名称	证件编号	考试成绩	考核人签字	备注

表 6-27　特种作业人员名册

序号	姓名	性别	出生年月	工种	发证单位	证件编号	进企业日期	教育日期	备注
1	××	×	年 月	电工	××	××	年 月	年 月	
2	××	×	年 月	焊工	××	××	年 月	年 月	
3	××	×	年 月	架工	××	××	年 月	年 月	
4									
5									
6									
7									
8									
9									
10									
11									
12									
13									
14									

（续表）

序号	姓名	性别	出生年月	工种	发证单位	证件编号	进企业日期	教育日期	备注
15									
16									
17									
18									
19									
20									
21									
22									
23									
24									
25									
26									
27									
28									
29									
30									
31									

表 6-28　特种作业交接班记录

本班设备运行情况： 塔吊运行正常	
本班设备作业项目和内容： 吊运柱子、钢筋、钢管	
下一班应注意的事项： 1．注意外架的直立钢管。 2．注意其他塔吊的运行	
接班司机：××	交班司机：××
交接时间： 年　月　日　时　分	

注：此表用于操作塔吊、外用电梯、物料提升机、压力容器等的人员作交接班记录。

表 6–29 劳动防护用品、安全设施采购发放登记表

单位：__________ 工程公司__________ ______年____月____日

序号	品名	规格	数量	价值 / 元	使用单位	编号或使用位置	发出日期	使用维修负责人
1	安全帽		60 个	600	钢筋班组		年 月 日	××
2	安全帽		6 个	180	木工班组		年 月 日	××
3	竹片	0.8 mm × 1.0 mm	300 个	2 400	外架班组	挑架侧面和平层施工面	年 月 日	××

表 6–30 安全标志台账

工程名称	×× 工程	填表日期	年 月 日
名称	数量 / 个	悬挂位置	备注
安全帽标志	2	大门口、通道口	
钢筋机械加工规程	3	钢筋车间	
木工机械加工规程	2	木工车间	
安全通道标志	2	通道口	

制表人：×× 安全员：××

表 6-31 建设系统企业职工伤亡事故快报表

事故发生的时间				年 月 日 时 分			
发生事故的工程名称				××工程			
事故发生的地点				××市××路与××路交叉口			
发生事故的工程所属的企业（包括总、分包企业）							
名称	经济性质		资质等级		直接主管部门		业别
（总包）	全民所有制		特级		住房和城乡建设部		××
（分包）	集体所有制		一级		省建设厅		××
事故伤亡人员中：死亡 1 人，重伤 1 人，轻伤 0 人							
姓名	伤亡程度	用工形式	工种	级别	性别	年龄	事故类别
××	死亡	合同	钢筋工	××	××	××	××
××	重伤	合同	钢筋工	××	××	××	××
事故的简要经过和原因初步分析（必须说明在进行何种工作时发生的事故，事故发生在现场或工程的部位、起因）				进行钢筋绑扎时，三层楼面木工钢管倾斜，造成作业面坍塌			
事故发生后采取的措施和事故控制的情况				现场停工，并将伤者送往××医院			
报告单位		××		报告时间		年 月 日	

表 6-32 企业职工伤亡事故调查报告书

姓名	性别	年龄	文化程度	用工形式	工种	级别	本工种工龄	安全教育情况	伤害部位	伤害程度	损失程度	损失工作日	死亡者死亡原因	备注

（续表）

姓名	性别	年龄	文化程度	用工形式	工种	级别	木工种工龄	安全教育情况	伤害部位	伤害程度	损失程度	损失工作日	死亡者死亡原因	备注

1．企业名称：地址：电话：
2．经济类型：行业：隶属关系：直接主管部门：
3．事故发生时间：
4．事故发生地点：
5．事故类型：
6．事故原因：
7．事故严重级别：直接原因：
8．伤亡人员情况：
9．事故损失工作日 / 工日：
10．本次事故经济损失 / 元：其中直接经济损失 / 元：
11．事故详细经过：
12．事故原因分析：
13．预防事故分析和对责任者的处理意见：
14．事故责任分析和对责任者的处理意见：
15．附件（事故现场照片、伤亡者照片、技术鉴定等资料）
16．参加调查人员：　　　　负责人（签字）：

填表日期：　　年　　月　　日

注：本表由企业填写，每项都必须填写清楚，然后由企业按照规定报送给有关部门；本表只用于报告重伤、死亡事故。

表 6–33　伤亡事故登记表

发生事故单位：________________

事故发生日期：________________

事故类型：__________　主要原因：__________　直接经济损失：__________元

姓名	伤亡情况	性别	年龄	工种和级别	本工种工龄	受过何种安全教育	备注
伤害部位和伤害情况说明：							
事故简要经过和原因分析：							
预防事故再次发生的措施：							

单位负责人（签字）：__________　制表人（签字）：__________　日期：__________

表 6–34　施工现场职工伤亡事故月报表

填报工地：________________　　________年____月

事故类型 / 伤亡程度	物体打击	触电	机械伤害	起重伤害	高处坠落	重度和窒息	火灾和爆炸	坍塌	车辆伤害	其他伤害	合计
死亡											
重伤											
轻伤											

补充资料：

1. 本工地本月全部职工人数________人，负伤者全月歇工总工日________工日，负伤率________%。

2. 本月事故造成经济损失________元。

3. ①企业职工死亡________人，重伤________人，轻伤________人，②其他人员死亡________人，重伤________人，轻伤________人。

4. 自月初累计：死亡________人，重伤________人，轻伤________人，负伤者歇工总工日________工日，负伤率________%，经济损失________元。

工地负责人（签字）：__________　制表人（签字）：__________　实际填报日期：__________

表 6-35　建设系统企业职工伤亡事故月（年）报表（一）

填报单位（盖章）：______________　隶属关系：______________　________年____月

经济类型：______________　企业资质等级：______________

职工人数 / 人				伤亡事故件数 / 件					伤亡人数 / 人								损失工作日总数 / 工日	直接经济损失 / 万元
总计	本企业职工		分包人员	总计	一级重大事故	二级重大事故	三级重大事故	四级重大事故	总计		本企业职工				分包人员			
	正式工	临时工							死亡	重伤	正式工		临时工		死亡	重伤		
											死亡	重伤	死亡	重伤				

单位负责人签章：________　填表人签章：________　电话：________　填报日期：________

表 6-36　建设系统企业职工伤亡事故月（年）报表（二）

填报单位（盖章）：______________________　________年____月

事故类型 / 事故原因和伤亡情况	伤亡人数 / 人														伤亡人数合计 / 人		事故件数合计 / 件
	土石方工程		模板		脚手架		洞口与临边		施工机具		现场临时用电		其他				
	死亡	重伤	死亡	重伤	死亡	重伤	死亡	重伤	死亡	重伤	死亡	重伤	死亡	重伤	死亡	重伤	
物体打击																	
车辆伤害																	
机械伤害																	
起重伤害																	
触电																	
高处坠落																	
坍塌																	
中毒和窒息																	
火灾和爆炸																	
其他伤害																	

单位负责人签章：________　填表人签章：________　电话：________　填报日期：________

表 6-37　工伤事故复工报告表

填报单位：______________________

姓名	性别	年龄	工种	级别	本工种工龄	伤害部位	伤害程度

（续表）

姓名	性别	年龄	工种	级别	本工种工龄	伤害部位	伤害程度

<table>
<tr><td colspan="2">事故发生日期</td><td colspan="2"></td><td colspan="2">事故类型</td><td>歇工日期</td></tr>
<tr><td colspan="2">复工日期</td><td colspan="2"></td><td colspan="2"></td><td></td></tr>
<tr><td colspan="2">事故经济损失 / 元</td><td></td><td rowspan="3">工地（队、车间）劳资签字：×××

年 月 日</td><td colspan="2" rowspan="3">分公司（处、厂）项目部技按部门签批：×××

年 月 日</td><td rowspan="3">复工教育情况等：</td></tr>
<tr><td rowspan="2">其中</td><td>歇工期间工资 / 元</td><td></td></tr>
<tr><td>医疗费用 / 元</td><td></td></tr>
<tr><td colspan="7">工地（队、车间）负责人（签字）：

工地（队、车间）技安员（签字）：
年 月 日</td></tr>
</table>

注：本报告由工地（队、车间）技安员填写，一式三份，经批准后一份自存，一份报分公司（处、厂）项目部技安部门，一份转报公司安全主管部门。

二、工程项目生活区资料

工程项目生活区资料的具体内容如表 6–38 和表 6–39 所示。

表 6–38　临时设施安全检查验收表

工程名称：____________________　　　工程________________　　　________年____月____日

<table>
<tr><td colspan="2">设施名称：办公室</td></tr>
<tr><td colspan="2">结构形式：彩钢板房数量：10 间　　　　安设地点：工地东南角</td></tr>
<tr><td>检查部位</td><td>结构设计、安全状况</td></tr>
<tr><td>墙、屋面</td><td>结构设计符合要求</td></tr>
<tr><td></td><td></td></tr>
</table>

（续表）

参加检验人员	×××××××××
检验意见	同意使用
项目负责人（签字）：××	检验负责人（签字）：××

注：本表适用于施工现场各种临建工棚、办公室、宿舍和散装水泥罐等设施的安全检查验收。

表 6-39　厨房工作人员健康证登记表

编号：________

工程名称		×× 教学楼		施工单位		×× 建筑公司	
项目负责人		××		后勤负责人		××	
序号	姓名	性别	年龄	职务	健康证编号	发证机关	有效截止日期	登记日期
1	××	×	××	××	××	×× 卫生局	年 月 日	年 月 日
2	××	×	××	××	××	×× 卫生局	年 月 日	年 月 日
3	××	×	××	××	××	×× 卫生局	年 月 日	年 月 日

注：另附健康证复印件。

三、工程项目脚手架资料

工程项目脚手架资料的具体内容如表 6–40 ～表 6–44 所示。

表 6–40　钢管扣件式支撑体系验收表

编号：________

<table>
<tr><td colspan="2">工程名称</td><td colspan="3">× × 工程</td></tr>
<tr><td colspan="2">施工单位</td><td>× × 建筑公司</td><td>分包单位</td><td>× × 公司</td></tr>
<tr><td colspan="2">支撑体系的类别</td><td>扣件式支撑体系</td><td>高度 /m</td><td>× ×</td></tr>
<tr><td colspan="2">验收部位</td><td>支撑体系</td><td>安装日期</td><td>年　月　日</td></tr>
<tr><td>序号</td><td>检查项目</td><td colspan="2">检查内容与要求</td><td>验收结果</td></tr>
<tr><td rowspan="4">1</td><td rowspan="4">施工方案</td><td colspan="2">支撑体系工程应有安全专项施工方案（附设计计算书），审批手续完备、有效</td><td>合格</td></tr>
<tr><td colspan="2">高度超过 8 m 或跨度超过 18 m，施工总荷载大于 $10\ kN/m^2$ 或集中线荷载大于 15 kN/m 的支撑体系，其安全专项施工方案应经过专家论证，并根据专家意见进行修改</td><td>合格</td></tr>
<tr><td colspan="2">支撑体系的材质应符合有关要求</td><td>合格</td></tr>
<tr><td colspan="2">施工前应进行技术交底，交底应有针对性</td><td>合格</td></tr>
<tr><td rowspan="5">2</td><td rowspan="5">结构</td><td colspan="2">立杆基础必须坚实，满足立杆承载力的要求；立杆下部必须设置纵、横向扫地杆；立杆与结构应可靠拉结</td><td>合格</td></tr>
<tr><td colspan="2">立杆的构造应符合《建筑施工扣件式钢管脚手架安全技术规范》（JGJ 130—2011）的有关规定</td><td>合格</td></tr>
<tr><td colspan="2">立杆、横杆的间距必须符合安全专项施工方案（附设计计算书）的要求</td><td>合格</td></tr>
<tr><td colspan="2">可调丝杆的伸出长度应符合要求</td><td>合格</td></tr>
<tr><td colspan="2">立杆最上端的自由端长度应符合方案的要求</td><td>合格</td></tr>
<tr><td rowspan="2">3</td><td rowspan="2">剪刀撑</td><td colspan="2">采用满堂红支撑体系时，四边与中间应每隔 4 排立杆设置 1 道纵向剪刀撑，由底至顶连续设置；支撑体系高于 4 m 时，两端与中间应每隔 4 排立杆从顶层开始向下每隔 2 步设置 1 道水平剪刀撑</td><td>合格</td></tr>
<tr><td colspan="2">剪刀撑应按规范的要求设置</td><td>合格</td></tr>
<tr><td>4</td><td>其他</td><td colspan="2">—</td><td>—</td></tr>
<tr><td colspan="5">验收结论：验收结果符合有关规范的要求，同意验收。</td></tr>
<tr><td colspan="2" rowspan="2">验收人签字</td><td>总包单位</td><td>分包单位</td><td>其他验收人员</td></tr>
<tr><td>× ×</td><td>× ×</td><td>× × × ×</td></tr>
<tr><td colspan="5">监理单位意见：同意验收。
监理工程师（签字）：× ×
年　月　日</td></tr>
</table>

注：本表由施工单位填报，施工单位、监理单位各存一份。

表 6-41 落地式（悬挑式）脚手架安全检查验收表

编号：________

工程名称		××工程	总包单位	××公司
作业队伍		××建筑工程公司	负责人	××
验收部位		落地式脚手架	搭设高度 /m	××
验收时间		年 月 日		
序号	检查项目	检查内容与要求		验收结果
1	施工方案	应符合《建筑施工扣件式钢管脚手架安全技术规范》（JGJ 130—2011）的要求		合格
		悬挑式脚手架和高度在 20 m 以上的落地式脚手架在搭设前必须编制安全专项施工方案（附设计计算书），审批手续齐全；搭设前需进行技术交底；特殊脚手架应经专家论证		合格
2	立杆基础	脚手架的基础必须平整、坚实、有排水措施；架体必须支搭在底座（托）或通长脚手板上；纵、横向扫地杆应符合要求		合格
3	钢管及其扣件	钢管扣件应有复试检测报告；应采用外径为 48 ～ 51 mm、壁厚为 3 ～ 3.5 mm 的钢管		合格
		钢管应无裂纹、弯曲、压扁、锈蚀		合格
4	架体与建筑结构的拉结	脚手架必须按楼层与结构拉结牢固，拉结点的竖直、水平距离应符合要求		合格
		搭设方拉结必须使用刚性材料；20 m 以上的高大脚手架必须有卸荷措施		合格
5	剪刀撑的设置	脚手架必须设置连续剪刀撑，宽度、角度应符合要求；剪刀撑的搭设方式应符合规范的要求		合格
6	立杆、大横杆、小横杆的设置	立杆间距应符合要求；立杆对接必须符合要求		合格
		大横杆宜设置在立杆内侧，其间距固定方式应符合要求；大横杆对接须符合有关规定		合格
		小横杆的间距、固定方式、搭接方式等应符合要求		合格
7	脚手架、密目网的设置	操作面脚手板的铺设必须符合规范的要求；操作面防护栏杆和挡脚板的设置应符合要求；操作面下方净空超过 3 m 时，必须设置一道水平网；架体必须用密目网沿内侧进行封闭，并固定牢固		合格
8	悬挑的设置	悬挑梁的设置应符合设计要求；外挑杆件与建筑结构的连接要牢固；悬挑梁应无变形；立杆底部应固定牢固		合格
9	其他	卸料平台、泵管、缆风绳等不能固定在脚手架上；脚手架与外电架空线之间的距离应符合规范的要求，如有特殊情况须采取防护措施；马道的搭设要符合要求；门洞口的搭设要符合要求		合格
10	其他增加的检查项目	—		—
验收结论：验收结果符合有关规范的要求，同意验收。				

（续表）

验收人 签字	项目技术负责人		搭设单位负责人	其他验收人员
	××		××	××
监理单位意见：同意验收。 监理工程师（签字）：×× 年　月　日				

表 6–42　工具式脚手架安装验收表

编号：________

工程名称		××工程	总包单位		××公司
搭设（安装）单位		××建筑工程公司	负责人		××
验收部位		工具式脚手架			
序号	检查项目	检查内容与要求			验收结果
1	施工方案	应有安全专项施工方案和设计计算书，审批手续齐全			手续齐全
2	外挂脚手架	架体的制作与组装应符合设计要求；悬挂点部件的材质和制作、埋设应符合设计要求；采用穿墙螺栓的，其材质、强度必须满足要求；悬挂点的结构强度必须满足要求			符合要求
3	吊篮脚手架	吊篮的组装应符合设计要求；挑梁锚固或配重等抗倾覆装置应符合要求；锚固点的建筑物强度必须满足要求；吊篮应设置独立的、符合要求的保险绳和锁绳器绳径不小于 12.5 mm			符合要求
4	附着式升降脚手架	产品必须通过省级以上建设行政主管部门组织的鉴定；产品应有详细的安装、使用说明书			符合要求
		必须有防坠落、防外倾安全装置；穿墙螺栓的强度必须满足要求；悬挂点的结构强度必须满足要求；吊具、索具应符合要求			符合要求
		安装单位必须具备相应的资质，安装应符合说明书的要求			符合要求
5	卸料平台	应有安全专项施工方案；应有最大载荷标志；搭设应符合设计要求；周边防护应符合要求；锚固点的设置应符合“一锚一绳”的要求			符合要求
6	其他	脚手架外侧应使用密目网封闭；操作层应设防护栏杆和挡脚板；施工负荷应符合说明书或设计书的要求；脚手板应符合有关要求			符合要求
7	其他增加的检查项目	—			—
验收结论：验收结果符合有关规范的要求，同意验收					
验收人 签字		项目技术负责人	搭设单位负责人		其他验收人员
		××	××		××
监理单位意见：同意验收 监理工程师（签字）：×× 年　月　日					

表 6–43　吊篮脚手架验收表

编号：________

工程名称	××工程	施工单位		××公司	
架体种类	吊篮脚手架	架体高度 /m	××	验收日期	年　月　日
架体总长度 /m	××	架体荷载	××	分段验收高度 /m	××
施工负责人	××	参加验收人员		××	
验收项目					验收结果
有关技术资料	施工单位有专业资质，架子工经培训持证上岗；有施工方案，内容具体且指导性强，有设计计算书，审批手续完备；脚手架进场有验收手续；每次使用前经检查合格的资料齐全；有安全操作规程和安全技术交底记录				符合要求
架体稳定	挑梁锚固或配重等抗倾覆装置有效；吊篮的组装符合设计要求；电动（手动）葫芦使用合格产品，保险卡有效，吊钩有保险；吊篮的保险绳安全、有效				符合要求
架体防护	脚手板的材质符合要求，满铺，不得有探头板；吊篮外侧立网封闭；吊篮平台宽 0.8 ～ 1 m，长度不宜超过 6 m，吊篮与建筑结构有紧固措施；单片吊篮升降两端有防护；两片吊篮连在一起同时升降有同步装置；多层作业有防护顶板				符合要求
其他	—				—
验收结论：验收结果符合有关规范的要求，同意验收。					
验收人签字	搭设负责人	项目负责人		安全技术主管部门负责人	
	××	××		××	

表 6–44　悬挑式卸料平台验收记录

编号：________

工程名称		××工程	施工单位	××建筑公司
序号	验收项目	具体要求		验收结果
1	方案	方案要根据施工情况由技术部门编制并有审批意见；方案中要有平台长宽尺寸、使用材料规格、钢丝绳直径、卡扣设置、保险装置、荷载计算和安全系数等信息		符合要求
2	材料	使用的材料应符合设计要求和质量等级		符合要求
3	承重与支撑	钢丝绳承重点必须牢固并有防剪措施，卡扣齐全、设置合理，保险绳与承重绳不能在同一个吊点；平台支撑点应平稳、牢固，有足够的承载力		符合要求
4	防护与标志	平台临边必须设置两道防护栏杆，高度不低于 1.5 m，立挂密目安全网封严，设置 18 cm 高的挡脚板；平台要有限荷载标志，并注明码放材料的规格、数量和高度		符合要求
验收意见		验收结果符合有关规范的要求，同意验收		
验收人员		主管工长	施工班组	安全员
		××	××	××

四、工程项目安全防护资料

工程项目安全防护资料的具体内容如表 6–45 至表 6–48 所示。

表 6–45　基坑支护安全检查验收表

编号：________

工程名称		×× 工程	总包单位	×× 建筑公司
验收部位		基坑支护工程	施工单位	×× 公司
序号	检查项目	检查内容与要求		验收结果
1	各类管线保护	基础施工前，建设单位必须以书面形式向施工单位提供详细的地上（下）管线和毗邻区域内的建（构）筑物资料，施工单位应采取相应的保护措施		符合要求
2	基坑支护	开挖深度超过 1.5 m 时，应根据土质和深度按规定放坡或加可靠的支撑，边坡的设置应符合要求；基坑深度超过 5 m 的，或基坑深度不到 5 m，但土质或地下水位情况复杂的，必须编制安全专项施工方案，并组织专家进行论证，经企业技术负责人和总监理工程师签字后，方可施工		符合要求
3	临边防护和排水措施	开挖深度超过 2 m 的，必须设立两道防护栏杆，用密目网封闭； 夜间应设红色标志灯；雨期施工必须有良好的排水措施		符合要求
4	其他	坑边堆物、堆料，停置机具等必须符合有关规定；马道或爬梯的设置应符合要求；应定期对基坑支护的变形情况、毗邻建筑物的沉降情况等进行监测		符合要求
5	其他增加的检查项目	—		—
验收结果符合有关规范的要求，同意验收。 年　月　日				
验收人员：×× 总包单位项目技术负责人（签字）：×× 分包单位项目负责人（签字）：×× 其他验收人员（签字）：×× 年　月　日				
监理单位意见：同意验收。 监理工程师（签字）：×× 年　月　日				

表 6–46　模板工程安全检查验收表

编号：________

工程名称		×× 工程	架体名称	××	
搭设高度 /m		××	验收日期	年　月　日	
序号	验收内容		验收要求		验收结果
1	施工方案	专项施工方案； 混凝土输送安全措施	有施工方案、编制人、审批人（分公司主任工程师）		符合要求

（续表）

2	支撑系统	支撑设计计算书； 支撑安装	现浇混凝土模板的支撑有设计计算书、编制人、审批人；现场支撑系统的施工符合设计方案的要求	符合要求
3	立柱稳定	立柱材料； 立柱垫板； 纵横向支撑； 立柱间距	支撑模板的主立柱采用碗扣式脚手架，有合格证、检测报告；底部垫 5 cm 厚的脚手板；立柱间距为 1.2 m，符合设计要求	符合要求
4	施工荷载	施工荷载； 模板堆放	模板上的施工荷载未超过规定；堆料均匀，未超高	符合要求
5	模板存放	大模板存放； 模板堆放	模板存放高度符合要求；模板堆放整齐	符合要求
6	模板支拆	警戒措施； 拆模申请； 混凝土强度报告	有警戒带；拆模申请已签字；混凝土强度符合规范的要求	符合要求
7	运输道路	宽度； 走道垫板	走道垫板符合要求	符合要求
8	作业环境	孔洞、临边防护； 垂直作业防护	有防护措施	符合要求
验收人签字		搭设负责人（签字）：×× 安全负责人（签字）：××	使用负责人（签字）：×× 项目负责人（签字）：××	
验收结论	符合《建筑施工安全检查标准》（JGJ 59—2011）的规定和有关规范、施工方案的要求，验收合格。 技术负责人（签字）：×× 年 月 日			

表 6–47 模板拆除申请报告书

编号：________

工程名称	××工程	拆除部位	四层梁板
设计混凝土标号	C30	浇筑混凝土日期	年 月 日
试压混凝土标号	C30	试压报告单号	No：××
具备拆模条件，申请拆除四层梁板模板 申请单位：××建筑公司 年 月 日			
批复意见：同意拆除。 技术负责人（签字）：×× 年 月 日			

表 6–48 “四口”和临边防护验收记录表

编号：________

工程名称	×× 工程			施工单位	×× 建筑公司		
结构类型	××	栋号、层数	××	验收楼层	××	验收日期	××
验收项目	防护标准要求					验收结果	
洞口	尺寸为 2.5 ～ 50 cm 的洞口应封堵或用 2.5 ～ 50 cm 长的木板封严；尺寸为 50 ～ 150 cm 的洞口应预留通长钢筋，钢筋间距不大于 20 cm，并用脚手板封严；尺寸在 150cm 以上的洞口四周应有防护栏杆，高度不低于 1.2 m，并立挂密目网封严，洞口下设水平安全网；凡高度超过 80 cm 的洞口必须用密目网封严；大孔径桩口、降水井口应用固定盖板封严					符合要求	
电梯井、竖向管道井、竖向管道间	电梯井必须安装工具式或可向上开启式金属门，高度不低于 1.5 m，井内按标准设水平安全网（安全网竖直距离不大于 10 m）；竖向管道井必须安装防护门或栏杆，高度不低于 1.5 m，井内按标准设水平安全网；竖向管道间有预留钢筋网片，应加固定盖板或防护门					符合要求	
楼梯口	楼梯临空侧应设两道栏杆，高度不低于 1.2 m					符合要求	
通道防护棚	多层结构的防护棚距结构或外脚手架不小于 3 m，高层结构的不小于 6 m，高度不低于 3 m，宽出通道两侧各 50 cm，两侧加栏杆并用密目网封严；顶部符合要求，用不薄于 5 cm 的脚手板盖严、绑牢，50 m 以上的高层结构采用双层板，间隔为 30 cm					符合要求	
验收人签字	搭设负责人（签字）：×× 年 月 日		项目负责人（签字）：×× 年 月 日		安全负责人（签字）：×× 年 月 日		

五、工程项目施工用电资料

工程项目施工用电资料的具体内容如表 6–49 至表 6–52 所示。

表 6–49 临时用电安全检查验收表

编号：________

工程名称		×× 工程	总包单位	×× 建筑公司
搭设高度 /m		××	作业电工	××
序号	检查项目	检查内容与要求		验收结果
1	施工组织设计方案	用电设备在 5 台以上或设备总容量在 50 kW 以上者，应编制临时用电施工组织设计方案		符合要求
2	外电防护	小于安全距离时应有安全防护措施，安全防护措施应符合要求		符合要求
3	接地与接零保护系统	应采用 TN-S 系统供电；重复接地应符合要求，电阻值应不大于 10 Ω；各种电气设备和施工机械的金属外壳金属支架和底座必须按规定采取可靠的接零或接地保护		符合要求

（续表）

4	三级配电	配电室的设置应符合要求；现场实行三级配电，总配电箱应装设电压表、总电流表、总电度表和其他仪表；总配电箱应装设总开关和分路开关，开关均采用自动空气开关；分配电箱应装设总开关和分开关，总开关应采用自动空气开关，分开关可采用漏电开关或刀闸开关并配备熔断器；开关箱内应安装漏电开关熔断器和插座	符合要求
5	漏电保护装置	必须实行两级漏电保护；严格实行“一机、一闸、一漏一箱”方案；漏电保护装置应灵敏有效，参数应匹配；总、分配电箱内安装的漏电保护开关的漏电动作电流应为 50 ～ 100 mA；开关箱必须装漏电保护器，其额定漏电动作电流不大于 30 mA，额定漏电动作时间为 0.1 s	符合要求
6	配电箱	配电箱的安装位置应符合要求，箱体应用铁板或优质绝缘材料制作，不得用木质材料制作，箱体应牢固、防雨；箱内的电器安装板应为绝缘材料；金属箱体等不带电的金属体必须作接零保护；进线口和出线口应设在箱体的下面，并加护套保护；保护零线应分设接线端子板，并通过端子板接线；箱内接线应采用绝缘导线、接头不得松动，不得有带电体明露；闸具、熔断器的参数与设备容量应匹配，安装应符合要求；不得用其他导线替代熔丝；箱内应设有线路图	符合要求
7	配电线路	电缆的架设或埋设应符合规定的要求；应使用五芯电缆，电缆应完好，无老化、破皮现象	符合要求
8	其他	照明灯具的金属外壳必须作接零保护，使用的行灯和低压灯电源电压不应超过 36 V；行灯和低压灯的变压器应装设在电箱内，符合户外电气安装要求；交流电焊机须装设专用防触电保护装置，焊把线应双线到位，电缆线应绝缘、无破损	符合要求
9	其他增加的检查项日	—	—
验收结论：符合要求 年　月　日			
验收单位	总包单位	分包单位	作业队伍
	×× 建筑公司	×× 公司	×× 电工班
监理单位意见：符合要求。 监理工程师（签字）：×× 年　月　日			

表 6–50　接地电阻测试记录

编号：________

<table>
<tr><td>工程名称</td><td colspan="2">× × 工程</td><td>总包单位</td><td colspan="4">× × 建筑公司</td></tr>
<tr><td>仪表型号</td><td colspan="2">ZC-8/500 V</td><td>测试日期</td><td colspan="4">年　月　日</td></tr>
<tr><td>计量单位</td><td colspan="2">Ω</td><td>天气</td><td>晴</td><td>气温 /℃</td><td colspan="2">20 ～ 28</td></tr>
<tr><td>测试序号接地类型</td><td colspan="2">防雷接地</td><td colspan="2">保护接地</td><td colspan="3">重复接地</td></tr>
<tr><td>1</td><td colspan="2">8</td><td colspan="2">9</td><td colspan="3">9</td></tr>
<tr><td>2</td><td colspan="2">8</td><td colspan="2">9</td><td colspan="3">9</td></tr>
<tr><td>3</td><td colspan="2">8</td><td colspan="2">9</td><td colspan="3">9</td></tr>
<tr><td>设计要求</td><td colspan="2">≤ 10 Ω</td><td colspan="2">≤ 10 Ω</td><td colspan="3">≤ 10 Ω</td></tr>
<tr><td>测试结论</td><td colspan="7">合格</td></tr>
<tr><td rowspan="2">参加人员签字</td><td>监理负责人</td><td>电气负责人</td><td>安全员</td><td colspan="4">测试电工（2 人）</td></tr>
<tr><td>× ×</td><td>× ×</td><td>× ×</td><td colspan="4">× × × ×</td></tr>
<tr><td colspan="8">监理单位意见：
符合测试程序，同意使用（√）；
不符合测试程序，重新组织测试（　　）
监理工程师（签字）：× ×
年　月　日</td></tr>
</table>

表 6–51　绝缘电阻测试记录

施工单位：__________　建筑工程公司__________　______年____月____日

<table>
<tr><td colspan="2">工程名称</td><td colspan="2">× × 工程</td><td>仪表型号</td><td colspan="2">500 V 摇表</td></tr>
<tr><td colspan="2">天气</td><td colspan="2">晴</td><td>气温 /℃</td><td colspan="2">20 ～ 25</td></tr>
<tr><td colspan="2">检测人</td><td colspan="2">× ×</td><td>负责人</td><td colspan="2">× ×</td></tr>
<tr><td rowspan="2">序号</td><td rowspan="2">设备名称</td><td rowspan="2">型号、规格</td><td rowspan="2">额定电压 /V</td><td colspan="3">电阻值 /MΩ</td></tr>
<tr><td>外壳</td><td>相间</td><td>一、二次绕组</td></tr>
<tr><td>1</td><td>搅拌机</td><td>350</td><td>380</td><td>350</td><td>350</td><td>—</td></tr>
<tr><td>2</td><td>搅拌机</td><td>350</td><td>380</td><td>400</td><td>350</td><td>—</td></tr>
<tr><td>3</td><td>配料机</td><td>150</td><td>380</td><td>300</td><td>350</td><td>350</td></tr>
<tr><td>4</td><td>配料机</td><td>150</td><td>380</td><td>400</td><td>350</td><td>350</td></tr>
<tr><td>5</td><td>泵车</td><td>48</td><td>380</td><td>300</td><td>350</td><td>—</td></tr>
<tr><td></td><td></td><td></td><td></td><td></td><td></td><td></td></tr>
<tr><td></td><td></td><td></td><td></td><td></td><td></td><td></td></tr>
<tr><td></td><td></td><td></td><td></td><td></td><td></td><td></td></tr>
<tr><td colspan="7">测试结论：合格</td></tr>
</table>

施工技术负责人（签字）：× ×　　　　测试人（签字）：× ×

建设单位代表：× ×　　　　安全检查员：× ×

表 6-52 施工现场电工（巡检维修）记录

编号：________

工程名称		××工程	施工单位		××建筑工程公司
电工姓名		××	值班时间		年 月 日
供电方式		××	额定容量		××
序号	巡视检查项目	巡视检查内容		隐患	维修结果
1	高压线防护	按方案进行防护并做到严密、安全、可靠			合格
2	接地或接零保护系统	工作接地、重复接地牢固、可靠、系统保护零线重复接地不少于3处；工作接地电阻值不大于49 Ω，定期检测重复接地，电阻值不大于10 Ω；保护零线正确，采用绿/黄双线，其截面尺寸与工作零线相同或不小于相线的1/2，严禁将绿黄双线用作负荷线			合格
3	配电箱、开关箱	总配电箱应在电源隔离开关（有可视的明显断开点）的负荷侧装置漏电保护器，并保证其灵敏、可靠；分配电箱设置正确，与开关箱的距离不大于30 m；固定开关箱（一机、一闸、一漏、一箱）的漏电保护装置在设备负荷侧，灵敏、可靠，并距离设备不远于3 m；固定配电箱、开关箱安装位置正确，高度为1.4～1.6 m；移动配电箱、开关箱的安装高度为0.8～1.6 m；箱底进出线不混乱，并应加绝缘护套，采用固定线夹成束卡固在箱体的花栏架构上；箱内无杂物，有门、锁、编号、防触电标志和防雨措施；闸具、保护零线端子、工作零线端子齐全、完好；金属箱门与金属箱体必须通过编织软铜线进行电气连接；明确标示电气用途；箱内不应有带电明露点；箱内应有本箱体的配电系统图			合格
4	现场、生活区照明	现场照明回路有漏电保护器，且动作灵敏、可靠；灯具的金属外壳应作接零保护；室内220 V灯具的安装高度大于2.5 m，低于2.5 m时使用安全电压供电；手持照明灯具必须使用小于36 V（含36 V）的电压照明，电源线必须采用橡套电缆线，不得使用塑胶线，手柄、外防护罩完好无损；低压安全变压器应放置在专用配电箱内；碘钨灯照明必须采用密闭式防雨灯具，金属灯具和金属支架应作接零保护，架杆的手持部位应采取绝缘措施，电源线必须采用橡套电缆线，电源侧应装设漏电保护器			合格
5	配电线路	配电线路无老化、破损、断裂现象，与交通线路交叉的电源线应符合有关安装架设标准，有线路过路保护；架空线路架设应符合有关规定，严禁架在树木、脚手架上			合格

（续表）

6	变配电装置	露天变压器装置应符合规定的要求，并有可靠、安全的防护措施和正确的悬挂警告标志，门应朝外开，且有锁；配电元器件的间距应符合规范的要求。变配电室内不得堆放杂物，应设有消防器材。发电机组及其配电室内严禁存放储油桶，发电机应设有短路、过负荷保护。配电室必须有相应的配电制度、配电平面图、配电系统图、防火管理制度、值班制度、责任人；具有良好的照明和应急照明；具有防范小动物的措施；具有良好的绝缘操作措施；具有良好的通风条件。易发热元件在正常工作范围内		合格
7	其他	除以上内容外发现的其他隐患		

六、工程项目塔式起重机、起重吊装资料

工程项目塔式起重机、起重吊装资料的具体内容如表 6-53 所示。

表 6-53　塔吊安装检查验收记录（自检）

编号：________

工程名称	×× 工程			施工地点	×× 街道 ×× 号	
施工单位	×× 建筑公司			项目经理	××（盖章）	
塔式起重机	型号	××	统一编号	××	起升高度 /m	××
	幅度 /m	××	起重力矩 /（kN·m）	××	最大起重量 /t	××
	中心压重重量 /t	××	平衡重重量 /t	××	弊端起重量 /t（2/4）绳	××
项目	内容和要求					验收结果
塔吊结构	部件、附件、连接件安装是否齐全，位置是否正确					√
	螺栓拧紧力矩是否达到技术要求，开口销是否可安全撬开					√
	结构是否有变形、开焊、疲劳裂纹					√
	压重、配重重量、位置是否达到说明书的要求					√
绳轮钩系统	钢丝绳在卷筒上缠绕是否整齐，润滑是否良好					√
	钢丝绳规格是否正确，断丝和磨损是否达到报废标准					√
	钢丝绳固定是否符合国家标准					√
	各部件滑轮转动是否灵活、可靠，有无卡塞现象					√
	吊钩磨损是否达到报废标准，保险装置是否可靠					√
传动系统	各机构转动是否平稳，有无异常响声					√
	各润滑点是否润滑良好，润滑油牌号是否正确					√
	制动器、离合器动作是否灵活、可靠					√

（续表）

<table>
<tr><td rowspan="6">电气系统</td><td colspan="5">电缆供电系统供电是否充分，能否正常工作，电压是否为 380（1 ± 5%）V</td><td>√</td></tr>
<tr><td colspan="5">碳刷、接触器、继电器触点是否良好</td><td>√</td></tr>
<tr><td colspan="5">仪表、照明、报警系统是否完好、可靠</td><td>√</td></tr>
<tr><td colspan="5">控制、操纵装置动作是否灵活、可靠</td><td>√</td></tr>
<tr><td colspan="5">电气各项安全保护装置是否齐全、可靠</td><td>√</td></tr>
<tr><td colspan="5">电气系统对塔吊的绝缘电阻值不小于 0.5 MΩ</td><td>√</td></tr>
<tr><td rowspan="6">安全限位和保险装置</td><td colspan="5">力矩限制器是否灵活、可靠，综合误差不大于额定值的 8%</td><td>√</td></tr>
<tr><td colspan="5">重量限制器是否灵活、可靠，误差不大于额定值的 8%</td><td>√</td></tr>
<tr><td colspan="5">回转限位器是否灵活、可靠</td><td>√</td></tr>
<tr><td colspan="5">行走限位器是否灵活、可靠</td><td>√</td></tr>
<tr><td colspan="5">变幅限位器是否灵活、可靠</td><td>√</td></tr>
<tr><td colspan="5">吊钩保险是否灵活、可靠</td><td>√</td></tr>
<tr><td rowspan="3">安全限位和保险装置</td><td colspan="5">卷筒保险是否灵活、可靠</td><td>√</td></tr>
<tr><td colspan="5">小车断绳保护器是否灵敏、可靠</td><td>√</td></tr>
<tr><td colspan="5">小车断轴保护器是否灵敏、可靠</td><td>√</td></tr>
<tr><td rowspan="5">路基复验</td><td colspan="5">复查路基资料是否齐全、准确</td><td>√</td></tr>
<tr><td colspan="5">钢轨顶面纵、横方向的倾斜度不大于 5‰</td><td>√</td></tr>
<tr><td colspan="5">在空载无风状态下塔身对支承面的垂直度不大于 4‰</td><td>√</td></tr>
<tr><td colspan="5">止挡装置与钢轨两端的距离不小于 1 m</td><td>√</td></tr>
<tr><td colspan="5">行走限位装置与止挡装置的距离不小于 1.5 m</td><td>√</td></tr>
<tr><td rowspan="4">试运行</td><td colspan="2">空荷载</td><td colspan="2">额定荷载</td><td colspan="2">超载 10% 动载</td></tr>
<tr><td>幅度 /m</td><td>重量 /t</td><td>幅度 /m</td><td>重量 /t</td><td>幅度 /m</td><td>重量 /t</td></tr>
<tr><td>× ×</td><td>× ×</td><td>× ×</td><td>× ×</td><td>× ×</td><td>× ×</td></tr>
<tr><td colspan="6">检查各传动机构工作是否准确、平稳，有无异常声音，液压系统是否渗漏，操作和控制系统是否灵敏、可靠，钢结构是否有永久变形和开焊，制动是否可靠。调整安全装置并进行不少于 3 次的检验</td></tr>
<tr><td>验收结论</td><td colspan="6">合格，同意使用
施工单位（盖章）：× ×</td></tr>
<tr><td rowspan="4">验收责任人签字</td><td>施工单位</td><td colspan="5">质量检查员：× × 安全员：× ×
技术负责人（签字）：× × × 年 月 日</td></tr>
<tr><td>设备租赁（或产权）单位</td><td colspan="5">单位负责人（签字）：× × × 年 月 日
塔吊机长：× × × 年 月 日</td></tr>
<tr><td>总包单位</td><td colspan="5">单位负责人（签字）：× × × 年 月 日</td></tr>
<tr><td>分包单位</td><td colspan="5">单位负责人（签字）：× × × 年 月 日</td></tr>
</table>

七、工程项目机械安全资料

工程项目机械安全资料的具体内容如表 6-54 ～表 6-63 所示。

表 6-54　物料提升机（龙门架、井字架）安全检查验收表

编号：________

工程名称	×× 工程		设备型号	××	
总包单位	×× 建筑工程公司		分包单位	×× 建筑公司	
租赁单位	×× 建筑公司		安装单位	×× 公司	
验收项目		验收结果	验收项目		验收结果
管理	安装方案	√	吊盘	两侧防护	√
	安全技术交底	√		导轨间隙	√
基础	承载能力	√	安全装置	安全停靠装置	√
	水平偏差	√		超高（低）限位装置	√
架体	标准节连接	√		信号装置	√
	垂直度	√		断生保护装置	√
	架体防护	√		限重装置	√
	缆风和拉结	√		制动装置	√
	自由高度	√	防护门	进料门	√
	防雷装置	√		出料门	√
卷扬机	锚固	√		吊盘防护门	√
	与定滑轮的距离	√	首层防护	护头棚	√
	机棚和护栏	√		周边防护	√
钢丝绳	钢丝绳过路保护	√		其他	√
	钢丝绳	√	持证上岗	操作工	√
验收结论	符合验收程序，同意使用				
验收人签字	总包单位	分包单位		租赁单位	安装单位
	××	××		××	××

监理单位意见：
符合验收程序，同意使用（√）；
不符合验收程序，重新组织验收（　　）

监理工程师（签字）：××
年　　月　　日

表 6-55　施工升降机安装验收表

编号：________

使用单位	××建筑公司		
安装单位	××安装公司（盖章）	工程名称	××工程
施工单位	××建筑公司	统一编号	××
型号	××	安装高度 /m	××
最大载重量 /t	××	安装负责人	××
结构名称	验收内容和标准要求		验收结果
金属结构	零部件是否齐全，安装是否符合产品说明书的标准		符合要求
	结构有无变形、开焊、裂纹、破损等问题		符合要求
	连接螺栓拧紧力矩是否符合产品说明书的要求		符合要求
	相邻标准节立管对接处的错位阶差是否不大于 0.8 mm		符合要求
	对中安装是否符合产品说明书的要求		符合要求
	导轨架对底座水平基准面的垂直度是否符合国家标准		符合要求
电气控制系统	电线、电缆有无破损，供电电压是否为 380（1 ± 5%）V		符合要求
	接地是否符合技术要求，接地电阻值是否小于 4 Ω		符合要求
	电机、电气元件（电子元器件除外）的对地绝缘电阻值是否不小于 0.5MΩ，电气线路的对地绝缘电阻值是否不小于 1 MΩ		符合要求
	仪表、照明、电箱是否完好、有效		符合要求
	操纵装置动作是否灵活、可靠		符合要求
	是否配备专门的供电电源箱		符合要求
绳轮系统	钢丝绳规格是否正确，是否达到报废标准		符合要求
	滑轮、滑轮组在运行中有无卡塞现象、润滑是否良好		符合要求
	滑轮、滑轮组的防绳脱槽装置是否有效、可靠		符合要求
	钢丝绳的固定方式是否符合国家标准		符合要求
	卷扬机传动时是否有排绳措施。润滑是否良好（对 SS 型）		符合要求
导轨架附着	附着连接方式和紧固是否符合产品说明书的要求		符合要求
	最上一道附着架以上的自由高度是否符合说明书的要求		符合要求
	附着架的间距是否符合说明书的要求		符合要求
安全装置	吊笼门的机电连锁装置是否灵敏、可靠		符合要求
	吊笼顶部活板门的安全开关是否灵敏、可靠		符合要求
	基础防护围栏门的机电连锁装置是否灵敏、可靠		符合要求
	防坠安全器（即限速器）的上次标定时间是否符合国家标准		符合要求
	吊笼的安全钩是否可靠（对 SC 型）		符合要求

（续表）

<table>
<tr><td rowspan="5">安全装置</td><td colspan="3">上、下限位开关是否灵敏、可靠</td><td>符合要求</td></tr>
<tr><td colspan="3">上、下极限开关是否灵敏、可靠</td><td>符合要求</td></tr>
<tr><td colspan="3">急停开关是否灵敏、可靠</td><td>符合要求</td></tr>
<tr><td colspan="3">防松（断）绳保护安全装置是否灵敏、可靠</td><td>符合要求</td></tr>
<tr><td colspan="3">安全标志（限载标志、危险警示、操作标识、操作规程）是否齐全</td><td>符合要求</td></tr>
<tr><td rowspan="6">传动系统</td><td colspan="3">各机构传动是否平稳，是否有漏油等异常现象，润滑是否良好</td><td>符合要求</td></tr>
<tr><td colspan="3">齿轮与齿条的啮合侧隙是否为 0.2 ～ 0.5 mm（对 SC 型）</td><td>符合要求</td></tr>
<tr><td colspan="3">相邻两齿条的对接处沿齿高方向的附差是否不大于 0.3 mm（对 SC 型）</td><td>符合要求</td></tr>
<tr><td colspan="3">滚轮与导轨架立管的间隙是否符合产品说明书的要求</td><td>符合要求</td></tr>
<tr><td colspan="3">齿轮齿的磨损是否符合产品说明书的要求</td><td>符合要求</td></tr>
<tr><td colspan="3">靠背轮与齿条背面的间隙是否符合产品说明书的要求</td><td>符合要求</td></tr>
<tr><td rowspan="3">试运行</td><td>空荷载</td><td>额定荷载</td><td>超载 25% 动载</td><td rowspan="2">符合要求</td></tr>
<tr><td>× ×</td><td>× ×</td><td>× ×</td></tr>
<tr><td colspan="3">双笼升降机应该分别进行空荷载和额定荷载试运行，应启动、制动正常，运行平稳，无异常现象</td><td>符合要求</td></tr>
<tr><td>坠落试验</td><td colspan="3">吊笼制动停止后，结构和连接应无任何损坏、永久变形，制动距离应符合国家标准</td><td>符合要求</td></tr>
<tr><td colspan="5">验收结论：验收合格，同意使用

安装单位（盖章）：× ×
年　　月　　日</td></tr>
<tr><td rowspan="2">验收责任人签字</td><td>安装单位</td><td colspan="3">质量检测员：× × 安全员：× ×
拆装负责人（签字）：× × 技术负责人：× ×</td></tr>
<tr><td>设备租赁（或产权）单位</td><td colspan="3">单位负责人（签字）：× × 外梯机长：× ×</td></tr>
</table>

注：新安装的施工升降机和在用的施工升降机至少每 3 个月进行 1 次额定荷载的坠落试验，只有新安装和大修后的施工升降机才进行“超载 25% 动载”试运行。

表 6–56　施工升降机接高验收表

编号：________

工程名称	×× 工程			安装单位	×× 安装公司（盖章）
使用单位	×× 建筑公司			设备编号	××
规格、型号	××	接高前高度 /m	××	接高后高度 /m	××
检查项目	检查内容与要求				验收结果
接高前检查	天轮、对重是否按要求拆下				符合要求
	附着件、标准节型号是否正确，数量是否齐全				符合要求
	附着件、标准节是否有开焊、变形和裂纹等问题				符合要求
	吊杆是否灵活、可靠，吊具是否齐全				符合要求
	吊笼启动、制动是否正常、无异响				符合要求
	安全装置是否灵敏、可靠				符合要求
	地线是否压接牢固				符合要求
	在使用控制盒操作时，是否其他操作装置均不起作用，但吊笼的安全装置仍起保护作用				符合要求
接高后检查	标准节联合是否可靠，螺栓是否齐全				符合要求
	标准节连接螺栓拧紧力矩是否符合技术要求				符合要求
	导轨架安装的垂直误差是否符合技术要求				符合要求
	天轮、对重的安装是否符合技术要求				符合要求
	限位开关、极限开关的安装是否符合技术要求，是否灵敏、可靠				符合要求
	附着件的安装是否符合设计要求				符合要求
	附着架的安装间距是否不大于 9 m				符合要求
验收结论	验收合格，同意使用 验收单位（盖章）：×× 年　月　日				
验收责任人签字	安装负责人（签字）：×× 外梯机长：×× 安装技术负责人（签字）：×× 安装单位安全员：×× 年　月　日				

表 6–57　搅拌机安装验收表

编号：________

工程名称	×× 工程	设备型号	××
施工单位	×× 建筑工程公司	分包单位	×× 建筑公司
租赁单位	×× 建筑公司	机具安装位置	××
验收日期	年　月　日		
检查内容与要求			验收结果
机体安装在防雨、防砸、防噪声的操作棚内			符合要求

（续表）

设备周围排水通畅、严禁积水，必须设置沉淀池			符合要求
安装牢固、平稳，轮胎离地并作保护			符合要求
搅拌机离合器的制动、传动部位有防护罩			符合要求
操作手柄有保险装置			符合要求
料斗保险挂钩齐全、完好			符合要求
钢丝绳的使用符合规定的要求			符合要求
开关箱距设备不远于 3 m 且电源线穿管保护			符合要求
挂设安全操作规程表			符合要求
操作人员持证上岗			符合要求
按要求设置喷淋降尘装置			符合要求
验收结论	验收合格，同意使用		
验收人签字	总包单位	分包单位	租赁单位
	××	××	××
	年　月　日	年　月　日	年　月　日
监理单位意见： 符合验收程序，同意使用（√）； 不符合验收程序，重新组织验收（　　） 监理工程师（签字）：×× 年　月　日			

表 6-58　钢筋弯曲机安装验收表

编号：________

工程名称	××工程	设备编号	No.：××
验收项目	验收内容与要求		验收结果
安装	机身安装稳固，工作台和弯曲机台面保持水平		符合要求
	按加工钢筋的直径和弯曲半径装好芯轴、成型轴、挡铁轴或可弯挡架，芯轴直径应为钢筋直径的 2.5 倍		符合要求
安全保护	传动部位防护罩坚固、可靠		合格
	弯曲钢筋的作业半径内无障碍物		符合要求
	操作棚防雨、防砸		合格
运转	试运转正常，无异样		合格
电气	设备外壳作接零保护；使用符合要求的开关箱操作使用专用按钮开关		符合要求
验收结论	验收合格，同意使用		
验收人签字	安全负责人（签字）：××　设备管理员（签字）：××　操作人（签字）：×× 年　月　日		

表 6–59 钢筋冷拉机安装验收表

编号：________

工程名称	×× 工程	设备编号	No.：××
验收项目	验收内容与要求		验收结果
安装	卷扬机安装稳固，地基坚实，设置前桩后锚		符合要求
	钢丝绳在卷筒上排列整齐，润滑良好，未达到报废标准，工作时卷筒上最少保留 3 圈钢丝绳		符合要求
	夹具完好、有效，使用时不滑脱		符合要求
安全保护	卷扬机前设置防护挡板		合格
	卷扬机操作棚防雨、防砸		符合要求
	冷拉场地不准站人和通行		合格
电气	设备外壳作接零保护；使用符合要求的开关箱，操作使用专用按钮开关		符合要求
验收结论	验收合格，同意使用		
验收人签字	安全负责人（签字）：×× 设备管理员（签字）：×× 操作人（签字）：×× 年 月 日		

表 6–60 圆盘锯安装验收表

编号：________

工程名称	×× 工程	设备编号	No.：××
验收项目	验收内容与要求		验收结果
安装	作业场所有齐全、可靠的消防器材，周围无明火和易燃品		符合要求
	机身安装稳固，台面平整		合格
	锯片安装稳固，无裂纹，无连续断齿		合格
安全保护	锯片上方的防护挡板安全、有效		合格
	锯片防护罩齐全		符合要求
	锯片后 10 ～ 15 mm 安装分料器		合格
	传动皮带齐全、完好，防护罩符合要求		符合要求
电气	设备外壳作接零保护；使用符合要求的开关箱，操作使用专用按钮开关；配电线路符合绝缘、防火要求		符合要求
运转	工作平稳、无异响		符合要求
防护	作业车间有围挡，有消防安全措施		符合要求
验收结论	验收合格，同意使用		
验收人签字	安全负责人（签字）：×× 设备管理员（签字）：×× 操作人（签字）：×× 年 月 日		

表 6–61　平刨安装验收表

编号：________

工程名称	×× 工程	设备编号	No.：××
验收项目	验收内容与要求		验收结果
安装	作业场所有齐全、可靠的消防器材，周围无明火和易燃品		符合要求
	机身安装稳固，台面平整		合格
	刀片重量、厚度一致，刀架夹板吻合，合金刀片不超出刀头；不使用有裂纹的刀具；紧固刀片的螺钉应嵌人槽内，并离刀背不少于 10 mm		合格
安装装置	护手装置安全、有效		合格
	传动皮带齐全、完好，防护罩符合要求		符合要求
	锯片后 10 ～ 15 mm 安装分料器		合格
电气	设备外壳作接零保护；使用符合要求的开关箱，操作使用专用按钮开关；配电线路符合绝缘、防火要求		符合要求
运转	工作平稳、无异响		符合要求
其他	禁用多功能木工机械		符合要求
验收结论	验收合格，同意使用		
验收人签字	安全负责人（签字）：××　设备管理员（签字）：××　操作人（签字）：×× 年　月　日		

表 6–62　电焊机安装验收表

编号：________

工程名称	×× 工程	设备编号	No.：××
验收项目	验收内容与要求		验收结果
机体安装	焊机有完整的防护外壳；施焊现场设有防雨、防潮防晒的机棚，并备有消防用品，10 m 范围内不得堆放装有氧气、乙炔等气体的容器和木材等易燃品		符合要求
导线	一次线长度不超过 5 m，穿管保护；二次线长度不超过 30 m，接头不应超过 3 处，绝缘良好		合格
	一、二次接线柱处应有保护罩，接线螺栓不松动		符合要求
	焊钳与焊把线绝缘良好、连接牢固，不得用钢丝绳或机电设备代替零线		符合要求
电气安装装置	设置二次空载降压保护器或触电保护器		符合要求
	电源使用自动开关控制		符合要求
	使用符合要求的开关箱，设备外壳作接零保护，卷扬机使用专用开关箱		符合要求
验收结论	验收合格，同意使用		
验收人签字	安全负责人（签字）：××　设备管理员（签字）：××　操作人（签字）：×× 年　月　日		

表 6-63　安全防护用具和机械设备使用登记表

编号：________

名称	规格	数量	生产厂家所在地	供货单位	购置时间	使用单位	准用、检验证号
钢筋切断机	GQ40	2 台	沈阳	×× 公司	年　月　日	×× 公司	××
钢筋弯曲机	GW40	3 台	大连	×× 公司	年　月　日	×× 公司	××
钢筋调直机	G16-8	3 台	郑州	×× 公司	年　月　日	×× 公司	××
砂浆搅拌机	HJ-350	2 台	济南	×× 公司	年　月　日	×× 公司	××
混凝土搅拌机	HJ-350	2 台	北京	×× 公司	年　月　日	×× 公司	××

八、工程项目保卫消防资料

工程项目保卫消防资料的具体内容如表 6-64 和表 6-65 所示。

表 6-64　施工现场消防设施、器材验收记录

编号：________

工程名称		×× 工程	工程地点	××
单位（子单位）工程名称		×× 工程		
施工单位		×× 建筑工程公司	项目负责人	××
分包单位		×× 建筑公司	分包负责人	××
序号	检查项目	检查内容与要求		验收结果
1	管理制度	落实防火管理制度、三级防火责任制，有明显的防火标志和宣传教育		符合要求
		落实动火审批制度，严格执行“十不烧”的规定		符合要求
		成立义务消防队，实行消防器材专人管理		符合要求
		如发现火险隐患，按“三定”原则落实整改，并作记录		符合要求

（续表）

2	易燃物管理	木工间应有禁烟牌；及时清除易燃物	符合要求
		易燃物与厨房等处的明火应有安全距离	符合要求
		易燃物应分堆垛和分组放置，每个堆垛面积应符合要求，如木材堆垛面积不得大于 300 m^2，堆垛之间应留 3 m 宽的消防通道	符合要求
		易燃液体应用密封容器盛装	符合要求
		废弃的易燃物等不得随便丢弃，应妥善处置	符合要求
3	防火器材配置	8 层以上、20 层以下的工程，一般每 100 m^2 设 2 个灭火器	符合要求
		高度在 24 m 以上的工程应有足够的消防用水，立管直径在 75 mm 以上，有具有足够扬程的高压水泵，每层都设有消防水源接口	符合要求
		危险品仓库、油漆间、木工间、木材仓库每 25 m^2 配 1 个种类合适的灭火器，配电间配有种类合适的灭火器	符合要求
		总面积超过 1 200 m^2 的大型临时设施应备有专供消防用的太平桶、积水桶（池）、黄沙池等	符合要求
		一般临时设施每 100 m^2 配 2 个 10 L 的灭火器	符合要求
		厨房屋面应用防火材料，每 50 m^2 设 2 个灭火器	符合要求
		熔化沥青按规定配备消防器材	符合要求
4	其他	建筑物内外道路和通道畅通	符合要求
		在建工程内不得设置办公室、民工宿舍、仓库	符合要求
		高层建筑施工现场上下要有通信报警装置	符合要求
		严禁在宿舍使用电炉、电热器具和功率大于 60 W 的灯泡	符合要求
		设立吸烟区、施工人员不得在非指定场所吸烟	符合要求
		严禁在屋项用明火熔化沥青	符合要求
		施工现场应有可靠的防雷措施	符合要求
验收结论		符合要求	
验收人签字		总包单位	分包单位
		××	××
监理单位意见；经检查，各项目符合要求 专业监理工程师（签字）：×× 年　月　日			

表 6-65 动火审批表

编号：________

工程名称	×× 工程	施工单位	×× 建筑公司
申请用火单位	××（盖章）	用火班组	××
用火部位	地下室外墙	用火作业级别、种类（气焊、电焊等）	电焊
用火作业起止时间	年 月 日至 年 月 日		
用火原因、防火的主要安全措施和配备的消防器材： 1. 动火事由：切剖对拉螺栓； 2. 动火用气：氧气、乙炔； 3. 安全措施：易燃物品已清理，配备灭火器和看火人员 看火人员（签字）：×× 申请人（签字）：×× 年 月 日			
审批意见：同意 审批人（签字）：×× 年 月 日			

九、其他资料

其他资料如表 6-66 和表 6-67 所示。

表 6-66 班组班前安全活动记录

编号：______

主要工作项目	防护设施			个人防护			遵章守纪状况
	作业面安全与否	防护设备完善与否	安全措施	安全帽	安全带	其他防护	
	××	××	××	××	××	××	××
安全技术交底和不安全因素处理情况如下。 1. 进入施工现场的人员必须戴好安全帽，高处作业人员必须佩戴安全带，并应系牢； 2. 经医生检查认为不适宜进行高处作业的人员，不得进行高处作业； 3. 工作前应先检查使用的工具是否牢固，扳手等工具必须用绳链系挂在身上，钉子必须放在工具袋内，以免掉落伤人。工作时要精力集中，防止钉子扎脚和从空中滑落； 4. 安装与拆除 5 m 以上的模板时，应搭脚手架，并设防护栏杆，防止上下在同一垂直面操作； 5. 高空、复杂结构模板的安装与拆除，事先应采取切实的安全措施； 6. 遇 6 级以上的大风时，应暂停室外的高空作业；雪霜雨后应先清扫施工现场，待略干不滑时再进行作业； 7. 两人抬运模板时要互相配合、协同工作。传递模板、工具应用运输工具或绳子系牢后再升降，不得乱抛； 8. 高空作业要搭设脚手架或操作台，上、下要使用梯子，不许站立在墙上作业，不准在梁底模上行走。操作人员严禁穿硬底鞋、有跟鞋作业； 9. 装、拆模板时，作业人员要站立在安全的地点操作，防止上下在同一垂直面工作；操作人员要主动避让吊物，增强自我保护和相互保护的安全意识							
填写说明	1. 班组长每天必须进行上岗前的口头安全技术交底，每周必须进行一次讲评； 2. 班组安全员组织组员进行上岗安全自查，对发现的不安全因素和处理情况均应说明，并详细记入表内； 3. 班组班前安全活动记录由班组长或班组安全员填写； 4. 安全防护状况填写良好（√）或不好（×）						
班组负责人	××			班组安全员	××		

表 6-67　施工安全管理日志

作业班组	××	层次	××
工作内容	××	高度	××
安全活动内容和处理意见	1．模板支撑体系间距过大，进行调整； 2．搭设临边防护； 3．下午在对二层作业区进行巡视时发现，有 2 人未佩戴安全帽，对其进行纠正并罚款； 4．搭设外架，张挂安全网，铺设安全通道 填写人（签字）×× 年　月　日		

除上述表格外，很多地区在进行主要分部（单位）工程质量验收前，要向所在地安监站上报相应的表格，只有经安监站复查相应的内容合格后，方可进行后续工作。

任务四　竣工图编制的依据和基本要求

一、竣工图编制的依据

竣工图编制的依据包括原施工图、图纸会审和设计交底记录、设计变更通知单、变更洽商记录、施工记录、工程隐蔽检查记录、测量记录、其他已实施的指令性文件（如合同）。

二、竣工图编制的基本要求

（1）竣工图应是新蓝图，图纸应采用国家标准图幅，做到规格统一。

（2）竣工图应及时编制，应在施工过程中按进度编制，而不是等到竣工后再编制，其内容必须真实、准确，与施工实际相符，做到图、物一致，无遗漏和含糊不清的地方。

（3）在施工蓝图上改绘竣工图，可杠改，不能涂改。

（4）对竣工图上的文字的要求是使用仿宋体或楷体，不允许字迹潦草、模糊不清，不能有错别字等。

（5）竣工图应按单位工程分专业编制，内容必须完整。

（6）竣工图章必须使用不易褪色的红色印泥盖在图标栏上方的空白处或其他空白处，如果图纸正面确实没有空白处就盖在图纸背面，并在竣工图目录的备注中说明。

任务五　竣工图绘制的要求和方法

一、竣工图绘制的要求

（1）凡按图施工没有变动的，由施工单位（包括总包和分包施工单位）在原施工图上